徐光啓全集

朱維錚　李天綱　主編

徐氏庖言（外四種）

［明］徐光啓　撰

李天綱　鄧志峰　點校

毛詩六帖講意（上）／毛詩六帖講意（下）／詩經傳稿／徐氏庖言／兵機要訣／選練條格／靈言蠡勺／幾何原本／測量法義／測量異同／句股義／定法平方算術／簡平儀說／考工記解／泰西水法／甘藷疏／農遺雜疏／農書草稿／農政全書（上）／農政全書（中）／農政全書（下）／徐光啓詩文集／增補徐光啓年譜

圖書在版編目(CIP)數據

徐氏庖言：外四種 /（明）徐光啓撰；朱維錚，李天綱主編；李天綱，鄧志峰點校. —上海：上海古籍出版社，2020.5
（徐光啓全集）
ISBN 978-7-5325-9561-7

Ⅰ.①徐… Ⅱ.①徐… ②朱… ③李… ④鄧… Ⅲ.①雜著—中國—明代 Ⅳ.①Z429.48

中國版本圖書館 CIP 數據核字(2020)第 059865 號

徐光啓全集
徐氏庖言(外四種)
［明］徐光啓 撰
李天綱 鄧志峰 點校
上海古籍出版社出版、發行
（上海瑞金二路 272 號 郵政編碼 200020）
（1）網址：www.guji.com.cn
（2）E-mail：guji1@guji.com.cn
（3）易文網網址：www.ewen.co
安徽新華印刷股份有限公司印刷
開本 890×1240 1/32 印張 13.75 插頁 5 字數 220,000
2020 年 5 月第 1 版 2020 年 5 月第 1 次印刷
印數：1—700
ISBN 978-7-5325-9561-7
I·3474 定價：88.00 元

本册书目

詩經傳稿……一
徐氏庖言……一四一
兵機要訣……二八七
選練條格……三一一
靈言蠡勺……三七七

詩經傳稿

〔明〕徐光啓 撰

鄧志峰 點校

點校説明

徐光啓《詩經傳稿》，曾收入《徐光啓著譯集》，一九八三年由上海古籍出版社影印出版。該書出版後記云：

《詩經傳稿》四卷，爲光啓孫爾默輯，曾孫以嘉、以納（點校者按：依卷首目次，當作以軜）等校，清初徐氏淵源堂家刊本，卷首有康熙十二年癸丑（一六七三）同郡王光承（玠右）序。原書國内已無藏本，亦不見於各家藏目及《徐氏宗譜・翰墨考》。三十年代向達（覺明）遊歷歐洲，在倫敦牛津大學發現是書，時王序首頁已缺（見向達《唐代長安與西域文明・記牛津所藏中文書》）。此流失海外已久的徐氏佚著，才爲國人所知。近承李約瑟博士鼎力，從牛津攝來照片，據以影印，盛誼可感！

據王光承序所言，本書共收録徐光啓《詩經》制藝百篇（實九十三篇），對研究徐氏本人思想學術及晚明科舉文化有一定價值。本次點校，僅依上海古籍影印本加以新式標點，其標點凡例與《毛詩六帖講意》略同。原文多處字跡漫漶，其不可辨識者，以同等數量之空格代替。

原書正文經徐時勉、王光承等人圈點，間附夾批及眉批，每篇正文後亦有總評。因夾批及眉批多難以辨識，今僅將文後總評保留，其餘一概删去，祈學者諒察。此外，原書目録與正文標題頗有出入，此次點校，亦予以歸併統一。

庚寅六月鄧志峰謹識

目録

點校説明……一
序……王光承　七
國風……九
維葉萋萋　二句……九
是刈是濩　三句……一〇
采采卷耳　全……一二
宜爾子孫　一句　會墨……一三
肅肅兔罝　首章……一五
摽有梅傾　二句……一六
嘒彼小星　首章……一七
彼茁者葭　首章……一九
先君之思　二句……二〇
人涉卬否　二句……二一
采葑采菲　二句……二三
就其深矣　四句……二四
云誰之思　二句……二五
升彼虚矣　二章……二七
匪直也人　二句……二八
秉心塞淵　二句……三〇
其雨其雨　二句……三一
君子陽陽　一章……三三
彼其之子　二句……三四

女曰雞鳴　四句……三六
琴瑟在御　至末……三七
甫田……三八
不稼不穡　二句　鄉墨……三九
厹矛鋈錞　二句……四一
婉兮孌兮　二句……四二
周公東征　二句……四三
小雅……四五
四牡騑騑　次章……四五
皇皇者華　二章……四六
伐木丁丁　首章……四八
嚶其鳴矣　二句……四九
天保定爾　三章……五〇
彼爾維何　一章……五一
一月三捷　日戒……五三
憂心悄悄　朔方……五四
彤弓弨兮　一章　鄉墨……五六
比物四驪　一章……五七
有嚴有翼　二句……五八
他山之石　二句……五九
如跂斯翼　一章　會墨……六一
以薪以蒸　二句……六二
國雖靡止　一章……六三
我孔熯矣　一章……六五
樂具入奏　二句……六六
高山仰止　二句……六七
以洽百禮　有林……六九
綿蠻黃鳥　首章……七〇
大雅……七二
穆穆文王　二章……七二
無念爾祖　一章……七三
濟濟辟王　一章……七五

鳶飛戾天　一章……七六
雝雝在宮　二句……七八
皇矣上帝　四句　鄉墨……七九
依其在京　七句……八一
王配于京　二章……八二
永言配命　二句　會墨……八四
媚茲一人　二章……八五
不愆不忘　二句……八六
藹藹王多　二句……八八
鳳凰鳴矣　二章……八九
天之牖民　一章……九〇
如取如攜　二句……九二
昊天曰旦　二句……九三
脩爾車馬　不虞……九四
匪手攜之　二句……九六
古訓是式　二句……九七
虎拜稽首　一章……九九
藐藐昊天　二句……一〇〇
三頌……一〇二
維天之命　二句……一〇二
維清緝熙　二句……一〇三
天作……一〇五
成王不敢　一句……一〇六
畏天之威　二句……一〇八
薄言震之　二句……一〇九
應田縣鼓　二句……一一一
有來雝雝　二句……一一二
有來雝雝　一章……一一四
燕及皇天　二句……一一五
天維顯思　在上……一一六
無曰高高　一句……一一八
有飶其香　二句……一一九

其笠伊糾　二句……………一二一
自堂徂基　三句……………一二三
君子有穀　二句……………一二四
濟濟多士　一章……………一二五
式固爾猶　合下……………一二六
龍旂承祀　二句……………一二八
公車千乘　一章　會墨……一二九

遂荒大東　二句　鄉墨……一三〇
鬷假無言　二句……………一三二
聖敬日躋　一句……………一三三
聖敬日躋　二句……………一三五
不震不動　二句……………一三六
赫赫厥聲　二句……………一三八

序

剽切耳食，獵取科名，經義一道瞠乎後矣。吾郡先達相國徐文定公，掄元京國，樹幟詞壇，生平制義才法兼備，海内人士久已奉爲山斗矣。文孫容菴中翰志懷繩武，向集經義百篇，藏爲家寶。今令子若孫孚于開初，謀付剞劂，廣示同好，問序于余。余捧而讀之，覺温良而樂易者如歌《風》，廣博而疏達者如歌《雅》，寬静而正大者如歌《頌》。且比物連類，一唱三嘆，庶幾乎上如抗、下如墜、曲如折、止如膏，木纍纍乎端如貫珠焉。此季札所爲嘆觀止、嵇生所爲稱絶散也。微言未泯，典型尚存，還醇復古，舍此而誰。猶憶文定公當年，經濟大業，爰立未幾，功在史册，固不僅以文詞著。即所著明農治曆、《毛詩六帖》等書數萬言，探賾索隱，不僅以制義著。而即經義一編，已足有功風雅，嘉惠來學若此，視世之剽切耳食者，不大相逕庭歟？吾聞之：「言爲心聲，文爲國華。」吾願後之學者，因心而生文，因文而華國，於以鼓吹中和，力追正始，斯世斯文，實嘉賴之。誰謂古今人不相及哉？謹序。康熙癸丑孟秋，同郡後學王光承玠右氏拜手謹題。

詩經傳稿　國風

維葉萋萋　二句

徐光啓

詩念葛生之景，而不忘其所見焉。夫黃鳥之飛，正葛生之候也。念及於萋萋之葛，而于飛之景，豈能遂忘於心乎？后妃蓋謂，夫人目欣于所遇，快然自得，亦不知其可念也。迨其時之既遇，向之所欣已化爲烏有，而愴然思之，始有不能爲懷者矣，又況事關于職業者乎！我思在昔，屬當初夏，青陽告謝，百昌遂其向榮；朱明届期，庶類宣其闓澤。維今之經緯杼柚，皆昔之弱質柔枝也，黛色參差，争茂于清和之候；維今之織紝經綸，皆昔之長條遠幹也，緑陰霏映，羅生于澗谷之旁。時蓋近思鳴鵙，遠念授衣，感造化之隆施，幸女紅之有賴。萋萋景物，渺渺予懷，兩有會矣。于斯時也，吾猶及覩夫黃鳥之飛也，適性于恢台長嬴之天，時御風而飄舉；樂意于草天物茁之地，聊乘化以翱翔。羽翰之美，與霽色俱輝，翩翩焉乍遠而忽近，何流徒之無常也；熠燿之文，偕晴光並麗，翩翩焉下上以差池，何往來之如織也。淑氣鼓其機，草木群生有以自樂，而共成夫芳菲之象；太和醞其化，茂卉名禽迭相暎蔚，以點綴夫熙洽之辰。一時風景，豈徒足以寓賞寄而翫物華也哉！昔也，感遇皆足驚心，而不意夫荏苒經時，彼葛葉萋萋，已衣裳之在笥；今也，俛仰已爲陳迹，而言念夫流光易邁，彼蒼庚振羽，猶物候之關情。撫往事于來兹，感生平于疇昔。絺兮，綌兮，予之得此，豈伊朝夕也。顧言無斁，以此故矣。

題本風華，不嫌雅艷，幾于滿楮春光矣。所不可及者，步步不脫追敘二字，低回俯仰，非徒以粉藻爲工。　徐克勤

《國風》、二《雅》多言景物，《雅》華重而優柔，《風》輕清而浣婉，正如樂府、五言古，相似而不同者也。觀先生此作，可悟此中三昧矣。　王玠右

是刈是濩　三句　徐光啓

后妃勤于葛，故衣成而惜之也。夫親執其功，則欲舍而不忍矣。若衣成服而輕棄之，彼固未知匹婦之勤與。《葛覃》，后妃之本也。以爲不織而衣，自古戒之矣。是故衡紞紘綖，遵而無廢，賦事獻功，愆則有辟，豈予一人辱在嬪嬙，而敢不敦崇斯義也乎？相彼葛成之際，女工之

始也；　念茲織紝之勞，歲事之常也。　濃陰密葉，夫孰非杼柚之材，能無刈乎，而刈斯可濩矣；　遠幹長條，未遂爲經綸之用，能無濩乎，而濩斯可爲矣。　爲其精者則成絺，雖不貴冰紈霧縠之奇，然有宜于致美者，吾將以此待也；　爲其粗者則成綌，本不厭惡衣卑服之風，苟其足以備用者，吾皆不敢遺也。　而于是此一葛也，遂成而服之矣。　顧吾念之，彼自谷中之產也，何以成楚楚之服；　昔之莫莫者，尚依然在望也，何以爲在笥之珍。　藉自刈濩之初，以迄鳴機之日，有一不經于心、經于手，安得此乎？　勞苦成之，屑越視之，非情也，誠深自愛玩，不忍中道而遺忘矣；　追昔取材之始，以逮成章之候，誠自知非伊朝、非伊夕，何容易乎？　分寸積之，旦暮置之，非計也，誠過自珍惜，不復棄捐于篋笥矣。　雖無文采之華，而縞素之資，故本性所便；　非無垢敝之日，而澣濯之服，亦夙習所安。　即不然，而欲以舍故易新，日改月異，以視耳目，力所不逴；　又不然，而欲逸己勞人，玄黃筐篚，以供糜費，理所不可。　絺兮，綌兮，予誠願言無斁也哉。

此篇首二章《集傳》以「喈」與「萋」叶，「斁」與「莫」叶，三句一韻，與《采芑》同。　所稍異者，三、四「萋」、「飛」、「莫」、「濩」，疊韻相轉耳。　是爲唐人古詩轉韻之祖。　然此法亦詩中小變，無關大體。　究之「中谷」無韻，而上下三句，景事分畫，自不得以疊韻之同，遂謂兩句一連也。　學者專習制義，韻脚遂置不講，惟先生《六帖》，深究此義，如此文三句命題，章

法瞭然矣。文之古茂，更不待言。王玠右

典貴鄭重，非等閒勸儉之語，卓乎與風化相關。而中間峯巒起伏，轉換脱卸處，緊緊相逼，尤此等題所難。先生慮聲詩衰廢，故于《六帖》中考求音韻，詳審訛舛爲要。玠右閲先生之文，每于此着眼，又是先生之功臣也。徐克勤

采采卷耳　全　徐光啓

懷人之詩，備道其所爲懷者焉。夫懷之于人無窮也，歌《卷耳》足以盡其變矣。且夫思也者，意之所之也，有所思，不能無所之矣。后妃思其君子，是故意之所到，神爲馳焉；迹之所窮，神爲阻焉。歌以言之，曰：夫此道旁之植者，卷耳耶，吾采之而頃筐未滿也；夫此卷耳之生者，周行耶，吾履之而懷人在念也。有意于遠人，斯無心于近事，亦寘之周行焉耳。此周行也，君子固從之以于役，而第不知其安屆也；吾即欲由之以往從，而又不知其安極也。意者，惟登高可以望遠乎。望而見，吾遂得以覿其人；望而不見，吾猶得以想其處。是故忽見夫崔嵬，思陟之也，而奈何馬之虺隤也，有懷如何，暫釋于金罍之酌而已耳；又見夫高岡，思陟之也，而奈何馬之玄黄也，傷如之何，暫釋于兕觥之酌而已耳。砠亦可陟

也，陟亦可望也，而我馬又已瘏矣，我僕又已痛矣，目視而足不隨也，我其如高山何？金罍兕觥其如我何？非慨然付之吁嗟，又何爲哉！又何爲哉！吁，周行不可即也，安在夫崔嵬、高岡之可陟也，蓋云情而已矣；周行不可即也，何得夫馬瘏、僕（瘵）〔痡〕之爲難也，蓋云勢而已矣。情無所不極，故隨心所至，無非瞻依邂逅之思；勢有所不從，故縱意所如，悉成艱難慘淡之況。此之謂思之變也，詩之始也。審如是，何以異于匹婦之閨情乎哉？夫能盡乎匹婦之至情之□，后妃也夫。

求此文于淺深近遠之間，覺無淺不深，無近不遠。蘇公云：「何其盱直而易解」，此章「云何吁矣」，曲而難解，末路數語豁然。**王玠右**

此詩與《衛風・載馳》、《小雅・何人斯》篇，皆極奇極幻之文，全要得想像超忽之□，容不得一語呆重。篇中敘置徑捷，了無牽滯，而託言之意如□。**徐克勤**

宜爾子孫振振兮　徐光啓

詩喻昌後之宜，信之以德也。夫福未有無因者，振振之盛，以和召也，如《螽斯》可以觀矣。且夫頌純嘏者，必曰使爾千億爲祥也，問孰致焉，亦必有道矣。有文王而有后妃之德也，宜公子公姓之振振也，故詩人詠之，曰：天下有求而得者，非其欲得而得，其宜得而得也，亦有不求而得者。苟度之而無不宜，即辭之而弗獲免也。如爾螽斯也，徒觀夫子孫之盛，若爲庶類中難致之休徵；然本爾詵詵之和，不過天地間自然之定理。和氣殷流，原無夭閼，苟默相迎合，即覺其周旋而不舍，振振如爾，殆和之必應乎。則是自取自攜，固有獨得于無方之原者，奚弗宜矣；順氣氤氳，本無拂戾，倘潛相煦嫗，自覺其膠結而不離，振振如爾，殆順之獲報乎。則是神往神來，自能恣取于不訾之途者，信其宜矣。謂生物者天意乎，而爲爾之類者多矣，何以不爾若也。則施與受適相當也，而化工似爲無意；謂滋育者化權乎，而如爾之多者獨爾矣，何以不彼若也。則用物與取精還相等也，而真宰亦若無權。吾不知造物者既賦其質，遂延其慶耶，而第見無胥戕者，鍾一脉生生之氣，亦足明桴答之常；又不知造物者欲予之阜繁，先鍾其美懿耶，而第見不相害者，得一元委和之真，甚足徵影響之效。比類而觀，夫螽斯，其小者也。窈窕之風，修成内則，而斯男則百，厚衍蒼姬，亦此理而已矣。嗟乎，王業之隆，内德茂焉，信乎周南之風，固八百年之禎符歟。揆厥原本，文王之烈耳。不然，而後之稱龍漦、燕啄者可鑑也。

高閣之音，澤於和懿，此爲雅樂。王玠右

此先生極奇聳、極刻露之文，擒題甚力，而翻覆以盡其變，可以千載常新，不意風簷得此傑構。徐克勤

肅肅兔罝 首章

徐光啓

詩稱武夫，皆周之翰也。夫爲國干城者長才矣，罝兔之武夫有焉，文之德也。夫詩咏之，以爲世之所須者才，才之所待者世，其並升降乎？將有操之者乎？何今之獨隆也。觀彼原田之中，有罝兔之野人焉，張之罝以掩兔，則肅肅布列，其踈密中程矣；椓之杙以張罝，則丁丁應和，其疾徐中度矣。是其人豈非長于郊埜、食于山林者也？以此之故，其材技無所用之耳。吾徐而察其人，赳赳甚武，既信其射御之不違；吾察而窺其中，赳赳甚勇，又諒其心膽之足任。國家設備禦之固，計必須爪牙之臣，譬之車，其猶干焉。干猶可陷也，以人爲干不可陷也。誠得彼雄才大畧者以固吾圉，固知夫合盾匪堅矣，而武夫盡是已。王公存户牖之防，慮不廢封疆之士，譬之國，其猶城焉。城猶可凌也，以人爲城不可凌也。誠得彼軼倫絶羣者以戒不虞，固知重金匪衛矣，而武夫盡是已。經武者不先進趣先固守，吾以知干城之爲用也。今之于苗于狩，咸精其能，斯一班矣，兹固譽髦之餘也，猶若此哉；固守者不尚輕疾尚持後，吾以知干城之所重也。今之一罝一椓，物有其容，已足當矣，况彼六師之于邁者，更何如哉。是故當此之時，不曰百夫之特，不登位宁，位宁已盡然耳；不曰萬里之望，混迹儔人，儔人其猶是耳。

且也，睹記所及既已若斯，耳目之外又詎可量。豈應期而出耶，抑待時而興耶？將有武夫莫與其力，而公侯不尸其功者耶？吾何從知之。

此渾乎古而化於古者也，描寫盛世多才處，光景酣融，幾於收拾不□。而竪骨法以緊嚴，寓丰神于遒勁，頓挫圓足，可謂無美不備。徐克勤

如此安放首二句，方是因所事以起興，他作竟似賦矣。通篇全是舉微見著，神情駘宕，無一實筆。王玠右

摽有梅，傾筐塈之　徐光啓

紀時之太過，禮不容更緩矣。夫摽梅而議婚禮，不爲蚤矣；况傾筐之塈也，得無慮太晚哉？且男女之際也，而務于及時，無已亟乎？然合二姓以爲宗廟社稷之主，以爲父子君臣之始，能無亟乎？聖王重之，詩所爲懼失時也。而歌摽梅曰：相彼梅之有實也，卉木雖微，先王所察以俟時者也；時乎逝而不處，先王所順以布令者也。而今何時矣，是日已過非是日矣，益又非昔日也；梅之在樹無其七矣，抑豈能有其三也。感榮盛之已凋，辭故條而不復；見碩果之無餘，執傾筐而可取。蓋時運之密移也，物之所不能違也。反而思之，向者華實之繽

紛爲時幾何，已邈焉不可再矣。來之日苦少，而去之日苦多，寧復夭桃穠李之爲候乎；物化之遞遷也，人之所不能爲也。又反而思之，來者華實之再揚即或可待，亦動成隔歲之期矣。已適朱明之候，而未遂懷春之期，得無蘋蘩蕴藻之爲虚乎？夫使後時而猶可爲也，即何必仲春之令也，過此日則不可，而欲留此日則不能，彼乘時作合者，不久相忘于盈門之爛也耶。惟有貞而不字，彌感物而驚心耳，又使及此時而無更失也；亦已後于仲春之令也，及此猶虞其後，而過此復何可言，彼順時言邁者，不久相洽于如琴之慶也耶。惟有遲而愆期，益撫時而增愴耳，此非失時之足悲也。悲夫！失時之後而有所不可料者也，有如吉士而同此意乎！迨其謂之，不爲過矣。

難言之意婉在目前，不盡之思餘於文外。曲折盤旋，如輕風之卷殘擇。徐克勤

雖屢見情語，而自然雅正，無一字落唐人閨怨。王玠右

嘒彼小星 首章

徐光啓

宫人自言其勞，而卒有以自寬也。夫夙夜之勤，而終安於命，何以得此於宫人哉，其故可思已。且夫女子之情難養，而婦人之怨無終，又况乎入宫之妬乎哉？盛矣夫，《樛木》、《螽

斯》之化也，能使上施惠而下見德也。觀衆妾之詩曰：瞻彼嘒然之象，實惟小「星」之光，或三或五，錯落乎東方之上；若明若晦，照臨於永巷之中。此何時乎，明而動，晦而寂，作息之常期耶；我何爲乎，見星而往，見星而還，方往來之伊始焉。女史授環而燕見，兩相媵也，肅然齊稷，無敢譁焉。以干內令者如是乎，宵而出，宵而入，旅進退于小寢之側而已；九嬪帥屬而御叙，九相比也，肅然整飭，無敢縱焉。以後事期者如是乎，夙復夙，夜復夜，常奔走於六宮之內而已。不亦勞乎哉，雖然，命制之矣；獨不有逸于我者乎哉，雖然，命分之矣。命也者，定於生身之初者也。順而受焉，佚者自不得勞，勞者自不得佚也；命也者，不可爲於生身之後者也。服而安焉，勞者固不任逸，佚者固不任勞也。試反而思之，誰令爾爲爾乎，我爲我乎？即若命出於天，人復何預；又重而思之，造化者豈私勞爾乎，豈私勞我乎？即若命禀于我，天復何心。而且將以是爲懟耶？吾恐等而上之，遞相慕也，豈有極焉；等而下之，遞不相如也，又奚怨焉。敢不惟后夫人之聽而誰聽哉？夫亦知其無可奈何而安之若命者，士心也，今而見之婦德焉。其曰在公，非夫進見以時、貫魚有叙者乎？詩不言感，則其意念獨深矣。此所謂室家之壼，景命有僕者也。

若以貴賤勞逸相較，便是强自排遣之詞，非詩意矣。須將「肅肅」、「宵征」二句寫出榮幸之意，則忘勞安命不待言說而神理自見。此文看書之妙，固在前半篇也。王玠右

妙在節短而味長，意多變而義不旁溢，如此作雖不過妃嬪之言，而後來言命者似皆堪爲註脚矣。**徐克勤**

彼茁者葭 首章

徐光啓

諸侯及物之仁，其天性也。夫恩可以被草木、及禽獸，至矣哉，非仁心自然，誰能當之？故詩人以騶虞咏焉。其辭曰：方春時和，則庶類群生皆有以自適，而苟宇宙之間有一不順其性者，此亦居人上者之責也。今之春田何如耶？茁然以生者，葭耶？夭夭然乘陽氣而發生者，何暢茂耶？壹發而中者，殆五豝耶？儦儦然蔽平原而相馳者，何阜繁耶？六合之際，有象皆春，若動若植，含氣之倫，罔不鼓舞於光天化日者，其德澤渥而隆施遠也；鴻鈞之世，無物不樂，並育並生，含靈之類，一皆陶冶于範圍曲成者，其形迹忘而化機運也。凡聲音笑貌可以動有知之民，而一草木、一禽獸，何知之與有？此其中有神動天隨者，非仁心爲質，何能及此，而大哉仁恩，熙熙乎同造物矣。凡形格勢禁可以及有情之物，而草木盛、禽獸繁，何力之與有？此其中有存神過化者，非天植其性，奚由至此，而廣哉仁澤，皡皡乎若春陽矣。吁嗟乎，侯之妙於感也；吁嗟乎，即騶虞之性于仁也。物有至性，故慈祥之意遇物而形，每含弘而不殺；人有至仁，故汪濊之恩偏物而覆，亦溥汜而無私。夫至于居人上者皆爲騶虞，而文王德化之入人深，豈不至矣哉！

仁心自然，即在上二句内，非進一層語。然欲于上二句發明此意殊難，先生可謂腕下有神矣。**王玠右**

元氣渾然，真正始之作。**徐克勤**

先君之思，以勗寡人　徐光啓

詩念陳女之賢，能相愛以德者也。夫思君者，夫人之正也。陳女之相勗以之，可不謂同心之言乎？此以知南野之送，難爲情矣。且人之相與也，終身晤語，不知會聚之歡；一别話言，遂覺睽離之苦。此含識者之大期，而况投分冥合、道契無爽者乎？仲氏行矣，予懷深矣。不惟目佇睟容，依依然其在望；抑且耳聆謦欬，渢渢乎其可思。自邦家無禄，而先君即世綴衣以來，渺渺予心，何日忘永逝之哀也；自未亡人不幸，而中道棄捐奉諱以還，惓惓仲氏，何日無善誘之旨也。悵白雲之不返，方抱遺恨於終天，而靡他之節，屬有緒言，抑何襟期之不謬。雖匪石之衷未忘疇昔，然而斯人亦與有助矣；嗟繐帳之晨空，方□遺悲於没世，而從一之忱，形乎諄誨，抑何誠款之可嘉。蓋箴規之益近在目前，不惟古人之獲我心矣。雖年時逾邁，音容曠不可即，而願言一意，托餘想於松楸，其面命耳提，匪伊朝夕也；雖事情遷貿，國故已不堪言，而爾我同心，著丹誠於皓首，其左提右挈，寔彌年載也。吾想夫言者驗意之符，非有凌霄之摻，烏能寄深名教有如斯者！吾於斯言也，見之子之心貞金石矣。於今驪駒已駕，而前期無日，誰復規瑱于寡人之耳乎？吾又想夫贈人以言者合志之交，非有斷金之契，烏能義存錫類有如斯者！吾於斯言也，見之子之惠懷同志矣。於今別路難駐，而日隔易踈，誰同神往於先君之側乎？

莊姜之賢，不以存亡恩怨移情。語雖念戴嬀，而莊姜已全然寫照矣。此詩家立言之妙。篇中雖凄婉詳摯，了不作孤雌弔影之悲。温柔敦厚，真可於此見之。 **徐克勤**

情詞悽婉，如泣如訴，又句句是臨別時語，故佳。 **王玠右**

人涉卬否，卬須我友 **徐光啓**

詩人托喻，而發同心共濟之義焉。夫欲有爲者必從其類，一涉水猶然也，况有大於此者乎，其慎重可勝道哉！詩人托諷之意，以爲凡人游必擇士，行必同方，是以邂逅倉皇，不忘氣類，故能動無違闕，身名俱全也。「招招舟子，人涉卬否。」夫造次之期，得濟爲幸，而人皆競鶩，我獨躊躇，豈故不欲往哉？　水可涉也，匪類之從，亦可畏也；　水可涉也，同氣之求，亦可懷也。我如亟行而冒責，則我與友兩相失，徒然俗子爲伍，雖曉曉群聚，奚勝夫獨往之悲；　我如留滯而從容，則我與友兩相從，幸得故舊爲歡，雖寥寥二人，不失爲金蘭之雅。是以素交之誼，托永契于他年，而其在于今，猶願與共事焉。于以擊楫中流，庶幾同舟之相助也，茲予之所爲遲遲而不進耳；　傾蓋之風，敦久要于夙昔，而今茲之役，猶樂與偕行焉。于以輕舟利涉，庶幾左右手之相救也，茲予之所爲却步而難前耳。情牽于臭味，故凝眸悵望，寧躑躅以俟時；念切于友生，故中道徘徊，不妄行而濡足。如其白水之信，未忘疇昔，則扣舷而相和，予寔有心；　倘若河梁之約，或爽來茲，雖弔影而獨留，吾將無憾也。何也？　詬莫大于匪人，物不可以苟合。非我族類，聞之前典，是以雖逢倉卒，敢蹈斯愆；　兩澤相麗，往哲格言，是以雖履風波，願存斯義。夫濟渡，其小者也。舟中之從，非有没身之辱、毁名喪檢之累也，而猶兢兢若此，況夫事係綱常，跡傷教義，其爲詬耻，豈妄涉之流乎？　嗟夫，當世之人尤沉淪而不反爾。

先生《六帖》云：「通詩皆設詞隱諷，而未嘗明指其失。蓋男女之事，有難顯言者，此風人温厚之旨也。如《蝃蝀》末章，則詞意俱厲矣。」觀此益知此文立言之妙。　**王玠右**

蹇裳濡足之慮，鷄鳴風雨之思，反覆道之。蓋先生介氣正性，遇題而發，故言之親切痛快如此。　**徐克勤**

采葑采菲　二句

徐光啓

詩賦采物，明取節之意焉。夫世無棄物，節取焉可也。詩人葑菲之喻，其義固已遠矣。且夫偕老同心，期於百歲，而不虞夫一朝之頃，忽棄捐而不恤，則彼實有以藉口乎？雖然，予内顧而思之，豈無可棄？無可盡棄也。試觀之采葑者、采菲者，葑菲美矣，而不能不有下體，物之所無奈何也；即葑菲之下體，昔曾美矣，而不能不爲今日之下體，時之所無可爲也。夫潢汙之菜豈盡登於俎，既云采矣，吾何望兼收哉，而獨謂夫物無盡美、物無盡惡也，則于可憎之中猶當獨知其可愛；君子之心取屬厭而止，既云采矣，豈謂遂無擇哉，而獨念夫尺有所短、寸有所長也，則于所惡之中猶當惠存其所美。故去其無用，有用者簡而收焉，以充品於几筵可也，無爲因賤妨貴，悉置之以便意也；舍其不可，其可者擇而取焉，以賅數于品嘗可也，無爲用醜忘好，類擯之以快心也。何也？兩美而兩容之，此特人情所易，惟夫偏善之内而惡猶不棄，斯固物情之所望爾；兩惡而兩棄之，此真物理所宜，惟夫偏惡之中而善亦見遺，斯則人理之不平爾。况乎昔也，上與下而并見德，能不援舊以取憐；今也，上以下而不見庸，得無存故而動念乎哉？嗟夫，雖有厚味，無棄葑菲，縱令無懷舊之情；雖有嘉穀，安知不爲葑菲，豈宜忽前車之誡。以色棄德，甚哉，其不可矣。

意若可見而不急見，言若可盡而實不盡，情文深苦，使人短咏長吟而得之。王玠右

葑菲以謂詩家體物之妙，□況極□典。後人落葉覆水等語不同，蓋彼皆決絶，而此獨留連也。篇中婉由平量，最是怨而不怒。徐克勤

就其深矣　四句　　徐光啓

詩叙勤家之志，期于必濟矣。夫有所計于難易者，不必爲故也。苟在必濟，復何言深淺哉！詩人托言之意，曰：天下無不可爲之事，而每有顛而成虛、謀而中輟者，非夫見功之難也，有心之人寔爲難耳。令中抱且行且止之意，而曾無不沮不疑之心，見可而進，知難而休，事幾之來，寧可量乎？安得盡當其易，以需惰窳者乎？難易之變，復可窮乎？始沮于難，而後得無視易若難者乎？吾以爲有淺有深者，必至之理也；執一術以求濟者，此必不濟之術也。就其深，奚而不方舟矣；就其淺，奚而不泳游矣。夫有滅没之虞，而馮河自試，危機也。況不得于方，必得于舟，即深之中亦自不拘于一道，而吾又何畏乎其深；違厲揭之宜，而航筏是求，迂計也。況不得于泳，必得于游，即淺之中又可自擇于兩端，而吾又何慮乎其淺。蓋誠視

此之境，若必不可安，則必釋之而（浚）〔後〕快，其所以釋之之塗，有難易焉，勿論也；誠視彼之境，若必不可舍，則亦必至之而後快，其所以至之之時，有早晚焉，勿論也。故深者用深法，淺者用淺法，事未至于不可如何，吾何得擇取焉以自解；其深也，誠方舟而可濟，雖淺也，豈不泳不游而可濟，事苟出于可爲厝置，吾何敢須假焉以自逸。莫浚匪泉，其或越之。則夫必往之志，有誓心于白水；不食之言，有旌信于如河者耳。倘遂濟川之期，而不念風波之苦；同登假之樂，而曾非操檝之人，則人心之不平，可奈何哉。

四句合説。分説則詞氣散緩，不見勤勞之意。方與舟，泳與游，濟深淺者，亦非一法。若但言濟深淺而已，勤意亦不能全見。先生在政府，知無不爲，此殆預言其拮据也歟。**王玠右**

落紙便奔軼駿發，似乎不留餘地，不謂後來愈出愈奇也。先生忠貞盡瘁之義畢見於此。**徐克勤**

云誰之思　二句　**徐光啓**

詩人自道其所思，有遠心矣。夫士各有志也，以伶官之賤，而念及于西方之人，此豈非賢豪問者耶！且夫達人誠貴樂志，而壯士猶多苦心。以今中庭之舞、錫爵之恩，此一時遭際，諒亦人世之光榮，而予懷特有未盡者焉。予其身在班行，意存綿邈，有脉脉以難忘者乎；予其混迹市朝，寄心寥曠，有鬱鬱其誰語者乎。而第不知夫所思之謂何也，則彼美淑人所爲仰嘉猷而注想者也；不知夫美人之謂誰也，則在彼西方所爲羨令範而希光者也。沉心以遠念，盱衡以遐矚，惓惓予懷，誠願爲執鞭而欣慕；忽若有望而不來，望若有來而不見，悽悽情願，常思負羈紲以周旋。此豈美人有要於予，若此其係戀而不自禁也哉！凡人情嗜其所樂，意從其所好。維彼伊人，誠予之所謂同道者焉，藉得若人而左右之，不知夫光寵當何如者，故其向往最深耳；雖彼伊人，誠予之所願從者焉，第得當吾世而旦暮遇之，不知夫慰藉當何如者，故其景行獨切耳。況予之蓬心陋質，誠美人之所棄；而予之雅志積誠，或亦美人之所憐。兩情繾綣，一意綢繆，予之思能無往來乎？藉非美人之故，則哲士曠懷，何物塵情足以芥蔕其中？而執籥秉翟，子之志未嘗不適也。獨奈何舍所樂而爲此營營者也。

題是自問自答語，直說思美人，便嫌傖父。西方二字，亦重説不得，只宜渾渾言之，一分疏洗發，則末二句無餘地。此篇處處得解。王玠右

此有正無反、有主無賓之題，平敘乃爲得法。玠右言之□矣。徐克勤

升彼虛矣　二章

徐光啓

觀賢侯之經國者與富國者，而始終善矣。夫慎以經始，則允臧宜也；勤以圖終，則既富宜也。衛文真中興之主哉！且人君爲國，守文易而再造難。蓋始終之際，有一念懈，則必有一事不舉者，此以知創業之艱也。吾侯天造邦家，鼎新兹邑，方營建之始，僅僅免蕩析耳。斯時也，苟有寧宇，無逢災害，即踈畧何傷？而公也，已爲百代之計，是故攬形勝，規土中，相肥饒，占休咎，周思曲防，若是其難且慎也。夫始計之日，乃萬世一時，而惟是兢兢念慮，無一事敢忽，則終乃善矣，由此對揚祖宗，垂貽後嗣，君子謂和國顯民，在兹舉也。則其規畫詳而謀計豫也；及定都之後，亦僅僅即安居耳。斯時也，堂構既成，九重清晏，雖康寧何害？而公也，復念小民之依，是故乘天時，勤命駕，勞士女，歷郊原，訏謨遠猷，何如其塞且淵也。夫人君一心，乃萬化攸屬，而惟是肫肫至意，無一處不流，則畜牧蕃矣，由此農戰俱優，富强兼利，君子謂休和康阜，此其時也。則其操存善而意念深也。始焉，事在近而慮遠，故能使千載可傳之業一旦而成；終焉，勞其身以率民，故能使百年生聚之遺一朝而復。吁，吾衛也，而非吾侯，即廬漕之陋，不得再振，而他何論焉。侯真大有造于國哉！

此等題若拙手爲之，不知費多少頭緒矣。先生相章法韻法，渾然兩對，幾於不見題面，而直以議論隱括點化之。作法極高，構局亦老。徐克勤

二章皆首四句一截，下三句又一截，章法同也。首二句一韻，下五句一韻，韻脚同也。兩對固不可易，但上章以末一句承上六句，而下章上下兩事三句另説，驅題之參錯者而從我，則整齊爲難。于此見先輩筆力。王玠右

匪直也人，秉心塞淵　二句　徐光啓

賢侯心於勤民也，而有不盡之用焉。夫操心未善，固無德以及民矣；有以及民，安得止於民而已乎。且一國惟君是宰，而萬化皆心所造，是以極治之世，熙洽之朝，亦惟允塞濬哲者稱焉，而治本可知也。懿哉我侯，光啓中興，夫其待旦不寐，課農勸桑，委計積慮，勤勤懇懇者，非心之爲與？是心至誠，不載於僞，故虚餙畫屏，實惠流也；是心至深，不狃於近，故淺計弗營，遠猶立也。是心先於國本，則民有大命，惟此女紅穡事，已殫經理之勞；是心周於庶品，則國有萬計，罔不垂務儲思，豈但衣食之計。其惟瘝恤隱，以存心也。其巡阡歷陌，以施心也。而此特其端倪，未盡其究竟也。夫有誠心遠慮，深念民艱，而耕農蠶織之外，一切棄置弗

問者耶？則侯之心，不若是之短於用已；其匪躬勤已，心之行也。其居豐樂業，心之驗也。而此(恃)〔特〕其流衍，未盡其布濩也。夫有實意訏謨，惠存民命，而豐穰樂利之後，澤已壅閼弗宣者耶？即侯之心，不若是之斟於恩已。心者本也，本沃則不得不豐，政無鉅細，皆可應念而成，取次而及。凡百含靈之物，誰不望幸承恩，而豈惟戴髮含齒，足以仰厘司牧之憂；心者機也，機發則不得不應，事關君國，其將胡遠弗究，胡瑣弗賾。凡玆含氣之倫，誰不濡化被風，而豈惟歲阜人和，足以潤餙太平之象。吾以是知人主秉心，所係者大也。綢繆之文，眉捷之計，民且不見其德，何其用力博而成功寡也；愿慤之衷，詒燕之詩，德且不盡於民，何其操術簡而就效衆也。至於騋牝三千，而國賦實、武備充，然後知幹蠱□□之績□□□有所本矣。彼謂國家治亂不本人事，蓋亦由天命焉。豈不□哉。

衛國所以致亂，只爲喪失此心耳。心爲治亂之本，詩言文公興復，而本於「心之塞淵」；猶《魯頌》坰牧之盛，本於「思無邪」也。此文立論，皆極正大，又語語牽動下文，節族不失，是爲方家。 **王玠右**

一氣層叠貫注，而下不見其停管歇手處。皆擒匪直二字，全不正講，讀之者驚其浩衍，而不知其語脉之不走一線也。 **徐克勤**

秉心塞淵　二句

徐光啓

賢侯之操心善，而牧事成矣。夫淵塞之心，何往不善也，考成于牧，宜騋牝之三千與。詩美文公，以爲國於天地必有與立，豈非人主之意念乎？吾未聞餙虚文能收實效，狃近利得樹遠猷者。故闇主有疲民，而庸君無富國也。賢哉吾侯，秉心塞矣，塞則日臨萬幾，確然操真宰焉。彼由民而推，若巨若細，有一不屬其經營者乎？秉心淵矣，淵則宰割庶務，穆乎抱長慮焉。彼自民而外，若大若小，有一不蒙夫惠澤者乎？煦育之政流，而何物不樂；汪濊之恩溥，而百昌皆遂。蓋事有成績，意者其不盡於馬也；而物無疵厲，意者其不遺于馬也。夫是以坰野之中，圉師效職，而紛紛紜紜不可以千百計，皆駔駿矣；夫是以六閑之中，馬大蕃息，而斯臧斯才即僅以騋牝計，亦三千矣。方幸夫閭里充盈，而復見此雲錦成群，可以昭阜繁之慶；方幸夫民生不匱，而復見此騋騑載道，可以徵殷厚之風。豈徒區區一馬之爲重哉！馬政者，天下武備也。自千乘萬騎，不闕于戎行，而君子謂衛國之積衰，其再振矣；自戎馬四牡，不乏于軍興，而君子謂康叔之遺風，猶有存矣。于此見登耗盛衰之數，不出於天行；而傾否開泰之權，悉由乎人事。君國者，其勿以操心爲細故也。

看題既有分寸，結局亦復宏遠。徐克勤

此章「零」、「人」一韻，「田」、「淵」、「千」一韻，而《集註》叶「田」、「淵」、「千」以從「零」、「人」，或者以爲多事。不知此篇三章，皆五、六、七三句一截，而第五句皆有韻。若「田」、「淵」、「千」自爲韻，則「匪直」句屬無韻，便乖體例。故總叶「零」、「人」，而「匪直也人」乃與「栗」、「桑」同例也。本文三句相連，而截去上句爲題。「維葉萋萋」、「黄鳥于飛」意本不相連，而畫二句爲題，皆命題之變。然「秉心」二句意猶不斷，「維葉」二句意斷而韻不斷，故先生亦着筆焉。若往歲南闈以「秬鬯一卣，告于文人」爲題，則意韻俱斷，是無詩矣。

王玠右

玠右於《詩》之章法、韻法最爲詳核精確，不獨足補先生未竟之書，亦不知開後來學者多少心目矣。若盡能以此推廣尋索，何患《詩》學之淪喪哉。徐克勤又評

其雨其雨，杲杲日出　　徐光啓

有所期而不遂，詩以自喻也。夫望而失望，可嘆也。以此爲嘆，其尤深於□者乎。且世有不煩幾幸，而捷若取携者，彼直以爲故當得之，而孰是悵然也哉！惟中有所願而遂見夫得之

難，願有所違而轉覺夫望之苦，□予懷之所最深，而此日之難爲情矣。今夫一陰一陽，天道也，宜雨而望雨，此殆人之情乎，不爲非望也；　時雨時暘，天行也，望雨而得雨，斯亦數之常乎，不爲倖得也。今何爲乎朝於斯，夕于斯，所期者惟天意之我從；　然而求於此，亡於此，所得者去人情而逾遠。以吾瞻仰之殷也，加之以霖霂，意未愜也。或者朝隮之（揚）〔陽〕光，可卜崇朝之雨乎？　而乃者晨曦之始旦何杲杲也，此甚非雨徵也，雖有雲霓之想，而徒然矣；　以吾吁嗟之勤也，俾之以滂沱，時亦晚也。否則太陽之戢耀，庶其爲霖之漸乎？　而乃者東方之杲杲惟日出也，此殊無雨意也，方之願望之前，而更甚耳。聞之人欲則天不違，今者暵潦之期其非代至者耶，而天人之際若是乎相左之甚深；　聞之人衆則天可回，今者跂予之餘將終不惠其寧耶，而呼籲之情若是乎聞天之無日。以爲汪濊之無術，閔下之無心，天乎而豈有是也。既不其然，而曷爲轉望而轉難也；　以爲澤（斬）〔靳〕於不可邀，威施於不可測，天乎而忍此虛也。又不其然，而曷爲愈期而愈不可得也。彼謀而輒沮，世容有之，亦何至有如此之難；　設願而成虛，早知其然，又何事爲或然之慮哉！　嗟乎，天時人事自古難期，而欲合成唯有如敬□，今日之事，亦付之無可奈何而已。然因思成望，望斷而悲更深；　因望成悲，悲深而望彌切。則方凝眸於出日，亦注想乎油雲矣。敢終謂其不然，而絕意乎哉。

其雨而反日出，甚言其相左也。篇中夾路轉路，逼出事與願違之意，如聞其太息之

聲。王玠右

驚怪之情，全在逐節解駁處見出。徐克勤

君子陽陽 一章

徐光啓

君子有素位之樂，而家人得其心焉。夫貧而能樂，此事之不可强者。至於陽陽之意，見信於婦人，而丈夫真能自得者矣。且人世芸芸，憂與樂兩端而已矣。夫感致之數未殊，而或以爲憂、或以爲樂，此皆無施而自受之者也。則當世之人，又何爲窘束於畏途，而不逍遥於冥外之適也哉。惟吾君子，冲夷其慮，淵穆其道，氣軒豁以敞閑，既忘壹鬱之意；衷磊落以愉静，仍無耿介之態。蓋其中陽陽然甚自得也。是故吾觀其左，左執簧也；吾觀其右，右則招吾由房也。比竹以吹，泠乎清音之入耳，則和平之調也；携手而行，豫乎聲氣以娱人，則静好之遺也。按節徵聲，彼唱此和，歡懷集而盈抱，戚貌不居其顔，吾以此窺之，蓋其樂哉。爽志高情，僅安心於雅素，彼夫一咏一問，徒取長乎快意，乘化乎自然，而澹泊之願於斯畢矣；遠心曠度，獨棲志於浮雲，彼夫左之右之，直用音聲以寓意，視東房爲寄迹，而超朗之襟固已遠矣。凡物之情，莫不以足爲得，而有如君子，其何之而不得；凡人之性，莫不以適爲可，而有如君子，其奚時而不可。若夫世路之紛紛，何多岐也，既由外以感神，復自他而傷慮；俗士之囂囂，何多心也，冰炭盈於懷抱，怨毒奮於床隅。以彼觀之，無異寒暑之一經，蚊虻之一過，而又何足以介達人之胸次也哉。吁，信矣乎，陽陽之君子，有真樂矣。借爲不然，則感慨於數奇者，固當有不盡之窮愁，共相嗟恨；縱强安於分義者，亦豈無幾微之不平，見于眉睫。夫安得瀟灑于貧困無聊之日，而復詠嘆于婦人女子之中也。

只在作樂上咏唱之，見其中心無累，俯仰自得，並不説彼安貧忘勞之意。又極似家人嘆美之詞，語氣不深不淺，文之以神行者。王玠右

冰炭場中説得春融雪净，可與《逍遥》、《秋水》並讀。徐克勤

彼其之子，邦之司直　徐光啓

鄭有司直之臣，故足嘉也。夫司直者，又直道之所張也，得之子而國是定矣。蓋聞是非之權操于上則治，争于下則亂，然操之者非以一人制衆多之口，爲以一人振諍士之氣也。而司直難言矣，矯俗與憂時岐趣，忠計與沽名溷品，令柄國者靡然罔敢折衷。豈惟巧佞勝，正直不勝；抑使小人容，君子不容。而彼其之子，非武于餙、弱于德者：其勢位足以輻凑謀智，而

雄裁勁氣，又足令貞亮者抒吐而無囁嚅； 其威望足以晝一成揆，而獎廉崇正，又足令蹇諤者獨行而無顧忌。 邦有利害，人喜言也。 至大利大害，則諱言矣。 此夫耿耿一意，破浮沉而激論之，毋亦有孑立于前後左右之間者，而之子必賞之，以爲孑立者助。 蓋曰若者于謀身拙，于計國忠也； 事已成敗，人盡睹也。 至未成未敗，則觀望矣。 此夫侃侃一節，揣情形而先執之，毋亦有孤睽于異同毁譽之中者，而之子必與之，以爲孤睽者輔。 蓋曰若者于逢世踈，於審幾確也。 故朝立諍臣，嘗以折衷而寓之乎愛惜； 下多戇士，能以培植而操之以主持。 況乎可否獻而立裁，機宜陳而獨斷，則精神注嚮，國成不至倒持； 公論必無中寢，貞士必無偏憎，則意旨風勵，熒惑且爲斂手。 又何患于是非之盈庭，而公忠之寡黨哉！ 彼服豹餙之裘，如三代直道之先民復出也，不忝矣。

憂時憫世之言，激射痛快所不待説。 至於行文之妙，真如成竹在中，有上節即起下節，步步警透，而神理渾然。 **徐克勤**

嚴氏云： 司直謂直道之□□□□□□□□□也。 □□□猶司馬司命之類，不專指諫君。 篇中所論，皆人才消長、國家治亂大故，非徒作帖括觀。 **王玠右**

女曰雞鳴　四句

徐光啓

賢夫婦交儆之深，惟恐其失時矣。夫時以興事，時失則事廢矣。夫婦相儆，宜其一再語而愈深乎。且夫人之生世，逸德所以爲敗，而勞生所以爲安，是以宵衣待旦，非徒利其事而已也，將以絶蠹敗之端，養壽命之源也。宴習勝而朝考晝脩之不問，矧夙夜之勤乎，又可得之閨門床笫之間，而此之爲夫婦也，異哉其勤而不婾也。明而動，晦而休，心常厪于民生之不易；耳有聞，目有見，慮常恐有率作之無時。鷄鳴盥櫛，禮也，「女曰鷄鳴」，有先于士矣；昧爽丕顯，戒怠也，「士曰昧旦」，有進于女矣。女若曰，今兹之可以興也；士若曰，今兹之興其猶晚也。則女入曰，子虞晚，而亦愈知夫興之不可以後也，子其興乎。絍席而妄意天時，知其未審，則孰與夫仰視之真；安處而漫言早晚，終爲無益，試驗之明星之爛。如其未爛，即去鷄鳴未遠也，然亦轉盼之頃，而晨光之炳朗者已可待矣；如其已爛，即言昧旦非虚也，斯則瞬息之間，而夜色之熹微者尚可再乎？天無假易，唯此明星之煌煌者，當寢興之節，可以圖日計之有餘；人有常職，唯此見星而孳孳者，爲勤惰之分，庶以裨日成之不足。不然者，未幾而東方之白，又未幾而中且昃矣。失其時，則事與事相併，即能其事，亦人與人相儔，何以稱勤家之至焉。子其興乎！吁，人惟懼不逸，彼惟懼不勞；人有時至而不營，彼有先時而夙戒。賢矣哉，其不懷安也，能盡職也。况親賢進德，又有在常業之外焉。鄭有是人，豈非矯矯振俗者哉①。

宛然閨閣告語之詞，昔人盡水聞聲②，不足奇也。王玠右

琴瑟在御　至末　徐光啓

賢婦望夫，欲宜家而進德也。夫夫婦交相成也，彼晏安者静好不可必，而奚論進德哉。此以知《鷄鳴》之賢矣。意曰，夫人豈有生而逸者哉？逸則淫，淫則忘善，殆非所以閑情繕性，明相成之義也。惟我與汝，職業盡矣，偕老伸矣，此之謂以憂勤生逸豫，樂而不荒者也；此之謂以黽勉爲倡隨，静而且好者也。一念歡忻之意，可弦可歌，則律吕相宣，咸著順成之美；二人同心之好，如琴如瑟，則由衷愛慕，盡歸咏問之中。美哉，渢渢乎，凡在御者，孰不静好乎哉？然閨門無二事，則一搏一拊，固足以暢叙幽情；而士人有百行，非樂善親賢，恐無以琢磨令

① 此下另有一行字，漫漶不可辨，應爲徐克勤評語。
② 「盡」疑當作「畫」。

德。吾願子之有來也，吾願解此雜佩令子之贈其來也；　吾願子之有順也，吾願解此雜佩令子之問其順也；　吾又願子之有好也，又願以此雜佩令子之報其好也。　論心結契，即臭味苟同，諒無煩于縟禮，而爾折節慕義之誠無由自達，則儀雖不腆，庶可藉手于賢豪；　傾蓋交歡，即多儀成享，亦未足爲報稱，而我維（特）〔持〕羽翼之意無以爲恭，則惟此良玉，聊用比德于君子。庶幾哉，鑒其意不鄙夷其人，而朝夕與正人居，不能無不正也。　至是則夫婦之好既合，而朋友之誼亦敦，和氣成象，榮名爲寶，吾與爾可以無相負也。

和平簡潔，文字至此，巵言讕語，真無處可着。　徐克勤

節族和匀，詞采鮮潤，既匡既敕，皦如繹如。　王玠右

甫田　徐光啓

詩戒妄求，而進之以序也。　夫事以漸進，其理然也，舍此而務遠大焉，徒有其心，豈可得乎？　且自功利之習成，而躁競之風熾，齊之俗，其失在人心矣。　詩人欲挽其靡也，而爲之歌《甫田》曰：　人胡爲田甫田哉，甫田田矣，荒而不治，如莠之驕驕，何也；　人胡爲乎思遠人哉，思遠人矣，愛而不見，如心之忉忉，何也？　夫農人手足胼胝，爲逢年也；　人情朝夕凝望，爲所

求在己也。以吾菑畬之勤，而得此莠之桀桀；以吾瞻仰之勞，而易此心之怛怛。則何利乎？吾安知貪者之必得，而廉者之必失乎；又安知遠求者非害之門，而近取者非福之因乎？試觀童子總角丱矣，見之未幾，突而弁矣。其爲總角也，婉然少好，吾不知其當爲成人也；其爲弁也，儼然成人，吾不知其嘗爲童子也。此豈有所求而得望而至哉。事有其序，循節者逸，而虚願者勞；物有其時，有意者自見其遲，而無心者自見其速。理勢然也。今之人有能優優漸進，如童子之爲成人者乎，則用力省而見功博，責成近而取效遠矣。與夫好勝之士，自爲勞擾而終無益者，功相萬也。是故哲人舉事，量力而行；君子持身，居易以俟。豈非有見於此哉！

抑揚唱嘆，真堪短詠長思，能使情炎鬥進之心渙然冰釋。徐克勤

此與「鶴鳴」章同，言理而不言事，比意即正意也。故訓誡之語，雜見于篇中。王玠右

不稼不穡　塵兮　徐光啓

賢人勵志，自明其不取之節焉。夫耕而得食，君子不諱也。不然，而三百雖多，其能安取乎？且世之下也，人情稱施而責報；又其下也，則無施而望報矣。然薄俗成靡，而當世自有

不貪之士，若《伐檀》君子，誠足異焉。彼其坎坎伐檀，宜通而反塞，豈非遭時之困，而人情之大不堪者乎？於是怨悔，竊慮夫賢者之不免也。而彼則曰：夫人居若事，則宜營若職，其造物者之勞吾以生也；夫人有可用，不必效於用，其造物者之試我以貧也。如彼耕者，蔍蓘致功，則有豐年，庸可舍本業而期非分之得乎；寧使服勤終歲，不必違年，何可悔前功而圖不勞之奉乎？是故得失無煩置念，顧吾所自盡者獨此稼穡耳。而有如忽菑畬之勤，冀盈止之慶，是無功而倖獲也。三百廛之來誠厚實乎，吾實無緣以取之矣；利鈍不足關情，顧吾所致力者止此稼穡耳。而有如忘俶載之事，收倉庾之入，是薄功而厚享也。三百廛之取雖人情乎，吾無所持以受之矣。蓋不特上觀造化，苟得者忌其不祥，而反諸素心，自覺有不能安者，即動念不敢妄，而敢於妄取也；非獨遠察人情，貪得者戒於厚亡，而揆諸雅志，自覺有不可欺者，即一介不敢苟，而奚論三百也。況乎分業已定，縱稼穡而得，吾猶將付之無心；遭逢難齊，縱稼穡之不得，吾尚不敢致疑於運命。而乃踰見在之分，徼不必然之功，以隳心末路，自失其廉貞哉？士固有志，雖復河水清漣，吾將無悔也。若然者，真可謂節士之概矣。而世風之弊也，潔白自喜者，方共目爲無用，夫廉尚之節雖願□□要□□靡俗□清流未可少也。若《伐檀》君子，廉頑起懦，于今爲烈。盛哉乎，無用之爲有用矣。

不曰安於不獲，而言不爲胡獲，意直而詞曲。故先生《六帖》云：「稼穡而得禾也，吾

安之；稼穡而不得禾也，吾甘之；若不稼不穡，何以得禾？雖有之，不願也。」文中曲折，耑出此意。**王玠右**

題之妙固矣，篇中開闔賓主，意見側出處，尤不可及。**徐克勤**

厹矛鋈錞，蒙伐有苑

徐光啓

詩美西征之矛盾，志勝兵也。夫矛與伐，皆所恃以戰也，而其餙盡善矣，何憂乎西戎。且夫戎器之利，豈不以文哉？有望之黯然而不揚者，勝負可知也；望之赫然而不可犯者，勝負可知也。今日西戎之役，可謂操必勝之筭矣，則吾以其矛知之矣；可謂得不敗之法矣，則吾以其伐知之矣。何也？凡兵之道，兩相圖亦兩相避也。非矛之善也，何以制人；非伐之善也，何以自衛。而苟得其一遺其一，則利與害未可知也。今之植於車前者，厹矛耶，燦然白金以爲餙者，矛之錞耶；建于車之側者，伐耶，苑然畫繢以爲章者，伐之蒙耶？其鋒刃之利，既足以任擊刺矣，而綜理所及以昭不辱之色者，又何光輝之炫燿也；其堅强之用，既足賴以捍衛矣，而物色所彰以示難犯之威者，又何文彩之綢繆也。以此餙軍容，則炳蔚宣于文物，而我已赫其聲靈。是故矛之良，物無不陷矣，伐之良，物莫能陷矣；以此摧驕虜，則精彩溢于顧瞻，而敵已讋其氣象。是故以我之矛，當彼之伐，所不能夫矣，以我之伐，當彼之矛，所不能入矣。蓋本萬全之謀以除戎備，即一器用之制已足以摧堅陷瑕，突刃觸鋒，制人而不制于人者也；由百勝之算以壯國威，即一文飾之間已儼然攻之必取，守之必固，可使必受敵而無患者也。況仗大順、扶弘義，且有不戰而勝者焉，西戎何足平哉！

矛以制人，伐以自衛，皆制勝之要也。鋈錞有苑，采飾炤耀，皆所以助勝勢。此文不難於□度明晰，而難于氣概張皇。**王玠右**

婉兮孌兮　二句

徐光啓

詩喻賢人之困，傷國政也。夫賢國之紀也，以君子而且困矣，曹其能國乎？且國之所恃以治者謂何，而賢者不用，用者夫必賢也，則抱道者之長戚而計國者之深悲矣。故歌《候人》以刺之，若曰：彼薈蔚而朝隮也，彼何德以堪，而遭逢若此其隆也。執是以觀，將懷珍負奇者，其得志更何如矣，豈意有季女之飢耶？彼季女者，何其婉以孌也，以婉孌者而守正以待，意其有善匹也。乃今欲俟時而時已失矣，不妄從而見饑困矣。其志節可尚也，時且抑而不庸，烏覩所爲好逑也。是其守志者，其違時者也；其貞潔足稱也，俗且擯而不取，烏覩所爲嘉耦也。

是其懷貞者，其忤俗者也。以彼之自勵，即終身而不遇乎，豈遽自媒，第不知若人而饑也，所稱窈窕而備下陳者將何人哉；以彼之自保，即更加以困抑乎，其永無悔，第未知若人而饑也，所稱佳治而充后宫者將何如哉！豈所謂時命之不偶耶，抑女無美惡入宫而見妬耶；豈好女之進惡女之仇耶，抑砥行脩名反不若自衒自鬻者之可以得志耶？誰實爲之，使至此哉。吁，季女之饑，可惜也。乃今主聽之不聰也，方正之不容也，吾尤惜爲季女者多也，當國者不得辭其責矣。

不爲季女傷，只爲時事怪耳。位置既高，立言自異。徐克勤

全從《楚辭》變化來，今人摹古，貌焉而已。王玠右

周公東征，四國是遁

徐光啓

聖人之行師，所以收人心也。夫人心既涣，合之則聚矣。周公之行師以此，其爲得已哉。且東山之役，三年於兹而功始竟，兹行也，破我斧，缺我銶，人之稱是師也，其不謂之破斧之師與？非然也。凡人好戰，勞天下以爲一己，則爲佳兵；聖人有征，勞天下以爲天下，則爲義舉。周公之東也，非徒誅鋤奸宄，白一己之心也；非徒戡定暴亂，靖一方之難也。方流言始

禍，而四國轉相煽動，慮生瓦解之憂，故整旅徂征，令四方俛首帖服，務成輻輳之勢。以王之叔父也，而召外釁，彼踈逖者安得有固志與？自王師出，而天下謂帝王自有真焉，雖國之懿親且不可干也，則伺釁者絶望，而散者已聚矣；以商之餘孽也，而生内憂，彼懷舊者寧能無貳心與？自王旅興，而天下謂大命固有屬焉，彼天之廢性殆不再興也，則觀變者息心，而傾者已定矣。蓋初定之後其民易擾，有其倡之，未有不嚣然而起者，故一夫作難而天下嚮應，是古今離合之大勢也；定變之謀以速爲機，罪人既得，則其勢固不復振者，故解散其謀而因以固結其勢，是聖人萃涣之大慮也。美哉，周公之是舉也！害一而利百，一勞而永寧，雖破斧缺銶奚辭哉？

天下大勢，成局在中，抵掌而談，不煩經畫。徐克勤

《詩》雖以和雅爲主，然遇此等題，自着不得柔條女葉。此文以英雄之畧，寫聖賢之心，覺有如霆如雷之勢。王玠右

詩經傳稿　小雅

四牡騑騑　次章

徐光啓

使臣勤于行，義在致身故也。夫效忠於國，固將以身許之矣，如曰懷歸而自便也，豈使臣之職、使臣之心哉？王者代言之，以爲爲臣既不易，奉使良獨難，何則？天子勞心以養天下，天下勞力以事一人，而使臣者上通下達，而爲之斟酌其間，顧且得自暇逸乎哉？肆我今日之行，誠不遑自私其身也，駕四牡以騑騑，御嘽嘽之駱馬，行塵時起，川路敻以無涯；宵旦于行，關河邈而難越。言念歸期，杳乎未可卜矣。夫無家之别，有生之所共悲；行路之難，壯夫爲之興慨。雖則無期，能無懷歸乎哉？歸可懷也。今日之事，王事也。草茅之賤，出身而蒙主恩，意本矢涓涘之報；策遣之辰，臨軒而辱主命，誓將竭駑鈍之材。乘傳直指，是亮工弘務之日也，令車轍馬跡，容有歷而未遍，是情不上聞，而澤不下流也；星軺御命，豈養恬修姱之年也，令建制興革，或有弛而未舉，是當官不敏，而奉職無良也。明王闓澤天地之恩，而一二三使者將以覃敷雨露，誠夜寐辰興自盡其股肱之力，而不敢圖須臾之便矣；兆姓隱情豐蔀之伏，而一介行李將使明昭日月，誠車殆馬煩不厭于往來之數，而匪遑求頃刻之安矣。蓋聖主不盡人之情，豈不熟悉其艱難；而忠臣不隱己之才，常恐末由而稱塞。雖則息肩無日，而牽于其所甚重，即盡瘁以何言；雖則稅駕無時，而奪于其所必不可安，寧没身而後已。騑騑嘽嘽，誠思及言，旋行且忘之也。

第五句即在第四句内，兩句作一句讀，見奔走不暇，總出于心之不敢安也。一斷講，便似自鳴其勞矣。忠悃之誠，透出紙背。**王玠右**

先生之文本以秦漢爲骨，偶或借□六朝。亦猶右軍之書，時以側鋒取妍耳。**徐克勤**

皇皇者華　二章　徐光啓

使臣以心盡職，故欲以人事君也。夫靡及天慮也，訪問大資也，兩者相輔而行，豈非良使臣哉？且天下之務，人主不能獨知而慮，故必有奔走之臣，足使喻志于四方者，然後可，則今日之舉是也。爾使臣何以稱塞□？皇皇者華，生原隰矣；駪駪征夫，將何及矣。念夫承命以來，本欲布王綸、流愷澤也；　念夫被命而往，又欲徹窮閻、徧幽遐也。天子神聖，尚未悉萬方之隱匿，我寡陋也，欲以身代聖明；　兆民林總，尚不徹九重之聽，覲我一介也，欲以情周黎獻。茲何容易哉！　思其艱，圖其易。吾誠不敢足己自用爲也，懼獨任之闇也；　吾又不敢寡聞尠見爲也，懼偏聽之奸也。是故策馬而思駕馭，攬轡以懷澄清，馳驅而逞良圖，訪問以采忠益。天下有長策訏謨，廟堂不及，而偶發于蒭蕘之口者，吾弗敢屑越也；　天下有隱情伏幾，庸夫所知，而有裨于旬宣之理者，吾弗敢遺棄也。智者贊慮，仁者明施，懷忠必集，負才咸叩。于以旁收方畧，而博采民風，沛仁聖之汪濊，成皞熙之上理也。庶幾曰，使臣之職，其有及乎。否則聞見不廣，衆思未集，明詔幾于廢格，阽危莫之省憂，雖懷靡及之衷，莫覩奠安之畧矣。非所望于子大夫者也。

《左傳》「咨事爲諏」，則謀、度、詢亦何者非事，必以咨難、咨禮、咨親分屬，雖有明據，而以心殉古，終有未安。故《集傳》盡去之，但曰變文以協韻耳。然四章立言之異，止此四字，一概混同，則作文不便。《疏義》云：「諏有聚議之意，謀有計畫之意，度有斟量之意，詢有究問之意。」畧加剖別，亦不穿鑿，較爲熨貼也。先生蓋從《疏義》，通篇結構，全是古文。**王玠右**

開誠布公之言，簡質曉暢，我不欲一字虛設，所謂辭尚體要者是也。**徐克勤**

伐木丁丁　首章

徐光啓

詩興人當求友，因著友道之極焉。夫求友之道，極之與神明通也，欲求和平之益者，而友誼蓋可忽哉。且昔有道之世，其君臣懽若一體，而後大化淳流，含生禔福，此交泰之理，而治古之隆也。周王知此義矣，故其燕臣也，而曰：惟彼丁丁者，非伐木乎；惟彼嚶嚶者，非鳥鳴乎？夫以朋友之誼也，彼飛鳥何知而出而遷焉，遷而鳴焉，其亦有氣同而聲比者耶；以生人之類也，比鳥鳴何如而羣而處焉，類而聚焉，其容無情投而意愜者耶？情不洽則交踈，交不親則寡助，如欲以遂舛逆之風而成乖離之俗，其可也。若必追蹤古昔而企跡泰寧，此殆非所以得之之道矣。何也？人之精神固日與造化流通，而往來徵應者也。吾方行於昭昭，神必聽於冥冥；吾之交誼誠洽於濟濟師師，而神之默祐必應於熙熙皞皞。固未有岩廊之上藹若一心，而縣寓有僻違之風；亦未有君臣之間盎若一氣，而方內多繆盭之象。此非倖致，非偶合也。氣合而從，感至而應，固亦實理然耳。吁，君人者疇不欲中外敉寧、休祥有永哉？而泰交之風邈乎不可覩也。豈特暗于人倫，抑亦闇于物理矣。吾今感黃鳥之鳴，念友生之誼，察神明之故，希和平之福，是以知燕之不容已也。

古者，人君以嘉禮賓臣者有四，朋友故舊其一也。神聽和平，實有天人感應至理，非虛夸之詞。兹篇理實而氣和，宛然泰交之盛。王玠右

前路反振既透，後來不費經營，已成完搆。徐克勤

嚶其鳴矣　二句

徐光啓

重友誼者，當識其意于鳥鳴矣。夫鳥固以聲相感者也，試識其嚶鳴之意，而友誼固不重與？歌《伐木》者曰：夫誼有切于倫常，而理可得乎感觸者，則求友是已。使友誼誠不甚重，而奈何重友者，有耳聆之即是乎？試聽鳥之鳴，而嚶然其聲，夫豈其機之不容或秘，而以偶洩其籟也耶；抑豈趣之可以自適，而以獨鳴其豫也耶？彼其悠然而若有餘韵也，穆然而若有深維也，吾意其必有所求乎；若蕭然而覺獨居之爲苦也，又若群然而覺共居之爲快也，吾意其所求之必在友乎。振羽翩翩，彼宇宙之翺翔者，何知不爲吾侶，而顧以幽人終淪，是自有友而自絶之也。今也寄好音於喬木，倘亦有憐其無聊，而同聲以應之者乎，所不能默然而處於此也；同群喣喣，凡羽類之翩翩者，俱足以係吾深思，而顧以遷喬絶想，是自有友而自棄之也。今也托餘音于出谷，倘亦有喜其超群，而同鳴以繼之者乎，所不能恝然而無所求也。蓋萬物原

有定偶，故離索之感每廑思於羽族，而跂望深情，即嚶鳴可以默按其隱；一氣自相潛通，故婉轉之懷時輸情于聲韻，而遇合之懽，即嚶鳴可以預兆其和。夫其求之也若此，而有以慰其求者，則此唱彼和，慶幸何如。即不然而其念誠亟，其情誠可原也。有志求友者，聆音察理，豈獨無意乎。

《易》曰：「出門交有功」，又曰：「同人于野」，出谷而求友，即此義也。鳥之友只在同聲應和上見，故云「友聲」，俗詁乃云「肆其求友之聲」，何啻説夢。讀先生作，自知正義也。**王玠右**

天保定爾　首二章　徐光啓

詩願君福之大且久，而援天以頌之也。夫福大而久則全矣，獨不曰何德以承乎，蓋臣之用心遠矣哉。且人主御世，罔不邀福於天，而苟非純眷也，福且涣而不集；非永眷也，福且來而莫繼。此兩者殆非所以迓洪休而稱瑞祉也，亦奚足以語我周之盛乎？吾所願今日者，祈天永命，人盡其能，而錫祉降祥，天隆其報，保之固使莫危乎，定之固使莫移乎。新故相仍之際，則迓續爲難，而單厚以除，若循環乎；事幾紛至之日，則備足爲難，而多益以庶，時萬億乎。不惟盡善咸宜，所以恢皇綱、展帝紘者，若啓若翼，曾不見其壅閼；　而且受禄降福，所以懷明德、膺寵綏者，以日繼日，曾莫窺其窮期。　若是乎保以定也，若是乎興也。　吾將欲語其大乎，而彼沓至者，又足嗣休祥、慶大來矣；　吾將欲語其久乎，而彼鱗集者，又已錫疇離、騐庶徵矣。　然則福之高大也，其如山也，如阜也，如岡陵也，而其盛長也，又如川之方至而莫不增也。　操獨上之勢，而且浩浩乎莫測，則以其綿延者成其峻極，而益足以見帝王之純嘏；　濬不竭之源，而且巍巍乎莫並，則以其宣朗者成其遐遠，而愈足以明皇天之眷顧。　大哉，福也。　所謂極隆致順，而熙朝之上瑞也，則臣之報稱慰矣。

人君以《鹿鳴》以下五詩宴其臣，事既不同，文亦各異。　而人臣所以答君者，惟《天保》一詩，蓋臣無所加于其君，不過願其福禄壽考而已。　故重疊反覆，以致其忠愛。　此作條理清明，情文綢斐，允稱良搆。　**王玠右**

彼爾維何　一章

徐光啓

詩興禦戎之有備，因以常勝期之也。　夫備敵不可忘戰也，采薇之士戰必勝矣，何憂玁狁哉？　且吾國家四陲無儆，而蠢兹玁狁，間作弗靖，豈獨驕虜之罪哉？　亦由中國之人，狃於治平，成於積弱，戰而不可勝，勝而不可常也。必也，今日之役乎！彼爾然者何，常之華矣；彼路斯者何，君子之車矣。駕彼戎車而輪轅在道，完車也，是勝兵也；乘其四牡而驂騑在列，良馬也，是勝兵也。輕車奮擊，突騎争馳，以此衆戰，何戰不克，蓋未出於國門，而心已馳於塞垣之北矣。矧目擊夫時艱，而豈復有安居之想乎。凡我戍人，當知外夷内夏，義不反顧而忘仇讐；主憂臣辱，慮欲立功而報天子。如虜而不敢戰也，吾謹備焉可也。苟不量而思犯順乎，則出偏師以禦之，期於必克而已矣；如敗而不復來也，吾蓄力焉可也。苟匪茹而求雪耻乎，則乘勝氣以臨之，期於無不克而已矣。雖彼之攻戰素習也，而胡虜無百年之運，必也以屢勝而摧其鋒；雖兵之常勝難期也，而帝王有萬全之師，必也不經時而奏其績。一月之間三戰焉，三捷焉，庶幾哉。《采薇》稱不戰之士，玁狁忘啓疆之思，邊境無億萬姓處劉之慮，國家收數百年養士之利。戎車四牡不徒行矣，夫子勉哉！

此是遣戍之詩，意在固守邊圉，不在好大喜功。一月三捷，亦作戍人擬議之言耳，若呆説如何戰勝便非。有勢有法，無踰兹製。**王玠右**

雄勁精老，無一字一義無來歷。**徐克勤**

一月三捷 日戒

徐光啓

常勝而有戒心，能守勝矣。夫兵之道以守爲本，雖則三捷，可忘日戒哉？且夫制馭戎夷，戰守之外無策焉。夫一氣所生，亦豈樂而殲之鋒鏑哉？凡戰者以固守也，戰不能勝，無以守矣；戰不能守，無貴戰矣。《采薇》之士，固我國家之干城，又況其仗義往也，勝氣橫于千里，則何攻弗克；虓怒動於九天，則無披不靡。雖强敵在前，將一鼓而下之；即餘燼未灰，將乘勝而摧之。庶其一月之間，收三捷之效乎。斯固一二師臣報主之忠，亦以見國家數百年養士之利耳。雖然，兵者，兩相圖而互爲勝，兩相伺而匿其形者也。夫豈無藉累捷之餘盛，而一朝翦焉，則彼以致死之衆而出于不虞，我以窺敵之意而傷于不戒，非敗道也耶？不備不虞，其何以師！令我四牡，駕我戎車，君子依焉，得無驕乎；小人腓焉，得無惰乎？大夫謀而心折之，徒旅奉而行之。翼翼之行，無轍亂旗靡之色；弭服之間，無再衰三竭之氣。以此日戒，其可也。當知戰也，我無所不攻，能積力并氣，而勝已可必；守也，我無所不備，非時稽日計，而隙即我乘。彼懷積憤之圖，其鋒固不可當，法在有功而如幸；我居盈極之勢，其意猶未易恃，當虞禍至之無日。戒之哉，勝亦不可狃也，常勝故尤不可狃也。不然，一不戒而百堅不足固一瑕，即百勝不足補一敗矣，况三捷乎？無論以强爲弱，没世不復，即狡焉小醜，而以逆執事之顔行，不亦重損威靈，貽國士之耻哉？

戰爲賓，守爲主，然不張皇戰功，則守處全無氣色矣。此詩家之地步也。至于經畫戒字利害情形，燦如指掌，則又文中之精彩也。徐克勤

勝而能戒，則無敗事。故云嘗勝之家，不可慮敵。此蓋有感於中，借題立言者也。老謀壯事，可謂兼之。王玠右

未嘗不隨題曲折，然全幅甲兵蟠胸而出，適與題凑。首尾擊應，局法渾然天成。克勤

又評

憂心悄悄　朔方　徐光啓

大將備邊之兵，先治心後治氣也。夫作以戒懼，而人心一，嚴以主威，而兵氣奮。如南仲者，是謂天下之將矣。《出車》勞還也，以謂人臣乘障守徼，天下重任，此非將之難，用衆之難也。何者？戰，勇氣也，然而又危事也。必生者可辱，固不以怯悍之衷，傷果毅之鋭；必死者可殺，亦不以一往之計，先萬全之謀。是故推轂臨戎，揚麾載道，彼南仲者，何

嘗不撫劍心馳，氣吞驕虜哉。而以爲簡書之鄭重未易副也，兵家之勝負未可料也，將恐將懼，無怠無荒，思恒雜於利害，心每危於成毁，用能以悄悄之意，感動偏裨況瘁之衷，共分猷念。則千慮百思，固已定必勝之謀於帷下；同心一意，且亦畜不敗之勢於師中矣。而由斯以往焉，雖賈勇先登可也。於是仰思王命，則主之憂臣之辱也；遠念朔方，則地之險鎮之重也。駕我路之彭彭，則中原之長技也；建旂旐之央央，則節制之形名也。奮雄心以四據，而虔奉威靈；肅將士以無譁，而弘敷誓誥。南仲若曰：睠兹朔土，隔閡華戎，守邊固圉，拱衛函夏，赫矣王言，勗哉其無忘也。稟明明之廟謨，即虓闞之儔思滅此以朝食，而況今之桓桓者即昔之廩廩而念者，淵謀運爲霆擊，則三鼓而餘怒未衰；仰赳赳之雄斷，即熊羆之士願效捷於須臾，而況今之嘽嘽者即昔之慄慄而懼者，鴻算出爲鷹揚，則百勝而英姿逾勵。蓋未戰欲養其心，將戰欲鼓其氣，一人之進退易制，三軍之勇怯難調。有如南仲，信將之有嚴有翼，兵之得機得勢者也。玁狁于襄，功豈虚附哉！

此篇筆力加肆，似爲放意之文。嗚劍伊吾，忠勇溢於毫楮，亦自覺住手不□。**徐克勤**

前篇是戒於戰勝之後，此篇是戒于出師之初。總之臨事而懼，好謀而成，始終皆不可少。先生殆是言其兵略與？**王玠右**

彤弓弨兮　六句

徐光啓

周王之錫其臣，盡報功之道者也。夫以彤弓之重也，而與之誠且速也，周王之賞其足以勸矣。歌彤弓者曰：人臣之義固以效命爲職，然使有功不賞而嘉庸莫酬，使天下謂勞之不圖也，予一人何辭之有，是故吾於嘉賓不敢忘報也。惟此彤弓，弓人所獻，誠六材之良，而王朝之名器也。器有所用，從而受之；器不可假，受而藏之。蓋非惜之以爲私，實欲留之以有待焉，而今者非其時乎；蓋將使非分者不敢徼，亦將使得之者以爲重焉，而今者非其人乎？肆我嘉賓，成勞懋著，真所謂懸格而待之者也，故庸勳之典不可曠也；肆予一人，嘉乃丕績，又所謂激衷而思報者也，故中心之貺無所强也。銘之太常，不足爲蒼生謝施，實欲假折衝之具以昭不次之榮；勒之鐘鼎，未足爲九廟酬勳，實欲藉專征之權以成殊異之寵。則雖予之一朝吾以爲遲，而留之異日愈不可待矣。是以設之備樂，重之大禮，舉昔之寶藏而不可忽者，隨以畀焉而不爲靳。令今而後，四征九伐汝實專之，而不從中制也；金草奏於下，大亨陳於上，舉今之中藏而無由達者，藉以申之而不嫌速。令今而後，五侯九伯汝實征之，以夾輔王室也。既以此仰答夫前勞，而亦以此俯期于後効；既使立功者侈談爲盛事，而亦使後來者激發其忠誠。皆視此彤弓之錫與！而我嘉賓，庶其鑒予頒，以對揚休命也哉。語曰「賞如山」，言人皆可望而得也。彤弓之命列于九錫，天下重典而一朝饗之，周王能勸其臣矣。盛哉，其當尚父之封、文侯之命也！延于後世，而此典遂爲人臣僭竊之符，先王其哀矣夫。

莊嚴典則，居然制誥體，而激勵功臣之意亦已無餘。**徐克勤**

氣象高明，詞章烜赫，當求之曹、陸之間。**王玠右**

比物四驪 一章

徐光啓

大將之禦戎有備，其心在君也。夫人臣之義，安君爲大也。制勝有具，緩急有宜，不可以佐天子哉？《六月》美北伐也，若曰：國家之患莫大于北虜，彼益輕中國之無備，而其究也三垂騷動，五位焦勞，豈非卿大夫之耻乎？是以有今日之役也。蓋成師以出，而勝算在矣。何也？凡戰之道，驂服不齊者乏也，馳驅不能習者殆也，後發而制于人者敗也，行百里而趨利者危也。今之比物而齊則四驪矣，克然蓄息之駿矣；今之閑習而試則中法矣，居然訓練之徵矣。師以六月，將出其不意耶，而常服以成，何難就道，是之謂備而無虞；入我要害，將以佚待勞耶，而師行盡舍，無敢争先，是之謂行而如戰。吾以知是師也，節制之兵，醜虜之乘危徼幸弗能當也，王以此授之將，將令掃除凶逆，而胡馬不窺焉，則邊鄙無塵而宵旰之思輟矣；吾以知是師也，無敵之威，裔夷之去順效逆不足取也，將以此受之王，將使郊圻寧謐，而羽檄不通焉，則外朝無警而憂勤之慮除矣。在一時也，同仇敵愾，捷書奏於九重，則翌贊皇猷，晏然那居之慶；在他日也，國安主榮，車書會于一統，則夾輔王室，泰然長治之休。然則此一舉也，明冠履，尊朝廷，人臣之節而主上之意也。豈徒耀武觀兵，誇中國之强盛已耶。

先總挈，後分叙，段落詳明，部位整肅。有力如虎，執轡如組。王玠右

前半化散爲整，融會兵畧而不襲其文。其講末句亦詳盡有體，紀律森然。徐克勤

有嚴有翼　二句　徐光啓

中興經武之臣，有將法、有心法也。夫兵非法不治，非敬不克，維嚴與翼，以共武服，勿謂周無人矣。且國家際外患，則所托重而致力者，莫如武臣。然而專城制閫，非易任也；堅車良馬，不足恃也。勑法脩意，勇之道也，今北征將帥可謂聞道矣。乘堅策肥，百戰百摧，勝氣横于塞垣；而守律慮敵，治氣治力，機權握其樞要。是故兵者投人于險者也，將法弛則三軍失其律，將孰肯用命，所以貴嚴也。今日之役，其誰非有嚴者也；兵者毒民於死者也，將心怠則

敵人乘其懈，何以爲司命，所以貴翼也。今日之役，其誰非有翼者也。視卒如子，夫豈無恩，而常出之以整肅。賞如山，罰如谿，令如四時，令三軍之衆有畏無玩，而仁信智勇藉而行矣；赴敵如鷙，夫豈無威，而常主之以恭慎。戰如守，行如戰，有功如幸，令三軍之士有虞無患，而五權六術憑而用矣。聞兵家之言，有在以我待敵者，以此從事，是謂治而待亂，密而待踈，威行計審，蓋能以形固、以勢固也；又聞兵家之言，有在以我乘敵者，以此從事，是謂卒不亂言，謀無遺謂，令具完備，蓋能以實勝、以本勝也。古有節制之師，天下之將，今日之舉，其此之謂。彼醜夷雖中國之堅敵，有鳥獸散耳，誰復逆執事之顔行，以自取夷滅者？匡王之國，不虚也。

威克厥愛允濟，嚴也；欽承天子威命，翼也。文以六經之正，驅役七書，非小儒所辦。**王玠右**

鎔鑄兵家之言而擷其精要，蓋以化古爲我。**徐克勤**

他山之石　二句　　徐光啓

觀玉石之喻，知不美之能爲美矣。夫石之賤，鮮不以他山棄也，孰知夫攻玉之用耶？且夫人情無所不偏，而惡爲甚，憎心一用，已棄捐而不復顧矣。自非深心察之，孰與盡天下之情；非平心求之，孰與濟天下之用哉？而不見他山之石乎，夫石之在山也，其材不備於器用，其質不登于玩好。苟是之爲見也，則人雖棄置焉，宜無惜耳；石雖見棄置焉，宜無怨耳。蓋有美玉而孰知夫不爲用者，實大用者之所以爲資也；無足珍者，乃足珍者之所以爲藉也。有石而後頑者剖，藏者露，是玉爲國寶，而石於此，美以其能澤耳，然兩澤麗將卒世而含華矣。有石而後又以攻玉者爲寶也，寶寧在玉後也；亦美以其能密耳，然兩密比將終古而韜光矣。雖有完璞，何自而可當瑕者瑜，玷者平，是玉爲世貴，而石又以攻玉者爲貴也，貴猶在玉前也。雖有良工，何自而得于圭璋，故玉之既成也或遂忘石之功，而當其未成也不可以廢石之用；是以知玉之良，不施其砥礪，故石之可厭以其粗也而憎于人，石之可嘉亦政以粗也而益于玉。況石而得不併石收之，惟愛玉因愛石也；知石之用，不得以他山舍之，不忍棄玉忍棄石也。寧當以陋質而相得用，于石故無加耳，玉而得攻，將素質登於清廟，是石重玉，玉不能重石，而石可無玉，寧捐；石不見用，焉往而不得賤矣，玉不得攻，將拱璧儕于瓦礫，是玉不可無石，即見醜而當與土壤而同視。吁，玉誠知其如此也，則見好而忘醜，爲石者將呈材而願効矣；并見好，爲石者亦蒙惡而無辭矣。否則舍長而校短，記過而忘功，甘心順比而逆耳切磋，于以達材成務不亦遠哉？

攻玉比爲錯又進一層，此文深明石之有益於玉，反覆曲折，皆灌灌之談。**王玠右**

筆舌互用，即一意而多方，以盡其變。讀者似皆爲意中事，但執筆爲之，便不能如此曲折玲瓏耳。**徐克勤**

如跂斯翼　五句

徐光啓

堂之致美者，爲其用大也。夫王者之堂以出治也，誠計及于攸濟者，即盡美可矣。《斯干》美築室也，若曰：物有用小而已奢，有極盛而匪侈，何者？關係有鉅細，事勢有緩急也。今之爲堂，一何美乎：其經營則吾王之廑慮先焉，而飭治則百工之職守在焉；其赴趨則下民之子來亟焉，而財賄則九府之蓄積存焉。以故嚴正之勢，如跂而翼，象王躬之竦敬矣；而廉隅之直，其直如矢，又足昭王道之蕩平也。棟宇之峻，如鳥之華，象王業之隆崇矣；而簷阿之采，其采如翬，又足彰王明之焜燿也。美哉，堂乎！吾王念勤守府，獨不嚴峻雕之戒，而茲且究人世之瓌奇，將無以壯麗示威耶？計亦且宵衣旰食，升三階之上，以播憲考成，惟此堂也，正守府者之職耳；吾王志切求寧，獨不存素樸之風，而茲且極人工之瑋麗，將無以豐亨肆意耶？計亦且朝考夕虔，登九五之尊，以立政庇人，在斯堂也，正求寧者之事耳。仰遡先王日昃之勤，而從此以亢宗繩武，其紹述之意甚深；俯開子孫不懈之治，而由茲以植範貽謀，其垂裕之休更遠。誠如是也，民萌且傾耳拭目，望魏闕以瞻德化；而臣工且翹首跂足，仰廉陛以冀清光。非所謂華而不靡，費而不獲已者哉？不然，民力幾何，而土木罷之；物力幾何，而泰侈用之。即席豐履盈所不敢言，而況身致中興者乎？《序》曰：「《斯干》，宣王考室也。」承厲之亂，光復舊業，其勢然耳。詩已逆諷之，曰「無相尤」，曰「宜君王」，其旨深矣。與後世景福含元之作，異日談也。

向明出治之事甚廣，有舉則有漏矣。此文妙在簡净精當。徐克勤

莊雅可誦，若但作靈光景福語，雖累紙不盡。王玠右

以（新）〔薪〕以蒸　二句　徐光啓

牧者有兼能，其職脩也。夫牧之樵獵非職也，何至得越牛羊而代之哉，而況其本務乎？且國家問誰孳畜則牧氏司之，問誰取材則山虞職之，問誰從禽則羅氏掌之，夫各有官也；故牧人之職曰求牧與芻，山虞之官曰積薪待燎，而羅氏之務曰前禽利用，兩不相及也。顧勵精之朝，百工恬愉，即司牧下吏亦職有餘閒；鴻鈞之世，萬靈得所，即牧圉廝人俱不煩念慮。我見其以薪以蒸乎，以雌以雄乎？簑笠是荷者，其技不受羈於簑笠，而前尋斧斤之用，後有利禽之

樂；　牛羊是司者，其才不卒展於牛羊，而競能薪槱之業，矜誇畢弋之能。　天子德及枯槁，而甲折夭矯俱不夭槎，彼中林之蔽芾誰非材藪？　牧人者，牧於斯，樵於斯，薪也蒸也，可不勞餘力而兼收之矣；　朝廷仁均飛翔，而儦俟群友共躋阜繁，彼中原之率育誰非從禽？　牧人者，牧於斯，獵于斯，雌也雄也，可不煩遺力而羅網之矣。　向當百物凋耗之秋，即窮深林以樵之，張八紘以罩之，猶懼蔑給，何況厮牧者流得以其餘閒而供燎爨、中飛禽乎；　向當百職廢弛之日，即欲課牧政之成，問牛羊之富，猶懼鰥職，何况芻牧之餘得以其他能及樵蘇、脩繒繳乎？　既不受若職而怠若事，又非持末作以牟本業，即一牧人若此，其他司屬又當何如振起哉！

先言司屬分職，以見牧人有餘力，而兼舉他事。　又言天子對時育物，使草木繁盛，禽獸衆多。　而牧人求無不給，如此方是太平天子牧□之盛。　不然，則一素封之家，谷量牛馬而已。　此文章經緯宏大處，學者不可不知。　王玠右

他人只能作古道斜陽、泉鳴猿(肅)〔嘯〕等語，安能説得如許關係。　徐克勤

國雖靡止　一章　　徐光啓

詩紀可用之賢，而深爲不用者危也。　夫賢人所以定國也，王不之用，國士去矣。　宜大夫惕

然爲戒也，曰：賢才不必治世有，亂世無，惟用而治，不用而亂耳。故在清净寧一之世，各攄猷念，可維磐石之宗；即在傾危板蕩之秋，共效彌縫，猶挽逝波之禍。方今國運紛紜，編氓凋謝，若曰獨不得一聖者以主計耳，又不得一哲謀肅乂者以分猷耳，不知通玄洞微者聖乎，而不皆否也。其明可佐王視，聰可益王聽，貌可作王肅，而言可詔王職者，又蒸蒸而不乏也。第逢世則快際風雲，矧薪槱之澤深，何人甘老于岩穴；違時則懼同滋垢，矧側席之風邈，何人肯衒其瓌奇。決武者之策于愚人，而愚者進知者退矣。吾未見前後左右胥小充斥，而國家之事猶可維持而不壞者也；程賢士之行於不肖，而不肖收賢士擯矣。吾未見貳側陪卿僉壬布列，而將衰之運猶可砥柱而不傾者也。一誤于昔而國計披靡，及今挽回，猶且艱于轉石矣；再誤于今而狂瀾既倒，雖有善者，莫救于潰隄矣。故野有伏才，無文弓旌，使堅慕于投淵洗耳之行；而朝有留良，無投散地，使不究其揚清激濁之猷。則天下事尚可圖也。不然，賢必不用，則國敗而勢不返；國必不救，即欲用而賢不來。一日尚存，群小蒙其利；而一朝滅裂，人主受其殃。可不爲寒心也哉！

痛切之談，寓於拙古。**徐克勤**

十室之邑，必有忠信，豈一國之中無賢者，特王不用耳。此痛哭流涕之言也。先生未第時，國家方盛，而傷時寄慨已如此，其後尚忍言哉。悲夫①！

我孔熯矣 〔一〕章

徐光啓

公卿之純孝格先，而福以類應矣。夫卜爾福，錫爾極，神休厚矣，非終始一敬，孰能當此哉？歌《楚茨》者以爲，凡祭之義，蓋祖孫一氣，實相流通焉。苟徒奉行故事，而將享駿奔之際，或始勤而終怠也，則神之弗歆，報于何有哉？今自迎神之初，至卒獻之後，廟中之典故，禮無不足，而孝子之精誠，意若有餘。則是久暫殊時而敬同矣，想其祼將之傾，有穆然如見者，斯所爲神歆其祀也；幽明相隔而誠通矣，想其沖漠之中，有秩然申錫者，斯所爲嘏告其慈也。告之福以爲盡物者報，則享其苾芬焉，嗜其飲食焉，在公卿不難以一時之品物，將一念之孝思，而神錫之休，將必繁禮而備庶徵也，如幾如式，與夫芳潔者適相當已；告之福以爲盡志者報，則鑒其齊稷焉，鑒其匡敕焉，在公卿不敢以一時之對越，忘先世之傳恭，而神厚之眷，必襲罄宜而蒙戩穀也，時萬時億，與夫莊敬者足相稱已。蓋神之怨恫格享以德之厚薄，寔維孝子不匱，

---

① 此下缺撰者名，當爲王玠右評語。

能昭明信之懿，以達幽潛；福之去來多寡視神之顧歆，亦惟先公有靈，能造無疆之休，以詒孫子。吉凶不爽，感假在人，所稱自求多福者，此之謂與？

題緒極繁，而御之以簡；文格甚方，而運之以圓。王玠右

樂具入奏　二句　徐光啓

公卿盛親親之燕，而受福永矣。夫樂以展親，可謂盡祭之義者也。後禄之綏，其感召固然，豈虛言哉？且祭之道大矣，幽以儐鬼，明則治人，禮叙其倫，樂通其意，故能寵綏備至而享保無疆也。我公卿廟祭告成，同姓具在，是以有燕私之舉。藉令儀文簡畧，情好濶踈，無乃乖雍穆之風，違神人之歡乎？乃今工歌肅徹，寢廟既縣，鐘石畢陳，干羽在列。以告工陳德之音，展敦崇洽比之義，藹乎其親，穆穆乎婉以順也；假揄揚滌蕩之音，孚蔦蘿松栢之情，豫乎其暢，衎衎乎懌以愉也。一以見夫率祖格先人心歡悦，其湛曰樂，百順之聚攸存；一以見夫諸父兄弟昔本一身，萃涣接離，合愛之風斯在。而和氣浹，神明春矣。何也？宗廟之禮，愛其所親，以致孝也。兄弟既翕，父兄之順在焉，烏有冥漠之中，鑒茲欣悦，而不爲之泯怨恫、隆保佑者乎？周之宗盟，同姓爲重，以廣恩也。和氣致祥，天地之氣應焉，烏有本支之誼，若斯敦

篤，而不足以膺純嘏、饗疇離者乎？天牖其衷，人助其信，介休釐祉，永無平陂剥復之虞；神啓之心，人惎之謀，洗爵獻酬，即爲集慶迎祥之地。昔之妥侑業已俾熾俾昌，今且瑞應響臻，復申重於不已，繼繼承承，接踵而來，不可量數矣；昔之假享業已如幾如式，今且鴻庥景附，復敷錫於無疆，綿綿延延，方軌而至，不暇爲應接矣。福不虚受，神無私暱，以綏後禄，不其然哉？蓋其惠懷同氣，孚格先靈，感之若要，予之若赴，不惟音樂之所通，亦非祝史之勦説也。若乃一二親暱不能和協，而言僭謾于鬼神，雖復聱不輟業，樂不解縣，亦何福之有焉。

人但言樂奏而受禄耳，以字多不料理。夫燕私之樂何以受禄，知不徒在儀文間也。此文剴摯有實義，典蔚其餘事矣。**王玠右**

頌禱之詞，前後左右了無餘地，如此博大雍穆，而能事已畢。**徐克勤**

高山仰止 二句

徐光啓

詩人托興，而取其足以係人思者焉。夫人各有心也，而獨于高山則仰，景行則行，彼實有使人不能忘者歟？且閨門基化，豈曰燕婉之爲暱乎？固有肅雍窈窕之賢足以贊理乾綱，修成内則，是有駿聲可具瞻也，是有明德可軌式也。詩人所爲重碩女也，而爲之寓言曰：天下有異而不可同者，物之則也，故卑高廣狹之致褫然以之區分；又有同而不可異者，人之情也，故崇替小大之差了然皆可意辨。吾嘗觀夫山也，謂之山，即異夫原田之每每矣，而山之中又有高焉者，至此而後，知夫連岡邐迤者之爲培塿而不足數也。曰巍乎高哉，其爲大觀也，則安得而不仰矣；又嘗觀夫行也，謂之行，即異夫草間之不可知矣，而行之中又有景焉者，至此而後，知乎曲徑狹邪者之爲榛蕪而不可由也。曰莽乎大哉，斯爲周道也，則安得而不行矣。見干霄概雲者，欲窮千里之目；見砥平矢直者，願馳千里之足。即未能登其巔、極其舍，而乃心豈無向往之思？非懸崕萬仞，不足舒遠眺以爲娱；非經涂九軌，不得騁長駕以自快。即平生之遊覽所極，轍迹所嘗，而念之猶懷昵就之意。故有志高山而不得，則撫絃而思者，此以知其可念也。而藉令有懷靡及之際，忍而得與寓目焉，吾不知其盱衡以滿志宜何如矣；有思遠道而無從，則臨岐而嘆者，此以知其可念也。而藉令有志未遂之日，暫而得與托足焉，吾不知其蹈舞以愜心又何如矣。吁，世有高節懿行，令人瞻仰而景附焉，亦復何異此哉？

觸石則雲興霞蔚，夾路則弱柳青槐，可想此文景況。徐克勤

皆從空中立論，而上觀下獲，又無一字虛設。不遠不近，情味環生，真使人解頤也。

王玠右

以洽百禮　有林

徐光啓

詩咏祭禮，能盡乎禮之體焉。夫禮無不全也，無不有也，是之謂百禮矣。以此而祭，盡祭之義哉。且酒之設也，蓋以此和神人而統幽明矣，昔先王爲之語曰：爾尚克脩饋祀，彼所重于天之降命肇民者，是故春秋匪解，將之以大樂也。有樂以衎之，有禮以儐之。蓋祖廟一啓，而瞽矇播其音，祝宗陳其節，皆所藉以成一人之肆祀焉。其獨無備儀乎哉！是故樂者，洽禮者也。其一祼而一成，九獻而九歌者，洽之之文也；其清明與之同其肅，廣大與之同其和者，洽之之神也。孝孫在位，而群工秉德以陪，自朝至夕，終日而享祀妥侑者幾何；君公執鬯，而有司按籍以詔，由鉅若細，一事而升降周旋者又幾何？蓋事有度，物有官，紀其數殆則百之繁耶；而有全無虧，有舉無廢，統其情殆壬林之美耶。典則之隆崇，規摹之鉅麗，吾以知其大也。而微察于纖悉之間，又何其宏而曲，恢而不漏也；樞機之周密，品式之備具，吾以知其盛也。而概觀于統會之際，又何其辨而廣，詳而有體也。用此達主器之盛，即齊稷匡敕者，悉形于文物；用此協詠間之節，即翕純皦繹者，同象于肅雍。彼其所謂既至者，而非即所謂既洽者乎？何也？宗廟之禮，以神道事之也，榱桷几筵，洋洋左右，吾何知夫怨恫之泯者安在，可萬一踈也，是百禮以萃百物之精也，而敢不至也；　亦以親道事之也，居處笑語，勿勿監臨，吾烏知夫思成之賚者安在，可萬一遺也，是百禮以聚百順之極也，而又敢不至也。　用此而朝夕祀茲酒乎，一酌獻，曰有嘉德；　一錫嘏，曰應受多福。　此酒之用也，又何禍之有矣。

佩玉冠裳，行《采齊》而步《肆夏》，真清廟之□。　徐克勤

有聲色，有體要，臺閣之文。　王玠右

綿蠻黄鳥　首章　　徐光啓

詩喻士之不遇，而因以厚望于人焉。　夫居賤而行勞，士之窮也。　飲食教載，能無望乎？　故《綿蠻》之喻，托意深矣。　且隆古之世，上有待賢之典，下無希榮之意，國恩與士節兩重也。　逮其衰也，上輕士而士不得伸其重，至欲借重于上，而士之輕始極矣。《綿蠻》之詩曰：　相彼黄鳥，止於丘阿，夫其音響非不和，而睍睆之聲若自鳴其不幸；　夫其羽儀非不美，而隱約之□獨鬱鬱而難前。　何昔日之熠燿，今直爲此困憊也，豈其有他故耶，莫道遠之爲累也？　驚心涉於畏途，壯志挫於衰氣；　遠迹頓於岐路，雄節居于數奇。　動見齟齬，何時易耶？　所以幽谷終淪，長絶遷喬之望；　而鎩羽自憐，猶懷借翰之思。　欲一假寵而不可得矣。　夫以肰隘蒙恩，則

力約而功峻；　由阨窮被遇，則澤淺而感深。假令之時，得一飲之食之者，則一飯之德亦八珍之美焉，而有能傾玉斝之餘瀝，分鴈鶩之稻粱者乎；　得一教之誨之者，則片言之惠亦九鼎之重焉，而有能借謦咳之餘光，丐齒牙之緒論者乎；　得一命後車而載之者，則陪乘之榮亦□屋之安焉，而有能結傾蓋之新知，降虛左之勤渠者乎？　想夫鴻鈞之世，無物不樂，而吾獨崎嶇行路之難，寂寞向隅之恨。倘得邀被寵靈，加之羽翼，使沉冥之怨缺，而薖軸之感消，恐亦有道仁人所宜措意也。吾但恐摻纘秉衡，僅識當途之子；　嗟卑嘆老，誰憐失路之人。則黃鳥之哀鳴，殆不如鴻冥鳳舉之爲適乎！

急絃哀聲，蕭颯之景，恍然在目。**徐克勤**

竟是六朝名作，然不入梁、陳以後。爲其慷慨激昂之意行排偶之中，不全恃繁麗也。

王玠右

詩經傳稿　大雅

穆穆文王　二章　徐光啓

聖王以德創業，守業者可以思矣。夫德如文王，固宜受命而代商也，嗣統者而誠念無常之命也，何可忘祖德哉。且天命人心一機也，創業守成一道也，其要歸在德而已矣。爾今撫有成業也，亦知所由來乎？良由爾祖文王之心，穆然深遠之心也；爾祖文王之德，緝熙敬止之德也。由一念之兢翼，衍爲朝夕之恪勤；本無逸之淵衷，積爲昭事之令範。于是乎玄德聞焉，帝心眷焉。文王不敢徼天之幸，而不能不荷天之休；不敢忘事殷之心，而不能留亡殷之命矣。是故子孫千億，殷之人群然而服于周京也，命在周也；祼將黼冔，殷之臣俛然而事于周廟也，亦命在周也。夫今日之亡王，固先聖王之後也；今日之子孫臣庶，固先聖王之□也。以宗子維城之固，不能延六百之曆服；以多賢夾輔之益，不能永七世之烝嘗。去留存亡之故，豈可不惕然思哉？ 是故撫成業，則當念帝命之無常，非明德而薦馨香，孰隆其眷； 追祖烈，則當念成功之有自，非祗敬而蒙克享，孰垂其休。 今日之事，慎勿謂先人之寵靈，可以餘澤延不肖之嗣； 亦勿謂聖明之苗裔，可以否德藉前王之烈也。 誠思之，則敬止之心傳流爲永範，而殷商之臣子世作周禎矣。 否則彼天潢而可爲庶姓，多士而可爲臣僕，爾藎臣其試揆之，天有何擇于殷周也哉！

凡詩分章，必自爲首尾。 獨此二章爲「穆穆文王」二句爲首①，「王之藎臣」二句爲尾。中間商之子孫、臣庶承接叙次，首尾仍是一章。 此文結撰完密，界畫分明，李衛公之陣法往往如此。 **王玠右**

無限黍離、麥秀之思，收入尺幅之内，選言簡章，猶覺入殷之爲拘也。 **徐克勤**

無念爾祖　一章　徐光啓

詩人動君法祖，而驗保命之難焉。 夫天命靡常，惟德是依也。 殷之已事斷可知矣，而可念

① 「二章爲」之「爲」當作「以」。

文王之德哉。且夫天下大業是不一姓，以盛德膺圖，其來不可却，故前王嘗以之興；以否德忝位，其去亦不可逭，故後王嘗以之廢。試思今日之業，文王之所造也，爾如遠尋陟降之迹，則玄奧難原；爾如反求孚格之因，則心神如在。誠能倣昭事之忱，翼翼懋脩，無康于逸豫；循緝熙之軌，廩廩顧諟，罔隔于始終：則令德升聞，天其祐命；帝心簡在，國以永存。穰穰之福，我自求之矣。而不然者，天下事未可知也。蓋皇皇曆服，于爾寄統，豈爾控據之物；明明祖德，爲爾作範，豈爾憑藉之資。彼自文以前，嘗有天下者非殷耶，殷之先王亦嘗受萬國之共球，亦嘗應三靈之瑞命，大德假皇穹，丕基貽後葉矣。令王者之嗣常得而有之，則七廟明靈，豈不足爲子孫之地；奕世載德，豈遽忘于上帝之心。而今竟何如也！尋隆替之由，視前車之轍，乃知善則襲慶，否則召災，即祖宗艱難積累之功，可以一朝而壞。景命雖榮，岌岌乎動而不可持矣；遷徙靡常，轉移莫定，縱國家奠安鞏固之業，可以一日而隳。君位雖尊，幾幾乎危而不可必矣。何也？命者，自然之理也。順之即合，逆之即違，來固無私，去亦何戀。前之善既無救於後之不善，則不肖之嗣，豈能賴祖之德以終其世哉？是以德必自修，福必自求，父子祖孫不相及也。永言配命，是在今日而已。

忠藎鬱勃於中，頫仰興亡，真堪洞心洗耳。即此一篇，可作千秋金鏡。徐克勤

全在一轉一側，一跌一宕，見告誡之勤懇。與賈山《至言》煩簡不同，而機杼則一。王

玠右

濟濟辟王　一章

徐光啓

聖王得人，徵諸助祭之賢矣。夫助祭者，聖王以人事親之道也。有文王即有髦士，詩志之以揚其德也。意曰：國之大事在祀，徒曰祝史莅之，以告成事，將安用之。無亦子孫臣庶共爲聚順，庶其對越在天者乎。故宗廟可以觀德，得人之謂也。我文王德秉懿恭，而禮嚴宗祏：歲時烝嘗，既齊遬以承矣，濟濟之睿容爲可挹也；鬱鬯升陽，既秉圭以祼矣，左右之奉璋又何盛也。王用其全，有居中制外之形，而凛然主器之重；臣用其半，有内向一人之意，而肅然環拱之尊。蓋一以致愛告虔，嚴恭祖考，是謂鉅典；一以萃涣合離，告成殷薦，是謂大順。而第令諸士者，膚敏不足以將事，萋苴不足以交神，有君無臣，無爲衆矣。今此奉璋之士夫，非薪槱之所興起，棫樸之所栽培者耶？是以顒卬之美夙著，譽髦之望素集，而以當顯相良無媿也。左右不一人，而人人皆有德有造之彦，峩峩其容，所爲協恭于濟濟，而克勝駿奔之任矣；左之右之，非不備官，而在在皆先後奔走之臣，執玉以從，信足承休于匕鬯，而不忝絲衣之服矣。明良一體于巖廊，而茲爲澤宮之秀，則著存之交，真爲合德；喜起同心于朝著，而還膺射侯之選，則威儀之攝，適可馨聞。以斯人與斯祭也，是祖宗愛養之深，所爲獲報于尊賢敬士者，而率以對祖宗，豈不上慰于昭昭之靈； 是一人造就之至，所爲陶冶于鳶飛魚躍者，而聚以相一人，豈不快然于穆穆之衷。盛矣哉，有臣如是，是文王之德乎。

有義畢宣，無缺不補，典章文物都雅春容，逼真正始。**徐克勤**

四句兩韻，「王」、「璋」陽韻，宜與「峨」叶，歌韻。四句意雖一串，仍兩句一截，此文格斷神連，氣體雍裕。**王玠右**

鳶飛戾天　一章　徐光啓

詩興作人，明德化之自然也。夫德無不形而形之教化，機自然也。豈弟作人，夫何疑乎。《文王·旱麓》之雅曰： 人也者，性于善者也。獨其趨有標而儀有的，是以無特操焉。彼且逆而道之，猶能使波蕩而從； 而況夫順而開之，庸得無顧化乎哉。蓋感加神，應加捷矣。試觀于鳶，非天之高而孰戾也； 觀夫魚，非淵之深而孰躍也。夫非獨鳶有天而魚有淵也，浩浩其天，民其鳶矣； 淵淵其淵，民其魚矣。主以法檢必以法蒙，夫民迫而入之，必將逃而越之也，吾以知强教而動之之爲妙也； 下以令從必以令擾，夫已繩束而制之，必非意氣而趨之也，吾以知悦安而使之之爲大也。君子在上，去其囂衿而無儼然自賢之色，豈矣弟矣，入人于微渺而提誘非功矣；民萌在下，被吾容保而得藹然在寬之教，變矣化矣，象上于意指而影響非喻矣。父之母之何孔邇也，其深于師模之董率爲可知也，若近若遠，何不踵武而風聲焉；尊之親之不能忘也，其切于功令之誨督又可知也，若家邦若四方，何不游源而泳沫焉。徒見夫濟濟翼翼，思皇多士之爲楨，則士鼓舞于朝乎？而尋其原本，將君子作之耶，將士自作耶，無施無受，兩相立對，而化行其間，孰知所因也，若乘于機而不得已焉耳；徒見夫有德有造，成人小子之譽髦，則人矜奮于學乎？而窺其自始，將能作者豈弟耶，爲所作者化于豈弟耶，自轉自化，兩俱不識，而神明其道，孰測所用也，若範于數而不能自出焉耳。故夫君子之爲天淵也，冶鑄之神無迹也；斯人之爲鳶魚也，生成之德無德也。無德爲德，乃文王之德矣。若曰豈弟而不作人，是高天下地之中而自失于飛沉者耶；若曰不豈弟而作人，是繒繳網羅之互設而不亂于上下者耶？有是理哉！

碧水青冥，禽魚並樂，惠鮮懷保，頑鄙咸興。詩人身遊王者之世，真是滿目化工，一片氣機鼓舞。此文寫得酣融飛動，可謂筆補造化。徐克勤

極形容感化自然之意，倘佯惝恍，神運之文。王玠右

雝雝在宮　二句

徐光啓

聖王之和敬，隨所處而自見焉。夫和敬各有當也，在宮而雝，在廟而肅，斯聖心之爲時出者乎？且夫人主承天地祖宗之統，惟是在宮在廟，可以迎祥集慶而已。顧獨文王之聖也，而刑于之化，以至以御；孔惠之格，罔怨罔恫。何施而得此哉！人以爲入宮而和，易也，此昵近之和耳。吾以爲師保不接而臣妾與俱，苟乖戾之氣一存于中，鮮不緣昵近而恣焉。則和之難難于在宮；人以爲入廟而敬，易也，此拘迫之敬耳。吾以爲矜容必露而作意隨弛，苟慢易之習一乘于慮，反以其拘迫而形焉。則敬之難難在于廟。若文王之德，徽柔懿恭之德也。德有根抵，獨處必呈其端；心無分別，隨在各止其極。當其在宮，則祖識宣序而外，所爲適張弛之度也，而雝雝乃見，終温且惠，曾無纖微刻覈之意作于心而呈于貌者，蓋家人其品庶也，吾直以一念之和，煦育而昭蘇之耳已；當其在廟，則雨澤霜露之感，所爲寄悽愴之思也，而肅肅乃見，既匡以勑，曾無毫髮懈弛之氣根于心而生于色者，蓋祖考其生存也，吾直以一念之敬，目覩而顏承之耳已。鳴珮之節，書彤之史，豈不甚嚴，而春温玉裕之度實行其間，則不流之和乃爲至和；樂以迎來，愛以致存，豈不甚順，而無言有恪之恭不弛其慮，則無文之敬尤爲至敬。夫若此者，非夫在宫思雝，在廟思肅也。中自有不戾者見于在宫，即爲和耳，心和而天地應焉。《關雎》肇始，《麟趾》厚終，孰謂室家之壺，而非神祇保綏之地；中自有不慢者見于在廟，即爲敬耳，敬至而祖考格焉。介爾萬壽，詒爾多福，孰謂几筵之上，而非明靈歆吐之機。至哉文德乎，豈非帝王萬世法程也哉！

《集註》二「則」字形容極活，華谷嚴氏曰：「在宫則和，在廟則敬，其誠隨所寓而形見也。」篇中全會此意，故洗發極寔，而神極虚。王玠右

原本則歸六經，刻畫亦無剩義。徐克勤

皇矣上帝 四句

徐光啓

詩詠上帝，而推其安民之心焉。蓋天以民爲心也，赫赫監觀，非民莫之求而何求哉？周人述祖德而推本之，以爲天下莫尊于天，孰謂其可玩；莫卑於民，孰不謂其可陵。而顧有畏民以畏天者，有安民而燕及于天者，何也？天之意本在民也。吾觀《皇矣》之上帝也，其位穹然居人之上，若懸耳目於視聽之表；其精穆然寄人之中，實儼靈威于陟降之際。臨汝之明，雖極之出王游衍，無所不烜赫；而監觀之遠，雖極之大荒窮徼，莫之能遁逃。彼其察之冥冥，

示之昭昭，微則彰之行事，而顯則隨之予奪，意何爲哉？ 林總而生，安危不能自制，帝之所軫念也； 仰上之德，安危在于所寄，帝之所托重也。 崇高而富貴非私一人，所藉爲安之之地也； 保定而疾威不循一轍，所運爲安之之權也。 故夫有一民之莫必監其受賜之由，有一民之不莫必監其受害之故，而委曲以求，必欲致群生于汪濊之域； 有莫之位無其德，猶將鑒而顯奪之，有莫之德無其位，猶將監而曲畀之，而宛轉以求，必欲納庶類于咸若之中。 是以上稽古帝，下觀新命，惟奠麗之意爲有常，而彼所稱爲眷懷、爲昭受者，皆其變而不可常者也。 彼臨下之威，以民命爲欣戚故也； 前觀創業，後迄守成，惟康阜之德爲足憑，而彼所稱受天命、治天職者，皆其變而不足憑者也。 彼有赫之命，以民情爲轉移故也。 可畏哉，二代微而周室以興，咸此故矣。 吾烏知後之視今，不猶今之視昔耶？ 衛人出君，師曠曰其君實甚，天不使一人從欲以滋亂，自古而然。 曰命不常、命不易，而推本于求民之莫，周公之訓，嚴哉其言之矣。 夫以宣之賢而廢千畝、刺未央，莫民以祈天，尤難于繼世而王者乎。 愼之哉！

短節緊調相逼而來，不見鬥筍接縫之處，而轉換脱卸已極其變。 徐克勤

上天安民竟是家嘗話，欲求過人處實難。 此獨説得警動，真是推陳爲新。 王玠右

依其在京　七句

徐光啓

觀王師伐密，見義兵之無敵矣。夫惟仁與義，不戰而屈人兵，如伐密之役，無有阻兵而拒者，亦足發明時雨之師矣。且夫兵者危事，逆德也。故佳兵不祥之器，要以聖武止戈、天威不殺，則逆乃爲順，危實爲安，如文王之伐密，迄今可覩記焉。何者？彼其整王旅也，遏徂莒也，雖曰肅將明命，未聞躬行天罰也。赫焉斯怒，誠有震業之威；而依然在京，實無張皇之態。一則以小敵易與，偏師致果，已足成擒；一則以秉鉞有人，醜虜乘危，無難坐困也。所謂策成帷幄，戰勝廟堂，此之謂耶。而整鋭以前，其鋒果不可當矣。是故入重地以長驅，吾方欲大治爲終身之創，而彼兵刃未接，已成挫衂之形；居高陽以待敵，吾方欲深入爲攻取之謀，而彼先聲甫臨，遂作披靡之勢。視生處高，戰隆先登，負山可以爲固，而天兵所到，直之無前，曾有荷戟而趨，阻衆陵阿之側者乎；交兵斥澤，依草背樹，帶河可以爲防，而義旅所加，按之無下，曾有絶水而來，飲馬泉池之上者乎？我則星奔電邁，行千里而不勞；敵則瓦解土崩，索一戰而不得。此果地勢利便，有殊往昔；抑豈兵强人衆，頓減曩時？順逆之跡已彰，則客主之情遂易；堅瑕之效既懸，則河山之形難恃也。於今考之，徒有整師經旅之文，未傳斬將搴旗之績，豈非王略遐宣，束手悔罪者哉？於此見帝王之兵，有征無戰，苟其傢刃觸鋒，斯已出于中策；不義之强，有地無人，奈何憑險陵阻，欲妄意於偏安。所以講武陳師，乃益副偃兵之至意；而强鄰悍敵，適足爲聖主之驅除也。後之用兵者宜以此鑒矣。

「我陵我阿，我泉我池」，與「則友其兄」一例，只是疊言成文耳。然增此二句，益見威武震揚，聲靈赫(濯)〔耀〕。此詩人立言之妙，兹篇極力形寫，如撞鐘伐鼓，耳目摇動。**王玠右**

太史公叙鉅鹿之戰，妙于摹寫勝形，此則叙不戰，而精彩可以争衡千古。**徐克勤**

王配于京 二章

徐光啓

聖王纘緒，其達孝在天下也。夫純孝之積，使天下信而法之，斯真孝之至者。王配于京，不虚矣。且孝之爲義甚鉅，而其用甚弘。夫能使協氣絪緼，真神流鬯，至于塞天地、横四海者，其唯孝乎？故大孝始于密微，終于恢廓；肇于嚴親，成于樹軌。則武王其人也。蓋王之在鎬京也，祖宗奕世之□，實繼承之；祖考在天之靈，實對揚之。彼豈其用力用勞，可以妥綏先后者哉？猷念如在，禀象刑于陟降；保明有藉，儼紹述于羹墻。而且夙夜明盛，翼翼焉密意積誠，載懷乎祇慎；

緝熙顧諟，亹亹兮危心恭德，罔間于始終。則是繼序傳業，依然終身之慕也，是先王之神在也；而當世之謳吟思慕者，以謂儼然先王之神範也，故天下之心孚也。持之宥密，不蘄表暴于人間，而立人之行于此爲□，□則成信，如玉韞而輝含；脩之天子，或難通行于士民，而盡人之倫于此爲至，至乃作儀，如表端而景附。當斯之時，此彰軌，彼象形，兆民之衆皆師其意而範其行；上設標，下赴的，盡人之子疇不厚于本而敦于倫者！此足以發明聖孝之大矣。瞻戀之勤渠也，而累成洪茂，率土于焉會歸；念慮之純深也，而積成綿邈，天下由斯模楷。一人之孝普爲衆人之孝，重規疊矩，取正乎方員，此其孝感之旁皇，一何淪浹之深；四海之孝并而爲一人之孝，增流累壤，崇成其高大，此其孝治之包羅，抑何瀰綸之遠。是故孝能錫類，是謂不匱，用是仰承先志，則慰藉之深者也；四表歡心，是謂寧神，用是對越在天，則安親之上者也。王配于京，殆以此矣。

文王事殷，武王伐紂，詩人極稱武王之孝，則征誅之事不待辨矣。篇中如題而行，如題而止，全不着一語分疏回護。後來作者便將不得已心事和盤托出，愈回護則愈拙矣。於詩人立言之意，全然未領。 **徐克勤**

作求即是配命，作求配命，即是孝思。識議淵通，體裁縝栗。 **王玠右**

永言配命　二句

徐光啓

聖德合天，而民信之矣。蓋民心至不可欺也，配命如武王，則王孚之所以成耳。且人主繼世而王，其所勤勤效法者，祖德也，而實則天之命也，民之心也。有如備儀型之暫，而闕昭事之常，即强要之民，而家置喙也，民且心非之矣。若武王之求世德也，遠服先猷，惟是不隕者，靡悔者，克享于維皇，而吾敢于纘承，時旋遏佚也；近摹宗範，惟是亹亹者，緝熙者，誕膺大帝眷而吾敢于儆省，後旋昏逾也。執競勤其思，即有懈心，業已從幾微中潛杜其釁者，自是而無息之衷與不已之命若參驗而要其合矣；敬勝飭其躬，縱無□志，業亦于操存時常防其逸者，自是而中之所禀與命之流行若嘿勘而同其符矣。彼民心之神也，見夫始如是，終如是，非徒勤勉于旦夕，則信其始亦不復疑其終；彼民秉之公也，見夫内如是，外如是，不求塗飾于耳目，則信其心亦不復疑其迹。令之必從，其淺也，摶心戢志，入于意氣而不知，蓋至信之範圍者大，民固囿于其中而莫能自外焉耳；作之必應，其粗也，意浹心融，變于形容而不覺，蓋大信之聯絡者神，民實動乎其衷而不容自已焉耳。蓋至于恢大統基，信其纘緒，誕受多方，信其繼述，而王孚之成，有若四方萬姓合爲一人者然。非我與天合，民孰與吾合也？則王配于京，自配命始矣。蓋君若民同此天耳，聖王法天，故主政可往于民，民心可係于主耳。民者冥也，聲音笑貌其何知焉。抑彼實不信，我何從托其上乎？君人者尚鑒于兹。

此文步步實發，在先生稿中又是一調。徐克勤

上下截講，上句沉細而舂容，下句開明而切至。王玠右

媚兹一人 二節

徐光啓

聖人之孝，以得人者光前，而以得天者裕後也。夫孝足以感人，則先烈光矣。以此啓後，固宜天休之遠哉。且聖王以身受神靈之統，則萬方效順，皇天啓徵，光紹前休而克綏後禄者，豈强制而偶合哉？純孝之所感也。我武王世德在念，而孚式在人，于是乎有好德之民矣，于是乎見順德之應矣。精誠所格，媚愛深也，而尊富咸歸，翕然共戴，有以孚四海之懽心；意氣所孚，丕應捷也，而上下同德，盎然交通，愈以彰一人之至孝。斯蓋業隆紹述，信能闡揚乎前烈，而永世有辭；功光祖宗，允矣恢纘乎先猷，而茂明無斁者也。昭哉，其嗣服矣。嗣服于一時，祖德之所以顯也，是一統之隆造也；垂休于後世，孫謀之所以詔也，是得天之禎符也。丕謨大烈，耿耿如存，而繼此者有紹休之賢胤焉。將媚兹之誠，無改于昔，而隆眷顧、篤寵綏，赫

赫明命，其孰能逃之；盛德洪猷，昭昭尚在，而繼此者有濟美之曾孫焉。將丕應之民，不替于今，而膺繁祉、受多福，皇皇大律，又誰能亘之。則豈非示法者弘，而感格之有素哉？此見天人之會通一理，故當年徯志，即異時之帝眷可推；祖宗之傳受一心，故三后對揚，即萬載之燕貽斯在。吁，武王一孝也，而天人應之，前後賴之。孝之爲義大矣。

媚茲丕應，是武王之德足以致之；繩武受祜，亦言武王之道足以福後世。總歸重武王身上。須觀此文法意精密處，不獨玩其詞章。王玠右

不愆不忘　二句　徐光啓

詩願王嗣，欲其存心於法祖焉。夫舊章之作，先王既以此治矣，去愆忘而率由之，豈不長治也哉！且夫前人垂統，後世蒙安，數言保緒寧親之效矣。然吾謂守統不如守法，守法不如守心，何者？後之人非必盡屑越前王之法度也，顧治過速，其弊爲愆；積習生常，其弊爲忘。太鋭則神疲，愆或爲忘之基；已敝則更張，忘或爲愆之始。兩者一存乎胸中，而往古之遺，不可期於世矣。賢哉，王嗣！所謂穆穆皇皇，宜君宜王者，吾以知其無愆也，誕茂淑資，非乏規天條地之猷，而聰明以不作爲賢，方且安心于墨守，不暇萌狹小之慮矣；

吾以知其無忘也，妙善居質，非乏更新作古之美，而禮樂以從先爲式，方且勤思于顧諟，惟恕蹈闕遺之軌矣。去雄心，又去怠心，明王執契，曰余一人僅知守府，而群后恪居，誰敢不欽欽焉貞憲考度，則於訓典，以上贊光前之治；治盛氣，又治衰氣，哲后當天，曰余小子鑒茲成憲，而庶邦奉法，誰敢不廩廩焉賦政行刑，咨於故實，以仰符效古之思。非不有所補救，以提衡輕重也，權時制而爲變通，則殊塗合轍，變亦不變也；非盡無所斟酌，以潤餙功業也，審機宜而善繼述，則異文合意，不由亦由也。不獨謂守之之逸，勝於作之之勞，夫其緝熙纘承，亦勤渠矣，而以爲祗遹先猷，亦自有無盡之經營；不獨謂述者之明，未如作者之聖，夫其琢磨斧藻，亦睿聖矣，而以爲紹隆前緒，亦足展神明之馳驟。今而後吾王經畫，永作不刊之典；天心保佑，式固無疆之休也。則諸臣有大願矣。

章法之妙，步步相御，真是一篇如一股。**徐克勤**

《集註》：「無不穆穆皇皇，以遵先王之法者。」此一句仍兼嫡庶，三章以下則耑指天子言也。中二比以天子爲主，連帶諸侯。筆不苟下，議論英快，更足開心洞胸。**王玠右**

法久必弊，豈能坐享太平。此文正講後兩翻兩補，最爲完密。**克勤又評**

藹藹王多　二句

徐光啓

詩詠多賢之可用，深望乎用之者矣。夫吉士也，而且多，即多可使者矣。使之者當誰待耶？《卷阿》所以規也，意曰：惟盛世爲才多，亦惟盛世見爲才少，意者明主熙時，可以恢恢獨運，而天下無足當意乎？斯則九官不升于唐世，十亂見擯于先朝矣。而不然者，是明主熙時，正興賢貴德之日也，誠有用才之意，自見人才之多矣。王今撫有方夏，而乘茲累洽，慎無患乏才也。才者不擇地而生，而悉主悉臣之世，其率德而向風可知也；才者常應期而出，而重雍襲熙之朝，其乘時而翼運又可知也。天地鴻明之氣，常鍾于命世之傑，是以誕爲庶常。而試觀此懷瑾者、握瑜者，何藹藹乎？夫誰非三光五岳之分降乎，將使之獨善已也？才有餘于任，誠不忘簡在之心，亦聽君子之採擇而已；祖宗積累之深，固宜有思皇之士，是以毓爲俊良。而試觀此蜚聲者、騰實者，何藹藹乎？夫誰非尊賢敬士之美報乎，將使之抱璞已也？用不屈其才，誠不替旁求之意，亦任君子之驅策而已。列在高位，罔非國楨，而厄于庶僚，尤多民譽。求台衡之器者，固不患無左宜右有之賢也，而尺短寸長，亦自足供于委任。升之司馬，已多俊造，而伏在草野，豈乏英能。苟腹心之託者，固不患無同德好逑之彥也，而經事綜物，亦且不乏于使令。夫有枚卜而招，非此輩也耶，不事敷求，而穆穆布列也。是無寤寐之勞，有股肱之美也。苟慕喜起之盛，亦無待拊髀于明良之際矣；夫有物色而求，又非若人也耶，無煩遠致，而喁喁向風也。皆懷覽德之意，不爲冥鴻之矯者也。欲追都俞之美，亦無庸慨嘆于師濟之風矣。所患者有可使之才，而王不使之，即欲媚于天子，何由哉？有才無遇，不爲損也，藹藹多賢，而朝不獲一旦之用，可爲恨耳已。

句句説維天子使，却句句是望其能使，又句句是危其不使。須求之語言吞吐之際。**王玠右**

氣魄昌大，詞源鬱茂，想係先生初年文字。**徐克勤**

鳳凰鳴矣　二章

徐光啓

詩喻明良之會，而因表作歌之意焉。夫君臣相得，其機在上，而况禮賢者有其具也，大臣之賡歌深矣。且明盛之世，非但君擇臣，臣亦擇君也。乃其相求也甚切，而相得也甚難，無乃遇合之有機乎？王試思之：鳳凰之鳴也，而必于高岡焉，物之靈也，亦擇其止耶；梧桐之生也，而必於朝陽焉，材之良也，亦從其地耶。梧桐之生，莑莑萋萋也，而後鳳凰之雝喈者集焉。聲之和也，亦有所以先之者耶。相比則從，有求斯應，可以深長思矣，而況乎今之世，特患夫𩞃喈者之不至也，其所謂萋萋者非乏也。試觀王之車，庶且多矣，輪轂之華，非獨可以奉宸遊已也，王可念也；試觀王之馬，閑且馳矣，駿服之良，非獨可以備法駕已也，王可念也。誠念之，何必于臣之言哉，而微臣納誨之意，自有不容已者。是故《詩》不盡言，方用爲歉也，獨耻夫有倡無和，而君臣賡歌之盛，竊有志焉，則其惓惓之意也；言不盡意，方以爲媿也，獨憂夫有君無臣，而明良會合之機，竊有惑焉，則其區區之忠也。夫惟明主蓼諫，不隔於芻蕘之言；而聖主知臣，眷（觀）〔顧〕于言意之表。則安車駟馬，相望于岩穴；而材臣智士，彙征于朝廷。不可以協和鳴之盛，而綿久遠之休耶？王其圖之。

以一章與一章，詩體之變也。「君子之車」四句，語意未了而竟了。「矢詩」二句，又如小嶺綴大山之後，似斷似連。讀此等文，可以知機，可以知法，可以知趣致矣。王玠右

天之牖民　一章　徐光啓

惟民易善，君宜以天道治之矣。夫民無不可以善牖也，觀天道，知君道矣，奈何以辟令乎？且夫天子者，天之子也；人主者，人之主也。天惠民而托重者惟君，民戴天而視儀者惟

君，君其立于天與民之間，而以身法天，以天治民，然後可以垂憲天之治，安如天之尊矣。如謂民之易辟而難悟也，將情擾物遷之後，天道爲無權也耶？不知人人有善，天之所分予也，惟有蔽者而後待之乎啓蔽者，一開其牖，即已暢然得彼故物矣；繼善之人，與天爲不二者也，既以二我于天而後待乎天之牖我者，誠得其牖，亦復渾然還于無際而已。壎篪之必和耶，圭璋之必合耶，取携之必至而無益耶？循機而動，牖其所欲牖而不煩須假，若謂開先而悟後猶二時也，此民之所以快于各得也；因性而率，牖其所自牖而不分彼此，若曰旋開而旋悟猶有待也，此君之所宜法以爲治也。今之民辟甚矣，豈其上之人端刑正範，而乃相尋于回遹者；夫民之性本無辟矣，豈其上之人彰軌錫極，而猶自外于道化者？故夫作之而必應也，則壎篪圭璋之説在也，即叔末澆訛，而帥之以正，未有不洒然易慮而從矣；求之而必得也，則取携之説在也，即習俗陵夷，而範之以中，未有不蕩然洗心而聽矣。人自有善端，而廸之乎善則自見，人雖多辟，亦自有不安爲辟之意，而矯之乎辟則自趨。烏見夫德不若天啓，而化不若天行哉。不然，而我見民之辟也，又以辟先；民見上之辟也，愈以辟効。相觀以化，而日即于邪，又何窮之有也。無乃非天民之所冀幸于上者，而治幾頓矣。誠遠觀天道，近察民情，廣因人之治，防非辟之原，即法天立道，以回板板之意；與人爲善，以救卒癉之民，復何難乎。

詞繁不殺，而條理又復簡明。先輩所以勝于今人者此也。**王玠右**

如取如携　二句

徐光啓

詩詠天人之際，取象于得之不勞者焉。夫取而即携，何費之有矣，牖民如是，是其天道乎？且惟求與得可謂多方矣，有欲焉而未必遂，有遂焉而未必速矣。而不無宛轉遷就其間，此皆人之與人，故有若或限之者乎？吾觀天道特爲不然，彼其牖民如何哉：壎篪唱和，喻其捷也，抑有因□□有待而應，未足盡其感之之便也；珪璋判合，亦云便也，抑分者既未合而合者尚有分，未足喻其化之之神也。吾觀夫取物者，舉手而携矣，取所先，携所後，豈更有一事焉，以終夫取之之功，而爲克携之之地者無有也。是即而不離者也，而天之于人亦若是而已矣；吾觀夫携物者，既取而獲矣，不取不能携，不携亦不謂之取，豈更有一物焉，以居于既取之後，而介于未携之前者，又無有也。是一而不二者也，而天之于人亦若是而已矣。蓋三極未分，則天與人無際，而形骸既立，人猶爲天地之心。豈其一氣之中，而觸之成覺，猶外有所須者，固知其不假推移而感無滯礙也；形生以後，則天與人同體，而陷溺雖重，人猶有不泯之天。豈其一脉未斷，而開之成悟，復別有所藉者，乃知其無勞增益而化自圓通也。故或謂天人之交，其有機緘乎？而吾謂機緘已啓，則天雖牖民，謂民自牖可也，牖之者乘其自通也。道在于因，則豈惟不費，謂天無權可也。觀天道，益知君道矣。豈得謂衰世之民，難與爲善，而堂皇之上，無勞樹觀乎？

如取如携，猶云取物于他處，而以手舉之，非二物，非二時也。前二比刻畫精至，工巧備矣。孔《疏》云：「上有六如，獨言携者，以携者處末，故乘而反之。」則即于「携無曰益」一句，可悟五如之理，故先生渾渾説無益大意，不更拈題象也。**王玠右**

昊天曰旦　二句　徐光啓

詩詠天道，見游衍不可忽也。夫君所畏者天也，而游衍皆天，彼雖欲自逸，其何如而可哉？且君爲宗子，守天職而治天事，誰不思帝命明威，昭然臨女乎？然而天人相與之間，言之未盡，即聽之者未足以動其竦然之意也。是故天鑒在下，謂天之能見爾，則必有不見者矣；天聽甚卑，謂天之能聞爾，則必有不聞者矣。何者？彼其言天與人猶二物也。夫天之于人一耳，天在而爾與之偕動，與之偕静，既無間隙之可尋；天在而爾自露其隱，自彰其幾，曾何纖微之可昧。臨殷輔而對凝丞，天威若接矣，而至于釋庶務以優游，似乎可自寬也。夫昊天之旦其不爾寬也，神靈有赫，相與追隨焉，陟降不離，而爾曾弗之知乎？朝祖識而夕糾虔，天心如見矣，而至于解萬幾以泮渙，似乎可自縱也。夫昊天之日其不爾縱也，肸蠁如存，相與偃息焉，上下必察，而爾曾弗之覺乎？是以爾思善，爾思惡，勿謂幽微，幽微天所悉也。蓋天不離爾，爾不離天，天之知爾也，其即爾之自知而已矣；天降祥，天降殃，勿謂禍福，禍福爾所爲也。蓋爾在天之中，天不在爾之外，天之與爾也，任乎爾之自取而已矣。爾誠知其然，則雖天心仁愛，尚不敢不敬共，而矧夫怒耶，渝耶；雖君德罔愆，尚虞其有譴責，而矧夫戲渝耶，馳驅耶？奈何不悛以樂慆憂也，其爲貪天禍矣。

天人親切之處，最爲痛快警策。徐克勤

說到游衍，真使人一毫轉動不得。此文警戒嚴切，直是青天雷鳴，不止半夜鐘聲也。

王玠右

脩爾車馬　不虞　徐光啓

兩觀睿聖之戒患者，而內外之防周矣。夫武備脩則外患弭矣，然得無虞于內變乎？武公所以致戒，意曰：天下之患起于無備，而乘于吾之不及備，故常人以患制我，哲人以我制患，常人徒見患于外，而哲人兼備患于內，此戒之所以當圖也。何則？自國家之郊于蠻方也，則一旦而有戎禍，亦事之不虞者也。然吾不患國家之敵于鋒鏑，而患國家之弛于武功；吾不能使蠻無謀我之心，而能使吾有以制蠻之命。車馬用于戎作，而不可卒備于倥偬，爾其預脩之焉；弓矢戎兵用于遏敵，而不能驟具于張皇，爾其預防之焉。于是國威壯而狡夷褫魄矣，謂不足以戒戎作而剔蠻方哉？顧天下有强禦不逞于疆埸，而禍變顧生于肘腋；車馬戎兵不及格，而土崩瓦裂不及謀者。何也？則民心離而奸弄于下也，侯度逸而釁積于上也。爾必質人民乎，謹侯度乎！培植其命脉，畫一其心思，見謂治民之常道，而不知天下非常之禍每醞釀于尋常闔闔之中，一不戒而閭閻氓隸皆冦仇矣，烏可不戒而□之；禀于王章，繩于成憲，見謂守法之常職，而不知天下意外之咎每猝啓于常職廢棄之餘，一不戒而手足腹心皆釁蘖矣，烏可不虞而謹之。是蓋外之蓄威昭武，寢逆謀于驕虜；而内之脩政飭事，杜不軌于國家。無事則上下輯安，足以召和；有事則興戎致勝，足以銷武。即以是祈天則下，何哉！

車馬戎兵只是不忘武備，然實以内治爲本。篇中承上落下，不獨得勢，亦且鑿鑿不磨。後説常外無變，尤爲名論。**徐克勤**

經術通深，詞意醇茂，極似匡谷文字。**王玠右**

徐光啓

匪手攜之 二句

言至于有所據，則責在聽言者矣。夫手攜不已，而示之事，彼諫者之心力已盡矣，詩言之以爲聽者警也。蓋謂自昔危亂之代，豈嘗無切直之言哉？然忠讜不絶於耳，而覆亡不絶于世者，將由聽之不聰，非夫言之不工也，予今之告爾切矣。迷亂之政，天未嘗厭禍焉，而重之以慆淫，予懷之不能忘也；顛覆之德，人非能回禍焉，而加之以昏逾，予言之不得不詳也。敷揚治理，冀涓涘之可效，固曾爲引翼之方；陳見悃誠，恨肝膽之未悉，又嘗爲摭實之論。順逆之路，善敗之由，已上指下畫，粲然可覩已。而猶謂口語之無稽，則復爲援古證今焉而示之信，軌度其事，可明徵也；得失之林，從違之策，已左提右挈，灼然可考矣。而尚虞空言之難據，則更爲之酌古準今焉而示之法，顯設其事，可率由也。理驗于言，言驗于數，縱甚深之旨已闡發而無遺矣，誠有温温基德之思，即一措足而愆忘可免也，猶煩討論乎；事以盡言，言以盡意，縱未安之處亦審稽而不惑矣，誠有勞謙受益之懷，即一加意而曠闕可捐也，猶煩斟酌乎？夫上智一聞而千悟，誠非所及也。至于言經參覈，雖冥頑之夫，當以爲不誣耳。而猶然順德之未能，恐善説之士，其亦無能爲役矣；中材淺言而深譬，亦非所望也。至于言有符驗，雖蒙蔽之甚，當知所從事者。而猶然冥行之如故，即忠諫之臣，其計無所復之矣。爾小子固未知臧否也，聞言而後，可謂未知乎？靡盈之戒，尚其勉旃。

先説己之不得不言，次乃明己言之深切，後則望其聽從，末復戒其不從。先輩爲文，淺深前後，有序如此。不似今人役於才氣，周章參錯。**王玠右**

開心句意之言，着不得夸聲軋語，妙在平實商量，無可委卸躲閃處。**徐克勤**

古訓是式　二句

徐光啓

學於古以力行，大臣之完脩也。蓋學不稽古，即欲寘力于行，何繇焉，而非山甫不能並懋也。且世不患無名臣，而患不疾學。不疾學生于師心，不知德雖天牖，斧而成之，固在人也。若我山甫之德，何以獨秉柔嘉？彼蓋曰：物自有則，探之性不窮，何取已陳之糟粕；然德無不好，監於古有獲，必資往哲之芳規。故學之漸于古訓也，如土就型，而金在冶也，而吾舍是安所式乎？唯是去經生沿習之陋，而得其神，彼古人雖往，非法不言，吾試以自具之法程遥相質證，而形神不覺爲隔，服之勿敢斁矣；破俗學蔽蒙之闕，而抉其髓，彼古訓至嚴，非法不載，吾試以本然之法度默相印可，而上下不覺爲拘，奉之勿敢違矣。斯則以身習而非以口誦，左之右之皆是物也，夫何慮乎威儀； 然古爲程而今特爲憲，則之攸之未有極也，猶不忘乎檢押。即其趨翔中《采齊》可以止矣，而猶曰此尺幅之脩何爲也，先民所不出也。必攝之以見賓承祭之念，而精神與四體俱調，始無惰行，則何日不兢兢焉； 即其進退中規矩可以止矣，而猶曰此貌象之肖何爲也，古訓所不載也。必慎之于起居嚬笑之頃，而大德與細行俱飭，始無闕脩，則何時不矻矻焉。蓋殫精圖史，原非泛採其華； 而鋭意臧嘉，猶爲實用其力。身不難爲度，若作之而後□； 行不難默成，且策之而彌堅。此所以竟古訓之學，儲公輔之器，而好脩莫並，民秉獨完，其德之進於柔嘉非偶也。

上四句就其已然者言，此二句又言其學問進修之功也。此文講上句，虚冒下威儀意。講下句，又蒙繞上古訓意。無義不章，無法不備。**王玠右**

他作見題形如此便分兩對，不知論本文則令儀令色既先挈在前，論理則威儀亦豈在古訓之外。此文不作兩對，亦不混爲一事，而于上令儀令色又不重複。玠右發明作者之意已極精詳，而先生于明暗起伏分合映帶之妙，非深于此道者必不能辨也。**徐克勤**

虎拜稽首　一章

徐光啓

視大臣所以受賜，而知其愛君者大矣。夫昭君之寵，祝君之壽，此足以報矣，而未也。明明文德之頌，夫然後見藎臣之心乎。且夫褒崇庸德，有國之常，而至于沐異典、膺殊數，人臣之義，有感極而莫知所稱塞者，□虎之受賜是也。彼以爲江漢旬宣，功微乎絲髮；而寵秩殊異，惠重于丘山。榮及先人，慶流苗裔，薦告都宫，唯有稽首拜嘉而已。當斯時也，祭邑捧圭，奉揚休命，則康公與被其寵；勒彝銘鼎，昭示方來，則子孫無忘其章。而猶曰此聖主之恩，微臣將何報也，爰勒祝稱于萬年，庶幾集慶延□，常享日升川至之福；而猶曰此頌述之常，微悃終未申也，乃復颺言而拜手，庶幾久安順治，少展危明憂盛之心。以爲方今哲后當陽，九野清泰，豈不有令聞乎；自今延譽來兹，茂明無斁，令聞其不已乎？蓋滌險用武，赫聲濯靈，此一時之計也；綏靜以文，淪肌浹髓，此萬世之規也。英姿卓躒，業已昭升景運，而遂以撫寧黎庶，懼威勝而難堪；睿畧遐宣，既能底定生民，而不爲弘敷教義，慮德瑣而易竭。必也廣求懿德，頒布條章，下則使天下瞿然顧化，而懿鑠之稱並天壤而不磨；上則使聖治蕩然周浹，而遹駿之聲同日星而久照。令聞不已，其在斯與？則微臣奕世之後，尚得蒙休；而先臣在天之靈，實所想望也。否則有精明之功，無渾厚之氣，是一時汗馬之勞，實長天子之雄心矣。即下臣無所逃罪，而乃應受多福乎。

風行水轉，自然之文。無一步不使人神怡心曠。**徐克勤**

上四句爲祝頌之詞，下四句爲勸勉之詞。上四句一韻而有三意，下四句兩韻而上虛下實，只是一意。他人叙列蒼皇處，先生乃更閒暇，蹁躚游泳，倍增古情。**王玠右**

藐藐昊天　二句　**徐光啓**

論天意可回者，欲其亟圖也。夫天誠不遽傾人國，然不有回者，其何以鞏乎？周臣非特致望于天矣，想其意謂撫成業者徼天之眷，而肆干民一禾，可謂天必不亡也；其或急而慮禍至之無日，亦未可謂天即遽亡也。今之致慨時事者，得無以禍敗成于積習，顛覆起於一朝，不及圖也；□□天意者，得無以曆數將已轉屬，右序將已再更，難復回也。不知帝眷無常而有常，天苟不令之速亡，何嫌極壞；皇輿易傾而易定，天苟欲還之孔固，何患無權。藐藐者昊天乎，其無不克鞏者乎？彼夫昌一姓而爲之開太平也，佑其始即思厚其終，雖世極顛危，難以驟起，而天能以此時剥，亦能以此時復，人所欲緩須臾而不得者，實能默造以基之無壞者也；彼夫眷一王而爲之計長久也，助其興即思保其敗，雖時當屯難，未可即寧，而天能以此日廢，亦能以此日存，人所欲求泰寧而莫必者，實能輕挈而置之安處者也。非謂不類之君，能逃監臨之下，而免于戾。第天素示人以恐懼，詔人以脩省，則知不易鞏者，實無私之天道，而其所欲鞏者，先無已之天心；亦非謂殄瘁之世，可幸造化之功，而脱于亡。第天素以取亂爲職，亦以拯殆爲權，則有不鞏者，原非氣數之適然，而苟有可鞏者，又豈功用之難到。今日者藐藐之形，若高遠而莫必者，不可恃也；而冥冥之中，能底定而不傾者，猶可圖也。時哉，是在今日矣。

爲守成令主言，則曰「峻命不易」；爲無道之君言，又曰「無不克鞏」。譬之與無病人語，每言死喪易至，使之保固壽命。與有病人語，又言生理未絶，不使之甘心死亡，勿復救療也。詞旨深苦，無踰是文。王玠右

緊聳之言，着一語淡緩不得。徐克勤

詩經傳稿 三頌

維天之命 二句

徐光啓

詩以默運觀天，觀其深矣。蓋天命無窮，而所以然者微矣。於穆不已，殆其知天也夫。頌文王曰：夫法象莫大乎天矣，相推相禪皆天也，生長成遂皆天也，而皆其已陳之迹也。究其中何以吹萬而各得，何以終古而常然，殆有真宰存耶，其天之所以爲命者耶。維天之命，何爲者也？乘道以生，道也者無有常形，而遷逝莫得其端者也；得一以清，一也者無有定相，而轉化莫窮其數者也。無形相，斯藏于太始，原于太極，超意言而迥出矣；有遷化，斯臻於大通，行于不測，秉樞軸而密移矣。是故命時之度，命數之紀，若或受成也者，乃本其不動之宗，則遼矣邈矣無聲臭矣。渾淪玄默之境，莫知其何所似也，而機旋轂運，自爾乎無始無終，不暫止焉；命之化無，命之造有，若或禀令也者，乃尋其無心之實，則瀰矣幽矣難測究矣。玄微邃密之域，莫曉其所以然也，而輪轉環周，自爾乎亘古窮今，不少休焉。蓋天下有顯而易見者，雖其至賾，不免名殫而數盡也，夫惟晦其位而眇其根，故名言不到之地，扶陽以出，順陰以入，見其盤礴而不得已耳；天下有動而易竟者，雖其深藏，不免形見而勢屈也，夫惟隨無前而迎無後，故轉徙不礙之中，比之罔象，言之罔名，愈見其玄遠而莫可窺耳。自是以兼資大化，自是以廣覆群生，人知夫流行變合，與夫陶冶橐籥之神也，即以爲天之盛於此焉。而孰知其由來者乎！

「不已」二字原從「於穆」中抽出，蓋不已者如四時日月人所共見，但其所以然處則於穆耳。他人俱作一句混講，此文却以兩層發之，而題旨始明。不然者，身非倒影，既云於穆，孰從見之。此文與本寧先生作並極渾融，而法力更厚。徐克勤

極深之理，以縱橫灝博之氣行之，通其變，遂成天地之文。先生有焉。王玠右

維清緝熙　二句　徐光啓

詩頌後王之當法，法先王而已。夫以文王之聖也，其典之可傳也，維清緝熙，是在乎後之者矣。詩人登歌之曰：人主奉先格廟，非徒將享之文也，察夫前之寧王，所爲詒燕我者何在，

而以身比焉，然後可以上下于□，而對越于廟矣。于今承文之統，奉文之靈，王之藎臣誰不愀然如見文王焉。是其爲念爾祖乎，試思乎念者猶爲虛見，而當何以善其繼述；是其爲求世德乎，試思夫求者猶爲虛願，而當何以致其纘承。於，都哉，文王之典在茲，子若孫舍此奚事哉！法久則易訛亂，亦易湮滅，所宜勿令淆雜而紹其休美，是清而緝之者之責也，此典是也；法常則易間斷，亦易晦蝕，所宜毋務遏佚而昭其光明，是緝而熙之者之事也，亦此典是也。方策所垂豈爲故事，唯是《關雎》、《麟趾》之實意，輕重布之，而禮樂政刑皇皇大備焉，庶幾曰爲後世法乎？受其成勞，而講儀型之道，固在百司之掌故耳矣；周官所職豈爲具文，亦唯是如傷求寧之隱衷，斟酌設之，而因革損益斤斤不易焉，庶幾曰爲百代儀乎？蒙其故業，而求嗣續之大，固在九牧之典常耳矣。文王所有，正今日之所不可無，雖熙洽方隆，亦不宜愆忘其舊章；文王所無，又今日之所不宜有，雖神明在御，亦無庸狹小其制度。故誠留意乎文典，自知清明緝熙之不可後；誠有意于清明緝熙之事，益見文考詒謀之善而無以加矣。今日多士駿奔，則曰秉德，而孰知此紹休闡繹，乃所爲惠之篤之之深也；今日祝宗錫嘏，則曰受福，而孰知此覲光繼序，乃所爲啓我佑我之實也。不然，典章斁而法守湮，雖復祀典設陳，有怨恫而已，何以存文考之神，對於昭之靈哉？

昌明醇古，鴻嘉以後不能及也。又語語是祭文王之詩，不泛言法祖，與「儀型文王」通

用。**王玠右**

才情出于典雅，骨法藏于豐潤。**徐克勤**

天作

徐光啓

詩頌祖功，終之以保業也。夫岐山之業，太王所以啓文王而貽之子孫也。保之之責，惟嗣王念哉。且自昔創成王業，未聞有幾幸而得之者也。承天肇造，撫運貽謀，祖宗之靈，所爲開我者實難，托我者實重矣。岐山，吾周之本也。在昔一季不獲，弗克享于帝心，乃眷西周，奕世載其休德，而天之意可知已。周原胥宇，水滸徂遷，天實爲之，而不有大王，亦孰能體求莫之至心，副作邦之重任哉？爰乃斬之篷藋，啓彼山林，使夫脩平作□，蔚然興國；疆理室家，居然寧宇。而後蕩析藉之綏懷，帝省謂之無憾矣。自是而一再傳，而懷保之德，遂有所憑而布也。文之繩武，其亦前之□詒也；自是而更百年，而咸和之惠，遂有所緣而施也。文之纘緒，其猶昔之垂裕也。經營竭一時之勞勩，而嚴險易爲蕩平；肇統遺百年之式穀，而草昧成爲都會。追思前烈，良爲艱矣。今雖六服承德，周道如砥乎，而非賴夫啓土之勛，乃襲險之不暇耳。守大業而光熙前緒，可使數代之成勞，我從衽席間失之也哉？今雖九夷通道，環海若帶乎，而非藉夫開天之力，乃因陋之不遑耳。撫洪圖而丕紹先猷，可使累世之成績，我從旦夕間隳之也哉？況乎祖宗以篳路啓之，我則以衮冕臨之，若是而猶或有所不可諱，何以稱嗣服于當年；又況乎祖宗以岐山開天下，我則以天下守岐山，若是而猶或不虞之不戒，何以見寧人于在廟。汝念哉，臨之在上，圖所以康先君者可也。

題有四層，文則一片。真如嶺斷山連，天然起伏，竟不知以我從題，抑以題從我。文至此直入化境。徐克勤

自首至尾一氣激注，如虹霓之亘天，變化環曲，不知其所以然。王玠右

成王不敢康　一句

徐光啓

賢王守業，有無逸之心焉。夫人有逸德，何業不隳，而況秉帝王之重者，固知不敢康之心，成王之大造周也。今夫世主嗣大曆服，豈無盡忘先王之烈哉！或者煩勞于事，而屑越于衷，夫猶且不治，故夫守天下者守之于心而已矣。周之業，天之命，而二后之遺也。繼世而得成王，則通道承德，而中外敉寧之期也。如欲享不勞之奉，安無事之福，宜無踰此時矣。而王之心，實惴惴焉有不敢者：蓋曰至安者其伏危者也，惟圖危不危，吾何可有其安也；蓋曰至治者其始亂者

也，惟忘亂乃亂，吾何可有其治也。雖則郟鄏之鼎，既周既寧矣，而神州中岳，天其以祚明德，何私于一姓。赫赫靈威，庸知夫豐大我者之不轉，而剪喪我也，念及于難諶之命，如此夫動而不可據，有不得不兢兢者矣； 雖則普天之下，悉主悉臣矣，而圖書王會，彼徒歸其德尺，奚有余一人。林林兆庶，庸知夫輻輳我者之不反，而仇讎我也，念及于克艱之位，如此乎涓而未可持，有不得不廩廩者矣。蓋撫一統之基惟今日，則安奠天下亦惟今日。倘宸衷少懈，而薄海内外，精神有所不到，懼此收攝不到之處，還爲釁蘖之萌； 承無疆之休惟今日，則計安萬世亦惟今日。倘王心稍縱，而千載上下念慮有所不周，懼此貫澈不周之時，即爲瓦解之日。是以宵旰櫛沐之勤，念昔勞寧圖今逸也，無忘在疚，意常切于捧盈； 臨保敬義之規，繩祖武亦襲父風也，泮涣爲憂，志恒危于馭朽。彼其德隆宥密，治臻日靖，則此一念不敢康之心，始基之矣。故謂創業守成不易者，此也。

積德所以基命，不敢康，正積德基命之本。只此三字，可概通章。此文刻畫幾深，非詞家所能及。**王玠右**

大抵此等題，有直叙而無議論斷制，故難見精彩。此文發遺大投艱之慮，極爲深切著明。**徐克勤**

畏天之威　二句

徐光啓

周王敬天，而冀天親之常享焉。夫敬者君道，天與親之所附也。以是而冀其常享乎，殆可必矣。且自古國無常君，君無常位，惟天惟祖宗，所嘿簡而陰隲者，將必依世主之心焉。彼明堂肇祀，雖徼靈于顧予乎，其亦未可恃也。何者？天之威非其對越而暫臨，平居而輟鑒者也。試觀夫一陟一降，于主器特嚴；曰旦曰明，當屋漏尤顯。終身祇事，以集慶則不足；一朝褻越，以膺譴則有餘。用此思畏，畏如何矣。我于是臨政而思，在隱而謀，翼翼兢兢，如威命之日臨焉；我于是肅若負重，凛若懷冰，嵬嵬栗栗，如靈爽之時接焉。一日恪勤，持之乎積久，而危心恭德，儼當日之所爲緝熙懋敬者也，庶其監之，惟玄或疾威之可弭也；一時黽勉，要之乎罔懈，而密意積誠，一當年之所爲小心昭事者也，庶其察之，居高或憑依之有在也。倘謂德之休明，馨聞于上，則赫赫帝命，其臨女于無斁矣。天與文王，謂元孫其永孚于休，而大享受禧，固綏懷而弗替。即以予之不敏，不能遠德，顧稟稟此衷，亦帝心所不廢矣；天與文王，謂丕子其獲免于戾，而明堂主鬯，亦申錫于有常①。如是而我將我享，匪伊朝夕也乎。何也？凡不待保而存者，必其爲我之固然者可也。今之右享者一朝，吾以爲幾幸而得之者也，自非純敬潛孚，孰保其繼；即嗣是而右享者歷年，吾猶以爲幾幸而得之者也，自非精誠不墜，孰保其終。藉不然者，我無常心，天無私暱，自文王將棄予，天其顧予耶。縱文王不能得之于天，予能得之念之念之，可不自强勉乎哉。

語雖云保，而意若弗克自保。此便是畏處，心法宛然。**徐克勤**

皆布泉菽粟之論，而同于金玉。**王玠右**

薄言震之 二句

徐光啓

周王治人而人治，天命之也。夫有周之興得天統矣，天且不違，而況于人乎？彼諸侯之震疊以此。且帝王之興，非偶然也：權壓百人，然後爲百人之長；令行一國，然後爲一國之君。況乎兼萬國，子元元，寧有威不伸于列辟，而能崛起在此位者乎？乃有周受命而王，夫其

① 此下失對，疑有闕文。

人何如也？幸得藉皇天之寵靈，作生民之元后。雖普天之下，悉臣悉主，猶兢兢翼翼，憂危于君位之維艱；乃庶邦之君，畏德畏威，已閔閔皇皇，懾憚于王猷之有赫。五侯九伯，昔嘗玩愒于商政矣，覩此世道維新，孰不滌乃慮，一乃心，共欽更始之命；侯甸男衛，昔嘗浸淫于穢德矣，値此天聲遐布，孰不若臨深，若履薄，恐貽後至之誅。是故協時同律，貞憲考度，國之制也。吾以此風有位，而彼直震悼于厥心，曰朝有訓典，能無遵法守歟，肅乎屏營，惟懼失墜以干天子命矣；驕蹇怙侈，不式不虔，國之禁也。吾以此警官邪，而彼直震惶于厥躬，曰邦有常刑，無乃罹禍讁歟，凜乎悚仄，惟懼隕越以遺天子羞矣。雖昔盟津之旅，會者八百國，而今復受兹成命，益堅其匡襄翊戴之忠；雖則牧野之後，滅者五十國，而兹且惕我餘威，誰懷夫恫疑虛喝之意。以彼其人，夫皆藩屏侯服，豈其勢不足以恣睢，而予一人咫尺之令遽相輸服哉？上帝運期而會昌，九服應化以歸命；皇天肸蠁以隆眷，一人垂拱而受成。信矣夫，神器有在，不可以智力抗也，「右序有周」，不虛矣。

西漢文仍有兩截，征和以前近秦，地節以後，遂爲晋漢濫觴矣。强弱之别，神氣密移，不自覺也。此則漢文之近秦者。**王玠右**

文氣質古，上可參泰山、琅琊金石等刻，下可以無《王命論》。**徐克勤**

應田縣鼓　二句

徐光啓

詩舉樂器，而樂之綱紀備矣。夫六物具，而樂之器統于是矣。詩人侈言之，可謂知樂者乎。且聲音之道有文焉，有體焉，搏拊詠間，文也，詳其數而後見也；始終節奏，體也，舉其要而可考也。今兹之樂盛矣，歌吹充庭，葆佾陳階，固難得而徧省矣，而吾第畧其繁文，詳其大體，則見夫參二代以定基，羣三瞽而執事，有所以綜其條理，有所以統其紘綱。小之而以節夫一音者非應也耶，韗氏共之，大師令之；大之而以節夫一變者非田也耶，司樂令之，鼓人職之。而且梓人設栒虡之位，小胥正宫懸之式，規制一新，而賁鼓四設，信鼎革之上儀，昭代之偉觀也。且非獨于此也，樂有啓閉，鞉則其導之者也，而磬則其收之者也；樂有作止，柷則其開之者也，而圉則其歛之者也。小師掌其器，瞽矇播其和，眡瞭擊其節，紛紛乎維陳于堂下，而布列于兩階，蓋亦偕應田以咸在，固將與縣鼓而齊鳴者乎？夫此數者，或有聲而無音，或有音而無轉，固非若流連繁會者之可以悦情性、娱心耳也。要以齊闔闢之度，定節宣之紀，則繁聲不得不成其文；兼條而總貫，著往而飭歸，則群音不得不從其律。然則六者其綱也，餘者其目也。舉其綱，其目可該也；列其器，其樂可知也。而况乎直而不詘，質而不華，近可返人心太素之真，遠可追蕢桴土鼓之意。又先王所謂德音之音，音之所自始者，泛覽衆樂，不能不以是爲重矣。

板者活之，質者澤之，參差不齊者條理而綜貫之，分則大小盤珠，合則廻文一片。古色班駁，其剩技也。徐克勤

「應」、「田」以一音一變之節作對，下句以啓閉作止分對。縣鼓二字，横亘其中，作一峰巒。而柷圉之下，虛將司屬部位，流衍數語，以足其勢。山實水虛，雲嵐相繞。王玠右

有來雝雝　二句　徐光啓

觀諸侯之和敬，而得人盛矣。夫王者萃天下，以事其親也。觀夫雝雝肅肅，亦足以明知王之孝思已。且朝家祭法，禰廟爲尊，必于群工齊祓，方夏駿奔者，明夫帝王之大，以天下養也。顧夫萃涣合離，非徒有人之謂，將必夫其忠愛，致其精白。而苟一夫懷偃仰之意，牽率而來，則雖載道是馳，誰云聚順；一人隳匡勑之忱，怠緩而至，則雖方軌臚列，豈曰同寅也哉？乃今世德方宣，莫不延頸慕義，幸瞻依之孔邇；國靈遐暢，一皆并心戢志，望咫尺以無違。其來也毋或迫之，而眷戀闕庭，自爾其優游是矣，愉乎其順，豫乎其悦，而望望乎其如慕，不自覺其意

之肯而心之安，何雝雝歟；其至也毋或飭之，而禀仰天威，自爾其儼恪是將，慄乎其戒，悚乎其慎，而匆匆乎其若臨，不自覺其神之凝而氣之屏，何肅肅歟。順承不二，臣之節也。欣焉暱就，是效順之良翰矣。加之以肅，又何寬而栗，忠而有禮乎。意昔之徽柔懿恭，其遺徽餘烈有宛然在人心者，而内五品外四賓皆其聞風而起者也，何其合愛合敬有同心也；敬共不忒，臣之貞也。惕焉祇事，是匪懈之康侯矣。加之以雍，又何恭而安，整而不迫乎。意昔之在宫在廟，其流風餘思有愀然如可見者，而一二兄弟甥舅皆其秉德而動者也，何其且和且敬無遷志也。吾聞四表懽心，則寧神之大；群后協恭，則尊親之至。而以斯百辟，對越寧王，庶幾徽靈顧予焉。天子穆穆，復何爲哉。

講雍、肅二字皆切孝享，與別處和敬不同，而後來歸本文王，更無一語旁溢。**徐克勤**

前六比一氣不斷，如長風激濤。後二比發明和敬兼盡之義。前圓後方，前駛後荼，雝雝肅肅，互文也。非謂來時不肅，至時不雍。《疏義》云：「和敬兼盡，則嚴而泰，和而節，禮有全體，而德容無所病矣。」先生後比，蓋主此説。莫作時文交互嘗格看。**王玠右**

有來雝雝　一章

徐光啓

主祭有德容，合助祭之德心也。夫穆穆以臨，真祭之主也。非肅雍之助，又安所得此。且孝莫大于寧神，寧神者合四表之心者也。蓋齋戒而思，愴然而容聲；踐阼而對，愾然而几筵。斯則孝子之事焉。而諸所將享，所贊助，緊群工百執事是賴耳。苟其有違心無嘉德，余一人在位，維是疚懷之不暇，又何能秉心一志爲也。維我諸侯，其來也，夫誰牽率之以至于此，而優游是宸，雍雍和矣；其至也，夫誰約束之以爲靖共，而儼恪是將，肅肅敬矣。且和且敬，子道也，臣道也，是人心之大順，而先聖王之傳恭也。我于是聞明堂以陳享，而合萬國以尊親，肅雍如是，是其秉文之德耶；肅雍如是，是其協予之衷耶？而以斯顯相周旋乎表著之位，是贊是襄，可無溺職矣；以斯康侯進退于祝史之間，左之右之，必無匱儀矣。其進也婉以愉，其行也敬以疾，禮成于朋友之攸攝而孝孫徂位，何爲哉，鞠躬屏氣于奉圭用鬯之頃，而睿容有穆，莫測其深耳；爲一于和也順而愨，爲一于敬也恭而安，德馨于賓客之率度而曾孫主器，何事哉，齊心祓志于握匕受釐之際，而穆然靜深，不窺其際耳。至和不以貌，至敬不以文。神遊皇考之旁，覺於昭之明靈若接；而意通肸蠁之表，信思成之徂賚不虛。烈文辟公，夫使我無言靡爭，而不忝爲祭主者，誰之賜耶？不然，而事之不虔，予實有遷志，以携明神，謂如在何。雖復靡文矯誣，將焉用之哉！

體氣高醇，不事聲色。徐克勤

王者合萬國之懽心以事其先王。此詩重在諸侯助祭上，若重發「天子穆穆」，便非詩意，觀註中「而」字轉下可見。讀先生文，如聽古樂，當求其高下輕重間也。王玠右

燕及皇天 二句

徐光啓

詩稱先祜，賴其安民者而已。夫天之意，厚于民以厚于君也，自非燕及之德，孰與昌其後哉？惟之頌曰，世主之有天下，徒以天命耳。夫天擇人而君之，又俾之永延于世，豈輕也哉！夫天，天下人之天也，奚私一人。人主，天下人之主也，天立之以爲天下。故莫神于帝之視聽，惟此民命眷懷在焉，以威嚮制其安危；莫密于帝之衡量，惟此主德斟酌受焉，以寵□報其奠麗。有如文之能人，其爲人察隱而廉危可知也；文之能后，其爲人召好而去惡又可知也。觀成之念，求安也。人主而計安，斯安矣。民命安，即監觀之意何所不安，而寵顧亦安；如傷之視安，猶未安也。人空而歉于安，愈安矣。民常安，斯求莫之心亦永即于安，而君位并安。天

若曰有君如此，民藉以出水火，登之衽席焉，予無常懷，茲所謂懷于明德者耶；天若曰有君如此，予將以靖乂民，俾容保斯無疆焉，命無常諶，茲所宜施于孫子者耶？是故一時陳錫，延爲累葉之鴻休，皇皇大命，既維新于此日。而行且於萬斯年，長無替也。亦惟是維翰之德，足以攜持其民而保定于帝耳；一日聿懷，衍爲奕世之景鑠，赫赫在上，既眷顧于眇躬。而行且一世萬世，長爲君也。亦惟是孔邇之戴，足以迓續于天而垂裕其後耳。不然，是不一姓，無常家者也。矧以予之不敏，不能遠德，自非徼天之靈，何以巍巍托于臣民之上；又非賴文之庇，何以脉脉當于上帝之心哉？藉有秩之祜，奉燕翼之詒，一人肆祀，而四表歡心，聊以報所受而已耳。

用調如貫珠。徐克勤

出以嘽緩，不爲猛賁。運以簡節，不爲狄成。王玠右

天維顯思　在上　徐光啓

觀天道之不可忽，則主敬急矣。夫有顯道，而無定命，謂天高乎哉，奈何其弗敬也。且以君之尊巍，君之貴重，苟存恣睢之意，視天下無足以發其寅恭者矣。然而勉敬竊有懇心者，何

也？彼夫人之所尊者君也，君之所尊者天也。君之于天，有翼翼昭事之責；天之于君，有赫赫臨女之威。天下無不可欺，惟天之聰明不可欺。曒乎不昧，孰之能覆蓋哉！而以此明命，眷兹下土，吾知夫敬勝必吉，怠勝必凶，君之倏悖，乃命之去留也；天下無不可匿，惟天之視聽不可匿。洞乎不爽，孰之能遁逃哉！而以此有覈，臨茲有位，吾知夫福者祗畏，禍者昏逾，祚非常享，則命非常度也。曰明曰旦，轉移于俄頃之間，維成命隆于先王，亦安見夫定者之難傾，培者之難覆；肸蠁豐融，變化于桴鼓之捷，雖鼎命傳于奕世，亦安見夫動者之易保，危者之易持。君爲尊乎，不易哉，其常尊乎。悚仄于吉凶之不僭，孰謂夫邈然覆冒，與我精神不相往還也。仰觀俯察，天人合會之符，即卑聽不足喻其神者，無言高矣。君爲貴乎，不易哉，其守貴乎。傍徨于去就之難忱，孰謂夫蒼然無極，與我意氣不相徵應也。默會深思，天人相與之際，即下濟未足方其近者，無言上矣。彼高高在上，天之可見者也，命所自出，乃吾所謂難也。盍亦嘗邇尋於陟降，潛察于幾微，其將可畏乎，其將可玩乎，必有了然于心目者。雖欲弗敬，如之何而弗敬！

因題伍兩，爲我部局。一種蒼舒之氣，自是大方。王玠右

無曰高高在上 〔一句〕

徐光啓

詩戒敬天，深言天道之不遠焉。夫天之與人，至無間也，如曰在上，即不□□□□□當□天耶？周人戒王，以爲天下嚴人主，而人主嚴天，非謂其尊高無上，而□夫至尊者以發其寅恭也。天惟顯，命惟難，幾幾乎實可懼矣。世主忘媮惰之後患，懼幾康之先勞，而始爲天道遠之説，其諂媚之臣，又進之而爲天不足畏之説，彼第曰高高在上耳，夫使人主習玩樂禍，瀕危而不反顧者，非此言也耶？而綜其實，天果高而與我不相逮及否，果其在上而與我不相徵應否？如其高也，即晏迭自快何所不可，而孰知巍然居高者，天之形也，有昭然卑聽而不爲高者，天之神也。凡所爲予我奪我而制命我者，將在其形耶，抑其神耶，而漫言高乎？即此一念，已不可與天知者，而無然以之自寬也。如其上也，即深宫稱聖何所不適，而孰知夫蒼蒼上覆者，天之跡也，有穆然下濟而不爲上者，天之心也。凡所爲有嚴有翼而不敢怠遑者，將畏其迹耶，抑其心耶，而漫言上乎？即此一念，已即爲天所知者，而無然以之以自解也。令德而安厥位，否德而益之疾，孰令之貴于草木，果其無所至極也，而乃是吉凶之不忒哉！如其泰然驕逸，而諉于遠邇之莫適從也，亦未睹于曰明曰旦之威矣。膺保定者必馨香，降疾威者必穢德，孰令之速于影響，果其不及視聽也，而乃是杪忽之不爽哉！　如其幾微少縱，而倖于萬一之不及察也，猶未明于孔昭有赫之義矣。　蓋自古受命，必言天人合會之符，合者所以言其不分；而自古矢謨，亦曰天人相與之際，際者乃以明其無際。　是故行事出王，無之非是。　觀陟降在兹，有可驗者，信天與我一也。　而彼言屋漏，言下民，猶疑其未盡耳，矧曰高高在上耶？

滄漭而來，有囓桑拍日之勢，而仍循崖曲折。　**王玠右**

純用詰辯之法，善留下文餘地。　**徐克勤**

有飶其香　二句

徐光啓

備物以爲國華，豐年之慶也。　夫養賢國之盛事也，而物有不備，亦何以得此哉，豐年之爲利大矣。　且農爲國之所天，非徒本業之謂也，六氣順而成豐，則上下交而爲泰，皇皇國運，實嘉賴之矣。　何者？　大烹以賓賢，國之典也。　三酒五醴，大酋司之；　尊彝筵几，宗伯守之。　豈不願述遵無廢哉，第年不順成，方將與二三執事共憂元元之急，何遑衎食也。　即邦家之氣象，其可知已。　今也九土登而百穀繁廡，六物齊而八尊嘉栗，不獨有衎者其味之既旨，而且有飶者其香之始升。　則用以肆之賓筵，豈非□潔之品也耶？　或饗于廟，或燕于宗，凡百君子，皆羽儀之美也。弁冕交而蹌蹌髦俊，相與行酬侑而示周行，果足爲太平之熙事矣。用以偕之樽俎，豈非洗腆之奉也耶？以示慈惠，以訓恭儉，兄弟甥舅，皆能光之重也。纓緌集而濟濟名賢，相與陳樂度而設禮容，信足爲清晏之壯觀矣。吾想其時，君垂下逮之恩，臣有上交之慶，爾遊爾休，藉飲食之文，以達中心之好。則邦之榮懷，榮懷于上下之同樂也，《鹿鳴》之盡心，《既醉》之備福，不亦休乎？吾又想其時，君垂穆穆之容，臣謹明明之戒，不吴不敖，盡三爵之禮，而無醉飽之心。則國之光華，光華于上下之同德也，《行葦》之敬事，《湛露》之令儀，不亦懿乎？此見豐登之慶也，向幸其穀士女足矣，而孰知夫愛養有賢，廷無曠典，足以協贊文明；向幸其烝祖妣足矣，而孰知夫式燕無愆，朝有盛儀，足以昭升景運。是以國之將昌，自天降康，今而後知其爲福也。徽惠明神，何可忘矣。

《箋》云：「饗燕賓客，則各得其歡心，于國家有榮譽。」如此便多一折，豈不費詞。夫以大有之年，燕享豐隆，便是太平盛事，即是邦家之光。若凶荒殺禮，則景色黯淡而索莫矣。故註中只一直下，先生《六帖》昌言其義，而此文高華典麗，又足以發之。**王玠右**

玉煙在山，丹氣在鼎，自然寶色，不關揚厲。**徐克勤**

其笠伊糾　二句

徐光啓

觀農人之服與器，其耘之勤矣。夫民生在勤，而耘則農事之重也。笠伊糾，鎛斯趙，斯其耘之善乎。周人報賽，而備舉農人力穡之狀，念其勞也，以爲吾民務兹稼穡，幸此收成，豈恃夫天發時地長材而已哉。殫人官之能相土穀之利，即一耘一耔，良爲難矣。何則？是藨是蓘，則有豐年，古之訓也；滅裂而耘，滅裂而報，農之下也。嘉穀欲在專生，則易耨豈容怠事。若老若幼，筐筥而食農夫，既使之一于本業；則若少若壯，拮据而緣南畝，庸得不黽于作勞。觀夫所戴者笠，非田家之野服乎，就其笠而望之，又何糾然以舉乎；觀夫所操者鎛，非田家之利器乎，就其鎛而察之，又何趙然以刺乎？紛紜阡陌之間，乍俛乍仰，動而不厭其疾；下上隰畛之内，且攘且剔，入而不厭其深。徒見夫伊糾之形，以爲笠之可象耳，而孰知一舉一動皆其勞筋苦骨者耶，況孜孜以終日也；徒見夫斯趙之狀，以爲鎛之利用耳，而孰知一出一入皆其神疲力悴者耶，況矻矻以終畝也。觸冒暑雨，非誠異于人而獨堪，而器無息機，身無餘力，閔閔皇皇，何者非艱難勞勩之態；胼胝手足，非誠習于勞而不覺，而抑首于隴畝，畢志于耰鋤，匪居匪康，豈知有倦勤媮惰之習。此以知農之民，于四人爲最苦；而夏之耘，于三時爲獨勞也。

異時者豐草去而嘉穀成，户蓋藏而俗殷阜，則豈非神鑒其勞而錫之慶乎？古之帝王，貴五穀，尊農夫，凡以此耳。

孔《疏》云：「鎛是鋤頭，趙爲刺地。」則糾言其形，趙言其力，總是田家作苦之狀。此文摹書如繪，謂之夏耘圖可也。王玠右

文雖簡徑，而憫農之意已盡。徐克勤

自堂徂基　三句　徐光啓

罔不循禮之次，得相之道矣。夫宗廟之禮，多士成之也。三告而不愆于儀，可謂成禮矣。今夫祖廟啓而肆祀修，誠孝子所以事親乎，亦繄有司是襄是贊。何也？廟中之事，百禮具而百物備焉，苟取成事而已，不必精良，神其據我哉。若孝孫在位，欲□□而偏省，偏省而後即安，勢又不給，□非禮也。則濟濟多士，實率廼職，以供其事守矣。是故壺濯在序，籩豆在房，几席在廂，牛羊居于門外，大小鼎居牛羊之左，是皆事有度，物有□，兢兢以戒者也。然而孝子之心，則猶是若匱乏，若怨恫，皇皇匪寧者也。于是有澤宮之賢，爲代省于内外；又于是以志物之盡，爲往告于後先。始而升于堂也，不知夫諸司所設陳，將濯具耶，否耶。省而降，降而徂

于基以告也；　謂夫濯者之潔清也，謂夫具者之繕完也，而主人于是可以無虞于陳器。次而省于羊牛也，不知夫牧圉所共給，將腯肥耶，否耶。省而入，入而俎于基以告也；　謂其碩大蕃滋也，謂其不疾瘯蠡也，而主人于是可以無虞于牲牢。終而省于鼐、省于鼒也，唯鬻潔是賴，乃舉冪而俎于基，則又以告也；　湛熾必良，水泉必香，而主人于是可以無虞于烹飪之不戒矣。位不踰門塾，而周旋藉于駿奔，若一人親涖其旁，而躬操其事；　足不履堂皇，而俎告昭其利養，俾一人免于罪戾，而薦于馨香。夫然後主鬯用祼，愉愉乎陳信而不媿焉，孰謂先祖之皇，其非選士之力歟；　夫然後秉圭對越，屬屬乎專志而無他焉，又孰謂思成之賚，其非庶常之效歟。思皇多士，天子實嘉賴之。無德不報，所宜應受多福者也。

基者，門内西塾前之基地，即堂下之南隅，與西階相直處。先升自西階，視壺濯于堂上東序，視豆籩鉶于房東，視几席及敦于西廂，乃降自西階之南，東北面，以濯具告主人。時主人在阼階東北上，賓主東西立，向主則背賓，故東北面而告之。應濯者告濯，不濯者告具，牲與鼎俱在門外，鼎當門，牲在鼎南，稍近西。始省器，次省牲，次省鬻，言未祭之先，謹重如此。下四句，言既祭之後也。典制精詳，搆運蒼古，必傳之業。**王玠右**

主祭之德，顧東江僅于大結内見之。先生此文先于起處補出，通篇皆本此叙次，而末更繳足。格調之老，尤不可及。此題向懷葛墨義近于太簡，虞山顧塵客作，骨法亦自蒼

然，蓋規模先生之作。徐克勤

君子有穀　二句　徐光啓

詩頌魯侯，欲貽謀之遠也。夫福莫如有後矣，善道以貽子孫，誠足爲魯侯願哉。且人主誕膺國祚，將世世子孫，實嘉賴之。必也，道統于治統合并而傳諸其人，而後稱規模之宏遠也。藉令不模不範，令一世再世，思企踵而無由，將子孫何觀焉；又藉令有典有則，而一傳再傳，遽湮淪而罔繼，即我公何利焉。是兩者皆非國之福矣。我所願公者，惠徼天幸，則公孫公族，無窮極也；而率由祖德，則象賢濟美，無疆竟也。自周、魯以還，世有令典，君茲闡揚之，其亦洋洋灑灑，足以甄陶後進矣。而以斯垂裕，將令若子若孫悉此儀形焉，凡爲周、魯之雲仍者，莫不倣依以從事也，斯則昭明之令終者爾。自桓、莊而上，代有懿德，君茲光大之，其亦炳炳麟麟，足以型範來茲矣。而以此立極，將令子子孫孫毋是剪棄焉，凡爲桓、莊之裔胄者，皆得憑藉乎寵靈也，斯則創垂之可繼者爾。邇者踵其步武，遠者襲其風烈，即令瓜瓞綿延，其人不可知已，而善道懸諸日月，猶然率訓典以攸行；宗子嚴爲國法，支庶奉爲家教，即令族世繁昌，其數不止億已，而善道昭于丹青，罔不用高曾之規矩。蓋前者後之楷也，貽穀自今，不可謂非子孫之幸也； 而子孫者又身之枝也，穀貽于後，不可謂非君之福也。吾人適睹其始，未見其終，意者國家之慶，無大此矣。不然者，作而不繼，昌而弗傳，縱使豐穰樂利，何以爲周公之後，稱山東之望國哉！

莊嚴典則，着不得浮藻巵辭。此頌體也，今人不講久矣。**徐克勤**

不言禄而言善，善足以兼禄。且善可久，禄未必可久也。篇中皆頌勉之辭，藹然忠愛。**王玠右**

濟濟多士 一章

徐光啓

將能治心，斯制勝而不争矣。夫爲將之道，當先治心，多士之能廣德心者，吾以知其能克敵也，能居功也。自文武之分途也，武猛之夫，何暇言治氣養心之學哉。夫以鷙悍之性，而又無陶化之益，于是雄姿鋭氣，不□諸仇讐，而争功伐善斷斷如也，適足以隳軍實而傷國體矣。乃今赳赳之彦，實稱濟濟之英，家有貞士之風，人含體國之意。忠欲披心而報主，擴之則畢慮竭諗，凡爲主謀者，無弗盡也；義不反顧以營私，推之則投命遺軀，凡爲私計者，無弗忘也。東南之寇，天開明主，九重業業，方深西顧之憂； 攘夷之役，人懷怒心，多士桓桓，共效于襄之績。時蓋人衆勢大，令具法嚴，政肅三軍，氣吞驕虜，信足以雪邊吏之宿耻，振上國之天聲者乎。而捷告于廟，將歸于朝矣。于斯時也，銘石紀績，負鼎策勛，一人論功，諸臣讓善。君子不稱其能以加小人，曰君之靈也，士用命也；小人不伐其技以馮君子，曰君所命也，將之制也。昔則致果奮威，惟恐居後；今則撝謙就下，惟恐居前。坐令司勛之策不勝書，而士師之庭若無事，何其前後未殊，進讓相反哉。事不避難，職也；勇不害上，禮也。安欲貽之于國，不恤危之在身；功欲效之于君，不必名之在我。一時介胄之臣，咸有士君子之度，故適有緩帶之樂，而朝有和衷之美也。非夫豪傑之士，有待而興，曷臻此乎。

維首二句作正講，以下便掀翻到底，局陳甚奇而勢險節短，結搆又緊，真不欲一字虛設。文之道古，又不待言。徐克勤

純以法力勝，力大而法生焉。法密而力足以舉之。王玠右

式固爾猶 合下章

徐光啓

有謀以服遠，可常享其貢矣。夫人必服其心，而後不復反也。爾猷誠固，淮夷之獻琛者，不永以爲常耶。咏泮宮者曰：中國之馭戎也，當其叛，人情忿而鋭于謀，故旋致蕩平；當其

服，人情玩而踈于計，故反以養亂。是以稱藩奉貢之日，尤當兢兢也。淮夷獲矣，豈徒大刜之目前，不思致命于日後乎？天下之賀戰勝者，必于廟堂；而帝王之懾要荒者，每先心戰。毋備止于此，而使敵得避其堅；毋防畧于彼，而使虜得秉其釁。毋幸其款塞，而備禦弛于戒嚴；毋忘其反覆，而機權泄于窺伺。獨其出没之情，以□韜畧，我自得其萬全；總其分合之勢，以運覊縻，彼無緣于一逞。固知淮夷永爲外藩，而終無竊發矣。卒獲如是，將見摶心揖志，北闕通氈裘之譯；來王効實，兩階列方物之珍。彼飛鴞之好音，非其性矣；矧淮夷之覺悟，豈其初乎？向也未知宸算，猶謂逞其狡獪，可以抗顔行；今也慴于睿謨，即悉索其産物，無以薦歲事。故元龜、象齒、南金，夷不生心而□致内廷者，雖憬悟哉，亦屈其心耳。向使無式固之猷，則彼方且假納款之名，以冀中國之不我虞；倏肆不軌之謀，以撓中國之不我制。彼以卑辭請貢，陰行其詐；而我之踈謀淺畧，實受其病矣。則受獻琛者固可幸，而亦可恃乎哉？

末章不出「卒獲」二字，卒獲不出「固猶」二字。講首句方畧極詳，以後隨勢捲上，呼應極緊。若一味鋪張，則文脉緩散，不成結撰矣。**徐克勤**

謀篇精深，而出之以典勁。陸敬輿無此筆力，下焉者無論已。**王玠右**

龍旂承祀　二句

徐光啓

頌魯侯奉祭，而首舉郊祀之盛儀焉。夫龍旂而郊，魯之鉅典也，此一時儀衛之盛，詩人所以侈言其事也與。且夫國之大事在祀，蓋萃涣合離，通神人之情者也。矧南郊之祭，用以登假皇穹、仰乎蒼昊者乎，視常典尤爲重焉。在昔我祖周公，勳在王室，成王勞之，而貺之以備禮，曰夏正孟春，旂十有二斿以郊祀上帝，斯魯之郊舊矣。至于我侯，俯蹈宗軌，仰綏帝命，陟降明威，在居恒而廑昭事之念；辰良日吉，豈于兹而忘肅祇之□？于是騶人展軨，僕夫效駕，而乘輿之上建龍旂之章，央央乎飄曳青郊，與日月之常而隱映。凡盱衡以視者，知爲圜丘之大禮也。齊軺列于前行，輕武陪乎後乘，而交龍之文致羽旄之美，翩翩乎飛揚坰野，視九斿之飾以加隆。凡引領而瞻者，知爲欽若之上儀也。于斯時也，屬車屯軌，四牡疊跡。驂服騑騑，既徘徊以泮涣；鞗革冲冲，亦逶迤而容與。無論中心儼恪，睿慮有虔，試觀六轡之在乎手者，何其柔以澤也。無敢戲豫，無敢馳驅，白圭蒼璧，未及于陳，而和順之至心可挹矣。無論爾顏輯柔，睿容有穆，試觀駟馬之調于轡者，抑何順以從也。步中《采齊》，趨中《韶》、《濩》，燔瘞縣沈，未備于物，而懷來之精意可睹矣。蓋先王制作，本非彌文；而今日奉行，豈爲故事。是以必躬必親，且和且敬，一以合會天人，答生成而報本反始；一以奉若明靈，祈鴻庥而迎祥集慶。周官之典式，而禮儀之宏鉅也，猗與盛矣。

未祀先昭事有素，臨祀時儼恪有虔，不止鋪張儀衛。徐克勤

此篇本重廟祭，而牽連及郊，蓋魯人張皇其殊禮也。文如錯彩鏤金，仍不失初出芙蕖之致。王玠右

公車千（秉）〔乘〕　眉壽無有害　徐光啓

魯侯以武功格先，而獲福永矣。夫膺懲之烈，固格先之大者也，以兹受福豈虚哉？且吾魯以懿親首藩，受實征之寄。昔者成王建我伯禽也，固曰爲周室輔，而邇者戎狄侵我王畧，荆、舒盡吾諸姬，即在天之靈，夫豈不欲致武焉，幸吾侯起而振之也。有車千乘，七百里丘甸之供焉，而且焕其文，飭其具，若矛若弓皆利器矣；有徒三萬，數百年教訓之遺焉，而且嬰貝胄，係朱綅，且衆且盛，稱勁卒矣。用此膺戎、狄，則懸車束馬，深入之功以成；用此懲荆、舒，則漢水方城，河山之勢欲失。蓋我内順外威，彼不得逆顏行以稽天誅；彼悔禍悛心，我自可以振積弱而惠宗公矣。則將何以福我乎，俾昌俾熾，是多益之祥也；俾壽俾富，是延曆之箕

也。上有黃髮台背之主，而二三耆舊，各以諳練之素，紓翼贊之猷，則明良喜起之風盛矣。昌而且大，是單厚之祉也； 耆而且艾，是引恬之休也。既立萬有千歲之祚，而自今以後，日以引翼之故，綿維祺之吉，則戩穀罄而之澤長矣。長君元老，相與以聯一德之交，而今日師武臣力所奠安之宗社，行且益鞏于四維； 眉壽繁祉，薦委以隆神明之貺，而一時輕車鋭卒所自致之昇平，行且永延于億載。如是而後，自神錫之爲純嘏，□□享之爲完福也。然非周公皇祖鑑侯之武德而寵綏之，不至此矣。傳□齊桓之伐山戎也，資計于魯莊，在召陵，則僖列于會焉，豈詩所謂膺懲者耶？ 蓋是時魯實向盛焉，固無怪其侈言之。嗣是而陵夷，三桓之爲也。故曰魚不可脱于淵，此之謂也。

經緯甚密，段落極明，錯題面以成錦，不待旁求矣。**徐克勤**

言詞之繁，頭緒之多，無踰此者。一經部分，便如兩三語耳。將萬人而不聞聲，此之謂也。**王玠右**

遂荒大東　海邦　徐光啓

詩頌服遠，欲極其地之所至焉。夫服遠者國之福也，由大東而海邦，斯魯人所爲君願者乎？《閟宮》之詩曰：人君繼承先業，一惟封疆爲重，甚無顧僅僅守土，以固吾圉也。肆我有魯，建侯自昔，地雖宅于東土，而遠不逮于海邦。倘以吾侯之賢，而徒保有龜、蒙，無忘舊業而已，其何以稱中興之主，爲周公之胤哉？尚其威靈遐暢，遠繼先王闢國之風；疆域肇開，仰追古人賜履之跡。大東之地，向嘗自爲國矣，而至于今，遂將入我輿圖，且極而至于遵海而居者，無不奄有之也。昔爲錯壤，而今我皈章之業①，非復不享不王者矣。大東之國，向嘗自爲守矣，而至于今，遂將隸我職方，且推而至于負海而處者，無不奄宅之也。昔爲分土，而今成有截之盛，非徒不侵不叛者矣。蓋賢明之胄，七廟實式靈之，而兼以整師經武之威，自將順風而靡，而令行于海甸；仁孝之格，先君實啓佑之，而□以車馬甲兵之用，自將順流而屆，而遠至于海澨。雖先王之令，無侵小，無凌弱，而地居荒服，則兼并非暴，適以明朝廷駕馭之權；況先王之制，有攻昧，有取亂，而人非德義，則多取非貪，適以彰國家神武之畧。信如是也，真明明之盛，而子孫之所利賴，祖宗之所深思也。下臣不敏，有大□矣。甚矣，《魯頌》之侈也。山戎之伐，莊特與謀，陘之役，僖不能當（徧）〔偏〕師，而□稱武畧，抑何虛而無據也。畫餅而炊，斯之謂矣。夫太上脩德，其次脩備，不有一者，而侈口于狼望伊吾之勳，非人臣之罪乎？

① 「我皈章」三字疑有誤。

淹雅典貴，卓然名程。徐克勤

劉安成曰：「此亦承上章祭祀獲福之意而言，顧公治其境内以服遠國也。」作者妙于虛實相化，詞實而意虛，句實而字虛。王玠右

鬷假無言　二句　徐光啓

商人之假先，有所以凝其敬焉。夫敬在心，而有言與争則敬洩矣。魯以至敬格先者，而有是哉。想其意曰：夫几筵樶桷之地，人未有乘之以褻者，特謂神明在上，無敢紛競焉耳。而不知齋心祓志，孝子所以存神而對越也。乃今和羹具矣，奏而格之，曰格，則非徒以苾芬飲食之粗，伸其孝享，而直將一念微渺之意，上徹于重玄；又非徒以鬼神食氣之説，冀其居歆，而直求在天陟降之靈，俯通于合漠。静篤之極，不待禁言，而自不得有言矣；戒謹之至，不待禁争，而自不得有争矣。故主祭者而奉是羹也，洞洞屬屬，若屏氣而不得息焉。而一時駿奔之佐，咸肅穆以助天子之嚴敬，不獨室事堂事靡敢交侵，而祝史亦無容其紛若之陳矣。主祭者而奠是羹也，夔夔齊慄，既恂恂似不能言焉。而一時蹐蹌之臣，各静治以相天子之篤恭，不獨越俎代庖靡敢踰職，而禮官亦無事于論辨之煩矣。何也？祭者一氣之格也，言則氣浮，默則氣

斂，争則氣棼，静則氣聚。彼其君蒿悽愴之在念，意氣各有所凝結，而自不散亂于言動之間。敬者，羣心之合也。一人有言，并不言者之心亦亂；一人有争，并不争者之志亦移。彼其君臣上下之一心，精神交有所飭厲，而自不異同于敬怠之際。若以地非當言而不言，時非可争而不争，是欲言欲争之心猶在也。若君以作臣之敬而不言，臣以法君之敬而不争，是無言無争之迹皆粗也。此世俗之所謂敬，而豈吾湯孫奏格之深意乎？思成之賚宜矣。

寬而静，柔而正，間有奮疾而終不拔。王玠右

奉祭之不敢紛競，人皆知之，此獨因無言無争想到精神合漠處，較舊義皆深一層。徐克勤

聖敬日躋

徐光啓

詩咏聖敬，重其能自進焉。夫敬而不已則聖矣，此日躋之功，乃湯之爲湯者乎？且古之興王，雖其生與運并，資將道合，天之所命不可爲也，□其脩身典學，蓋亦有自爲地者焉。如湯之應期撫運，豈其垂拱而俟夫天之授我耶？夫天誠有意于作邦之對，當夫予奪之際，其尚徊翔而不驟焉以徐觀乎至德；夫聖誠無意乎徼天之幸，顧其宥密之中，豈其康寧而

不敬焉以自失于懋脩。故高而逾冲者，敬之則也，湯所爲馮馮翼翼，欲身體焉而罔敢縱也；進而逾有者，敬之量也，湯所爲矻矻孜孜，欲漸造焉而罔或釋也。當其負重肅于冰兢，臨下威于朽馭，敬矣，進而求之至于温恭者，安安而望之常未竟焉。朝夕恪勤，慮彌卑而功彌高也，一日又日，其時習如環周，而其上達也，如登峻者之日峻矣；當其燕閑同于御衆，淵嘿齊于處諠，敬矣，久而化之至于篤恭者，穆穆而揣之若不克焉。時時臨保，心滋細而德滋崇也，日以繼日，其精進如天行，而其詣極也，如行遠者之日遠矣。增之無涯，減之一日，未必損于萬一也，彼視終身黽勉，不補一時之戲豫；未至于退，暫即于安，姑可俟之來日也，彼視斯須輟業，頓隳積累之全功。夫人君者，百爲庶政，易飾耳，若夫兢業自將，最師保疑丞所不及規也，而湯之嚴心自治也，若此乎就將而日益也，兹所謂檢身不及者乎；夫持敬者，日月以至，易勉耳，藉曰張弛迭用，亦英君誼辟所時有也，而湯之精勤自勵也，若此乎改作而日新也，兹所謂慎終如始者乎？以此格天，以此凝命，而帝心所想望耳。而九圍之式，將安往矣。

通隱顯之變，極安勉之用。義有環深，理無餘憾。王玠右

聖敬日躋　二句

徐光啓

聖王之純敬，以進脩爲久道也。夫敬而日進，真無時已矣，其爲昭格之久不虚也。濬哲之詩曰：人主之所恃者天也，天心威嚮之端，人主之敬肆而已，是故臨下有赫，難諶爲特甚焉。豈其命會符運，遂當保定而不移也耶？雖曰命之，其亦廻翔焉，須假焉，卜人主之意念者也。肆我成湯，靈□誠由天啓，乃其聖修自懋矣；大命誠云既集，乃其敬德方勤矣。敬之體彌造彌高，有崇累之象焉，乃累之日日而見功者，即其隳之一日而有餘喪者也。湯之敬，所爲有日進無日退也。敬之功逾進愈加，有登陟之勢焉，乃其墜之一日而盡廢者，又其累之日日而不能復者也。湯之敬，所爲有日益無日損也。日運無停晷，而朝夕恪勤，隆而不替，仍與日以俱新；日輪無輟軌，而夙夜臨保，增而不已，寧維日之不足。彼其師保之不及規也，糾繩之不及效也，雖曰脩之闇然，而畜極則光，誠中則形，能無明明昭升者耶；彼其飭慮于淵微也，制心于宥密也，雖曰脩之人事，而明則上際，馨則升聞，能無隆隆登假者耶。昭格于一日，已卜其暫而日日猶是也，將與敬爲體也，迎之無始，隨之無終，惟見夫勉勉勤勤，貞之于不絕之脉而已；昭格于日日，未卜其久而又日猶是也，將以敬從心也，窺之無隙，引之無間，惟見夫純純常常，綿之于不息之期而已。敬之端欲疾，而敬之至欲常，遲遲者吾以觀其常，而日躋者始完其疾；敬之始欲敏，而敬之極欲安，遲遲者吾以觀其安，而日躋者幾忘其敏。此所爲懋明于無斁，昭事于罔間者，以祇上帝，以應昌期，真無媿不違之命，宜作九圍之式矣。

具談帝王心法，可以表裡經傳。　**徐克勤**

日躋猶有勉勉之意，遲遲則綿綿不息，與天同體，進于從容矣。成湯反之之聖同于性者，于此可見。此文啓幽抉深，鞭心入木。　**王玠右**

不震不動　二句　　徐光啓

聖王行師，不失其心之常也。夫兵以不得已而用，則險亦順矣。有如震動而戁竦，尚何貴帝王之師乎？且湯以天錫之智勇，當夏殷之改革，戡亂寧民，非武無由矣。而要之聖人之武，與常人特異，何者？夫其勝負難期，悄兮靡及，此將率之任非皇王之度也；其安危不測，凛兮若墜，此兩雄之勢非時雨之師也。乃湯也軫念無辜，割正有罪，抗明威以攝不類，仗大順以服萬方，有何畏憚者哉？是故總六師以言邁，而不愧不怍，倜然其似有餘；偕七萃以徂征，而不沮不疑，忽乎其若無事。威稜非不雷厲，而志定于安瀾，則絶虛驚之意矣；號令非不風行，而心静于止水，則泯動摇之端矣。兵爲凶器，人見爲難，而彼自以不難，若履康莊之易，而無挫縮頹靡之念，何慹恐之不消也；争爲逆德，人見爲危，而彼自以不危，若憑重較之安，而無周章惶惑之態，何竦懼之不絀也。維天討罪，弗恤弗蠲，一人爲皇天致罰，則己意即爲天意，而色不變、目不瞬，坦坦蕩蕩，顧忌不萌其中；維民苦虚，弗貰弗忍，一人爲百姓請命，則君心即爲民心，而神不亂、氣不奪，容與舒徐，危疑不設于慮。吾想其時，十一征而無敵，七十里而爲政，民稱徯後，人頌來蘇，蓋皆不慮而得，不勞而定者哉。若此者，非以其威能必勝，算出萬全也。常人有利害心，故有成敗心，聖人之心在得失勝負之外，故行天下之至險而視之若夷，建天下之所未嘗有而處之不惑矣。吁，自非神武天縱而敬德自將，孰能當此？非當之，原獨行無懼者乎。

先生《六帖》云：「震動，有張皇繹騷意，似屬太過；慹竦，有惴懼畏葸意，似屬不及。當時聖人行師，實是代天行事，雖以臣伐君，宇宙未有，彼直如着衣喫飯相似，有何周章，有何退縮。故曰『君子之中庸也』」。著論精妙，註疏所不及。又有此文以闡明未盡之蘊，如賈傅《新書》，衍之爲《治安策》也。**王玠右**

開口以得帥起皇王，以兩雄起時雨，與尋常震動慹竦不同，便高人一步。通篇俱就所以然處發明不震動慹竦之故，全不在有形處着相，識力老甚。**徐克勤**

赫赫厥聲　二句

徐光啓

詩頌中興，名與威並盛也。夫纘緒如高宗，其事業可謂光且大矣。聲靈之盛，豈虛哉！且國家屬凌夷之運，必也頌聲寢，皇靈替矣，爰有明主配天光復，則其精神氣概誠足以感動方內，震攝寰區者，夫是故令名載而行之，休烈顯于無窮也。如湯孫之內輯外寧，勤民祇帝，諸方快睹，而九土具瞻，斯實撥亂之宏謨，興衰之大烈也夫。騰爲茂實，蜚爲英聲，猶桴鼓也，今而後，聲之大而不眠，其可知也；著爲德業，揚爲德威，猶景響也，今而後，靈之頌而靡晦，其可知也。明明我后，所爲謳吟衢路者，已洋溢于郊圻矣。推而五服，而九夷，猶是沐浴女德，而歌詠神聖也。隨流以屆，而赫赫鴻稱，固將比隆于天壤矣。凛凛國威，所爲震曜耳目者，已浸流于邦甸矣。推而采衛，而戎狄，猶是稟仰大猷，而祇承嚴命也。順風而攘，而濯濯駿烈，亦且方駕于雷霆矣。夫以天子之勢，而天下之大，不無心非而巷議者，豈非是民情不可强哉？無奈其所以鼓舞之者神也，是故衆意所推，不謀而同，衆口所傳，不播而遠，游源泳沫，無處不流其芳譽矣。以人主之尊，而九州之內，不無櫱萌而伺釁者，豈非是民心不可測哉？無奈其所以鎮壓之者重也，是故群情所懾，氣焰自張，群心所憚，光烈自顯，昭明有融，無地不欽其懿爍矣。始以實而傳聲，休聲起而實之載也彌遠；始以德而揚靈，國靈暢而德之著也益神。于以纘承烈祖而幹蠱前王，啓佑來兹而保明無斁，盛矣哉！

「李杜文章在，光焰萬丈長」。嘆而慕之之辭也。每讀先生此等文，輒作是想。王玠右

徐氏庖言

〔明〕徐光啓 撰

李天綱 點校

點校説明

《徐氏庖言》，巴黎法國國家圖書館藏明刻本，《徐光啓著譯集》用上海圖書館所藏照片影印。「庖言」之義，按徐光啓《欽奉明旨謹陳愚見疏》「明臣越俎任事，祇因時急，……如臣今日代庖，不止義所不敢出也」，爲「越俎代庖」的意思。萬曆、天啓年間，徐光啓挺身而出，以文官而言武事，「代庖」之言，屬徐光啓自謙自嘲之詞。《徐氏庖言》由徐光啓本人在天啓末年或崇禎初年編訂，王重民以爲刊刻地點在家鄉上海。《徐氏庖言》收録萬曆、天啓間的論兵之作，其中的製銃炮、修炮臺、建神器營、聯絡朝鮮攻打建州等主張，都是創論，實爲救國之急務，乃明末最重要的軍事著作。明末學者重視《徐氏庖言》，陳子龍等人編輯《皇明經世文編·徐文定公集》，《徐氏庖言》中《敷陳末議以殄凶酋疏》以下的大部分文章均予以收録，視爲徐光啓傳世之作。據説，清朝順治皇帝遇《徐氏庖言》，曾「讀不釋書，嘆曰：『使明朝能盡用此言，則朕何以至此也！』」（徐宗澤：《明清間耶穌會士譯著提要》，中華書局一九八九年版，第六頁）

《徐氏庖言》凡五卷，署「上海徐光啓子先甫著」。原書本有序跋，巴黎藏本均已失去。據

《徐氏宗譜》存徐爾默《跋庖言》「批注點畫，咸屬先公（徐驥）手筆，惜多觸忌諱，不克重梓」，則清初順治年間徐驥、徐爾默父子爲父祖重編文集的時候，《徐氏庖言》的刻本尚存家中，且多有批注。本書原爲抵禦「北虜」而作，在入關后的滿清人士看來，不免多有違礙之詞，徐家不敢重刻。乾隆朝輯修《四庫全書》，《徐氏庖言》被軍機處列入第十次抽燬書目，正式載入《禁書總目》。禁燬本書的理由是：「光啓有廉謹稱，而經濟非其所見，故諸疏皆未能切中時弊，且有干礙字句，應請銷燬。」說徐光啓「經濟非其所見」是假，徐光啓的經世之才，爲人公認；說他書中有「干礙字句」，卻是真的，《徐氏庖言》對明朝邊疆的安全憂心如焚，對在關外横行的清兵則例用了不少「北虜」、「虜酋」等詞句。

清初禁燬，《徐氏庖言》在乾隆年以後就漸漸不復流傳，竟至各大圖書館亦無收藏。幸好巴黎法國國家圖書館藏有一部明刻本《徐氏庖言》，上海徐家匯藏書樓主事神父徐宗澤攝影而歸，於一九三三年紀念徐光啓逝世三百周年之際，據影印件排印出版。惟略有手民之誤，引爲憾事。上海文管會編《徐光啓著譯集》（一九八三）時，據所藏照片影印出版，讀者始見真跡。《徐氏庖言》附録了一些非自己所作的部寺奏章，均與他所擔任的練兵製器事務相關。《徐氏庖言》卷五「文移」部分收録的《抄工部揭帖》、《抄監督部寺手本》、《抄通濟庫手本》、《抄職方司手本》、《抄工部盔甲廠手本》、《抄户部新餉庫司手本》、《抄盔甲廠收過軍器手本》等，王重民《徐光啓集》作爲附録處理，以小字排出。今爲存《庖言》原真，仍然依原樣原次第排印，讀者諒可自察。王重民《徐光啓集》時，將《庖言》各篇拆編，今爲存真，亦歸到原處。

李天綱

二〇一〇年十月

目録

卷一

奏疏一 …… 一四九
敷陳末議以殄兇酋疏 己未三月二十日 …… 一四九
兵非選練決難戰守疏 己未四月初五日 …… 一五三
遼左阽危已甚疏 己未六月二十八日 …… 一五七
恭承新命謹陳急切事宜疏 己未九月十五日 …… 一六七
兵事百不相應疏 己未九月二十五日 …… 一七七

卷二

奏疏二 …… 一八一
時事極迫極窘疏 己未十月初五日 …… 一八一
剖析事理仍祈罷斥疏 己未十一月十九日 …… 一八四
東事警急練習防禦疏 庚申四月初一日 …… 一八八
統馭事宜疏 庚申八月二十日 …… 一九一
巡歷已周實陳事勢兵情疏 庚申十月十六日 …… 一九三
酌處民兵事宜疏 庚申十一月初十日 …… 一九七
巡歷控辭疏 庚申十一月十五日 …… 一九九
簡兵將竣遘疾乞休疏 庚申十二月十一日 …… 二〇〇
簡兵事竣疏 辛酉正月二十一日 …… 二〇二

謝皇賞疏 辛酉二月二十五日 …… 二〇四
謹陳任内事理疏 辛酉二月二十七日 …… 二〇六

卷三

奏疏三 …… 二一〇
謹申一得必保萬全疏 辛酉四月二十六日 …… 二一〇
申明初意録呈原疏疏 辛酉五月初九日 …… 二一四
臺銃事宜疏 辛酉五月初九日 …… 二一八
仰承恩命量力知難疏 辛酉五月十二日 …… 二二〇
服官非分疏 辛酉五月十五日 …… 二二一
略陳臺銃事宜並申愚見疏 辛酉七月 被言請告未上 …… 二二三
擬上安邊禦虜疏 甲辰閏九月下旬館課 …… 二二六
會議 …… 二三四
會議堪任遼東經略 …… 二三四

卷四

書牘　疏辯 …… 二三七
復太史焦座師 戊午 …… 二三七
又 己未 …… 二三九
復吕益軒中丞 戊午 …… 二四〇
復錢游戎 戊午 …… 二四一
復莊游戎 己未正月 …… 二四一
復王孝廉 己未四月 …… 二四二
附：復宫端全座師書 戊申 …… 二四三
復熊芝岡經畧 己未 …… 二四三
又 …… 二四四
復袁憲使位宇 己未 …… 二四五
復黄憲副轂城先生 己未 …… 二四六
與李我存太僕 辛酉三月 …… 二四六
又 辛酉五月 …… 二四七
又 壬戌 …… 二四八

復大司馬張座師 辛酉……二四九
與大司徒李孟白 辛酉……二五〇
與楊淇園京兆 辛酉七月……二五〇
與周子儀給諫 辛酉七月……二五一
又 辛酉八月……二五二
與王泰蒙大司空 辛酉八月……二五二
復臨縣尹諸葛澹明 辛酉……二五三
與胡季仍比部 辛酉……二五三
與吴生白方伯 壬戌……二五四
復周無逸學憲 甲子……二五四
與吕公原起部 甲子……二五五
復張深之司隸 甲子……二五六
與王無近端尹 乙丑……二五六
與李君叙柱史 乙丑……二五七
復蘇伯潤柱史 丁卯……二五七
疏辯……二五八

卷五

文移……二六六
抄兵部咨文……二六六
抄工部揭帖……二六八
移工部揭帖……二七〇
抄監督部寺手本……二七八
抄通濟庫手本……二八〇
抄職方司手本……二八一
抄工部盔甲廠手本……二八二
抄户部新餉庫司手本二通……二八三
抄盔甲廠收過軍器手本……二八四

庖言卷一

奏疏一

敷陳末議以殄兇酋疏 己未三月二十日

左春坊左贊善兼翰林院簡討徐光啓謹奏：爲感事激衷，敷陳末議，以殄兇酋，以安邊塞，以永萬世治安事。臣伏蒙聖恩，洊歷宫寀，職在珥筆，非敢與聞軍旅之事。然而主憂臣辱，古今通義。四郊多壘，卿士之恥。臣雖駑下，其忍坐觀國衈，隱情匿己乎？臣伏見奴酋作逆以來，措餉調兵，經營浹歲，終于覆軍隕將，三路敗衂。此皆我謀之不臧，非賊之智力果不可敵也。

臣生長海濱，習聞倭警，中懷憤激，時覽兵傳。竊見兵家簡切肯綮之論，無如管仲之言八無敵，鼂錯之言四予敵也。管仲曰：「論財而財無敵，論工而工無敵，論乎制器而制器無敵，論乎選士而選士無敵，論乎政教而政教無敵，論乎服習而服習無敵，論乎偏知天下而偏知天下無敵，論乎明于機數而明于機數無敵。如是然後可以正天下矣。」鼂錯曰：「器械不利，以其卒予敵也；卒不可用，以其將予敵也；將不知兵，以其主予敵也；君不擇將，以其國予敵也。」此兩言者，雖當世所習聞，實千古不能易也。若使兵雜而不精，技疎而不練，甲冑苦惡，器械朽鈍，節制不諳，分合無權，而能戰勝、守固、攻取，則管仲、鼂錯爲愚人矣。

臣聞岳飛用兵，明日將戰，必先會集諸將度敵之所以勝我者，因謀我之所以勝敵者。展轉數四，計定而出。試論近日遼東之戰，我有一可勝敵乎？敵有一不勝我乎？杜松矢集其首，潘宗顔矢中其背，是總鎮監督尚無精良之甲冑，況士卒乎？杜松、劉綎、潘宗顔皆偏師獨前，豈非無紀律乎？兵與敵，衆寡相等，而分爲四路。彼常以四攻一，我常以一敵四，豈非不知分合乎？戰車火器，我之長技。撫順臨河不濟，開鐵寬奠皆離隔不屬，豈非無政教乎？出關四十里，遇水不能渡，遇險不能過，入伏不能知，豈非不識地利，哨探無法乎？如是而求幸勝，果必不得之數也。今目前補救事宜，如調選近地邊腹兵馬，以貼防遼東，堵拒山海，遠調西寧莊浪久練騎兵以爲後繼，與夫京城稽察營操，督視整搠，預備一切事宜，已經中外臣工斟酌上請，臣不敢瑣贅。臣之愚慮以爲：戡定禍亂，不免用兵；用兵之要，全在選練。此人人所知，別無奇法。但選須實選，練須實練。若敵亦選練之兵，又須别求進步，務出其上。苟爲不然，則强弱相懸，如卵投石，至則糜爛，奚論衆寡哉？雖調集百萬，亦空殘民命，徒費資儲而已。

臣愚以爲：今日之計，必須用管仲、鼂錯之説，一一細講而力行之。精求天下勇力捷技、奇材異能之士，豐其餉給，厚其拊循，優其作養，又精求良將以統率之，選用教師，羣居聚處，日夜肄習之。又博求巧工利器，如車乘甲胄、軍火器械等，盡法製造以配給之。技藝既精，然後教之形名，節制步伐，止齊分合進退之法，中間激以重賞，董以重罰。教練既成，將臂指相使，雖赴湯蹈火，無不如意。如是者有士一萬，入可以守，出可以戰。有士三萬，可以掃蕩逆奴，且能控制西北諸酋，使讋服不敢動矣。

臣爲此説，頗似大言。然臣所謂選士非平時烏合之衆，蓋奇傑之士衆中之翹楚也，一郡一邑，亦無幾人。既負異材，必須厚待。其製造器甲、衣裳、扉履，亦須數倍常格，此其勢自不能多。然而一人兼數人之餉，即一人當數十人之用矣。昔齊桓之募士五萬，晉文之前行四萬，秦穆之陷陣三萬，越勾踐之君子六千，周武之同心三千，皆貴精不貴多之效也。臣志圖報國，於富彊二策，考求諮度，蓋亦有年。今雖年力向衰，多嬰疾疢，而一切選練事宜，頗窺一二，第因條緒繁多，未敢瀆塵聖覽。如蒙採擇施行，容臣另疏，逐一詳奏。儻臣策盡用，不能剋期見效，臣甘伏輕言罔上之罪。若有法無人，有名無實，拘泥常規，因循積弊，諸凡選募、製造、操練等事，一不如法，一不應手，是皆縶騏驥之足，而檻猿猴之勢。此其不效，由用之未盡，非臣之策失也。

臣惟「多難興邦」，往昔格言。旋斡化機，在于人事。國家承平日久，綱維盡弛，幹國寧民之術，廢置不講。今日之挫敗，或者上天之仁愛，使君臣上下惕勵振作，而免于大憂也。臣願我皇上上體皇天警告玉成之心，下念臣民潤草塗原之痛，赫然奮發，聽言用人，激厲臣工，率作興事，即外威内順，於萬斯年。區區逆虜，何足煩聖明宵旰之憂？如或不然，祖宗三百年生養之赤子，海内億萬姓罄竭之脂膏，徵發裒聚，其難若彼，耗散失亡，其易若此，尚不思同心共力，推求所以然之故，而改絃易轍，天下事豈堪再誤哉？臣忠憤所激，忘其越俎，冒瀆宸嚴，不勝戰慄隕越之至。

按管仲、鼂錯兩言，實兵法家經常之論。管氏八端，以財爲首。財足者，餘可次第舉矣。惜哉！疆事數壞，强兵戰勝之策，一不舉而財先匱也。昔樊噲欲以十萬衆横行匈奴，識者非之。兹欲以三萬集事，無乃濶于事情。第此春奴之勁兵不過二萬，我而實選實練即三萬不少矣。抑三萬云者，方諸昔人爲前行陷陣，則合厮養徒役、駐隊輜重之兵，亦且數萬也。惟調募不精，烏合烏散，法所謂兵無選鋒曰北，又奚暇論於衆寡乎？

又按：管仲八言，一不可闕，又須循序。如有工無財，則工匠坐食；有士而無器，則士又坐食。皆耗財甚矣。近弊數坐此。

兵非選練決難戰守疏 己未四月初五日

奏爲兵非選練，決難戰守，懇乞聖明垂採僉謀，立刻施行事。臣竊觀燕臺形勢，北鄰戎虜阻絶之區，南控中原廣衍之處，非若陝洛、河東、蜀漢、荆襄，河山四塞，遷徙亦可暫安，扼險猶能自固。故非兵無以立國，非戰不能守土，是京師者必戰之地也。遼左爲京師左臂，負山阻海，隔閡華戎。陸走薊門，有直達之便；水走天津一帶，有四通之勢。若遼左不守，强敵坐大，山海以南處處設防，費且十倍于守遼矣，故遼左者必守之地也。勢在必戰而無必勝之兵，勢在必守而無必固之策，則豈非數十年來，因循弛廢，實使之然乎？

夫奴酋之地與人，不過一縣耳，以中國較之，地千倍也，人千倍也。然而屢遭敗衄、覆軍隕將者，則奴之善用其小，而我之不善用其大也。戰者角勝之事，非才力智計殊絶于人者不克也。語曰：才過十人謂之英，過百人謂之雄，過千人謂之俊，過萬人謂之傑。是有十人者必得一英，有萬人者必得一傑矣。諸葛亮出師，指趙雲、鄧銅等以爲數十年之内所糾合四方之精鋭，非一州之所有。故知戰勝必待于精兵，精兵必選于大衆。一州之所有，不能當四方之精鋭明矣。今地大人衆，而不選不練，徵兵十萬，大半脆弱，集合諸將，僅得精勇家丁數千，又分四路。奴則廿年選練，犀利精强。本酋號令極嚴，韋都用兵有法，又恒以大衆敵我偏師，漸次騷除，能無盡乎？蓋奴雖寡小，能用一方之精鋭；我雖衆大，未嘗合天下之精鋭。故再戰而敗，非不幸也。今我之制器選士，教政服習皆與奴同，則千倍其地者，必千倍其强，豈有不勝之理乎？若但言徵發，不言選練，此如擔雪填井，無絲毫之益而有丘山之損矣。臣之前疏以爲必須選練者正此意也。今日之計，遼左宜一面應援，一面鼓舞。各邊宜盡法挑選，量行調遣，以支目前之急。朝鮮同敗，固宜遣使慰撫，亦須重加賞恤，使整率兵衆，列營境上。北關僅存，宜激厲振作，與鮮兵南北相應，以成牽制之勢。至於商求至計，必須選募海内奇材，速赴京師，精加練習，爲守戰之備，然後可以内壯京營，外援遼左，或與主兵爲唇齒，或調客兵爲掎角，無施不可。

此議已經諸臣疏請，至再至三，但令各州縣召募解京。恐所選未盡合式，遽令却返，不止空費安家銀兩，尚須給發迴往資糧。苟因循姑用，未免又蹈去年覆轍。展轉思惟，終須就地選募，似屬長便。伏望皇上勑下閣部大臣，博訪廷臣，不論資格，但取堪任此事者選得數人。更求將吏數員，爲之副貳，派定省直。先行會議選募格式、練習規條、賞罰功令、甲仗制度、安家行月糧等項數目，務求畫一，星馳分赴各該地方，先期行文，知會本處撫按。行令該管文武官員，或挑營伍，或募民丁，依法揀選，務得勇力捷技，絶倫出衆者。别有異材藏器不肯赴募，務要虚心諮訪，百計蒐羅，通候使臣到日，照式簡試。每三四州縣衛所適中之處，便應親往，令赴募者無得過二百里，免致勞民損功。簡試畢日，分别等第，填注格册，就行選委將領，各給安家衣鞋及在途行月糧，陸續起發赴京。先于三大營中選擇良將，或别有簡用，務須謀勇足備，諳曉節制者，職司練習，隨到隨練。精選教師，擇取實用技藝，群居聚處，日夜講習，務令透曉精熟。候人衆稍集，合營團練。其選士之數，不必限定多寡，亦宜約量每省直若干，裒多益寡，悉聽從便。總合大數，少則不必取盈，多則儘數遣發。如錢糧委係不敷，所餘人數量行賞賚，許待後次取用。差去使臣應給勅書關防，稍假事權。因令延訪真實將材，保任舉薦，量移遷擢，以備緩急。又令訪求精巧工匠，一體從優起發聽用。乃至甲冑、軍火、器械，有精巧異常及本地所産器甲材料，亦應製造博買，解赴該部。或給發操演，或依式成造。其選士所用安家行糧，在途月糧，及買造精利甲仗一應材料等，應於本地方設處。到京以後月糧、鹽菜、激賞等銀，應於該部支領。其使臣與撫按以下，宜合心並力，共濟時艱。若有騷擾地方，徇情選舉，濫收罷弱，空費資糧者，責在使臣。其有偏信所司，朦朧推委，故稱缺乏，無意急公者，責在撫按司道，聽令互相糾舉。其蒐揚無法，虚應故事，惜費憚勞，推托沮誤者，責在將吏有司，聽令不時參奏。其起發在途生事擾民，凌虐誅求，脱逃更換者，責在領將，事發嚴行正罪。其技藝不閑，行陣無法，賞罰乖張，科剋財物者，責在練將，聽巡視衙門綜核殿最。一應在事官員，俱俟選畢練成，課其强弱堅瑕，分别等第，以爲功罪，嚴行賞罰。在外文武將吏，一體考覈。本地方所選士衆，册報吏、兵二部查核等第多寡，依考功法分别黜陟。此舉若在必行，又能人人盡力，事事合法，將聚有虎豹之勢，散有率然之形；進有雷霆之威，退有金湯之險。不過上等精兵一二萬人，戰可必勝，守可必固矣。儻慮各地方錢糧無從取給，宜令撫按司道官實查各屬庫貯銀兩，即非在在充溢，必有一二堪以動支那借者，前後官司地方耳目，誰能掩覆？且同舟求濟，逃雨安之，而坐視阽危，賢智者不爲也。臣民慕義捐貲，儻蒙皇上優加激勸，必有源源而來者，亦可隨處給用也。若慮餉司缺乏，則新兵教練，少止數月，多止一年，截長補短，半歲爲期。半歲之餉，多不過二十餘萬，各衙門宜念勢在危迫，悉心並力，挪移計處，當亦無難。教練既成，就可選汰。各營罷卒，並名抵補。外若遼鎮，内若京營，以至保、河、通、津、薊、永、昌、密，皆可轉弱爲强，亦永無新兵餉給矣。或疑時事方艱，無暇選練，臣謂正惟無暇，故宜亟圖。所謂七年之病，三年之艾。苟爲不畜，終身不得。昔戚繼光爲參將，逼臨倭壘，閉營練士，期以三月而成。督臣胡宗憲促戰不聽，將行軍法，撫臣阮鶚力争得免。練成之後，所至克捷，斯亦前事之師也。

臣備位宫寮，業在文史，非敢冒躍冶之嫌，忘典冠之職，特以憂深恤緯，憤切同袍，嘵嘵之音不容自已。蓋大厦非一木所支，狐裘由兼采而得。譬居燒屋之下，人輪撲救之力，如臣末議，抑亦洞酌之一助也。伏望皇上不棄芻蕘之言，亟爲桑土之計，立賜施行，庶幾早圖一日，早濟一日之用。不然者遷延觀望，坐躭時日，後來事勢逼迫，計不得不出于此，然而愈無所及矣。再干天威，不勝戰慄隕越之至。

按劉柱史國縉疏中稱李永芳言：「若然練出兵來，這事就難了。」此賊亦庶乎知彼知己矣。然觀寧遠攻圍，伎倆止此，則此時之知彼尚未盡也。

遼左阽危已甚疏 己未六月二十八日

奏爲遼左阽危已甚，臣心感憤益切，敬陳愚慮，以圖萬全，以攄忠悃事。伏見逆奴稔禍，建國僭號；攻陷開原，將士覆没，遼陽廣寧岌岌不保；關内人心，惶惶靡措。此其勢非昔年之俺答，實宋朝之兀术、完顔亮也。

皇上一聞警報，旋用經臣，舉朝人心翕然慰藉。然臣之愚慮，譬如粘天風浪，而行船渡海，經略則舵師矣。其餘篙工楫徒，尚賴多人；帆檣櫂艣，尚須多器。多人又須便習，多器又須精好。若一有闕欠，一有粗疎，舵師雖精心妙手，亦且無如之何，况闕欠粗疎者，非一人一事乎？必得上下中外，畢慮虛衷，力者盡瘁，智者殫竭，早夜亟圖，庶乎汔濟。臣實腐儒，憂心如噎，謹牽率固陋，條陳畫一。雖所言者或似一時難辦，然醫人用藥，視病之所宜，不問病家之所有。苟非此藥不愈，雖索之遐方，售之重價，畜之三年，豈容已乎？臣自三月下旬建議選練，就此時論，豈不迂緩？然臣策若用，迄今三月，亦必稍有次第，何至乃如今日百無一備也？且遣將調兵，措餉脩守，一切救急之策與臣之説，拮据並作，何相妨礙？蓋急着緩着，兩者皆不可廢。用一備二，更有得力之時，惟在速行之而已。若遲之又遲，直至勢盡理極而求霍然立解之術，臣雖草澤庸醫，實知天下古今，必無此良方，必無此國手也。伏惟聖明裁擇施行，臣無任激切惶悚之至。

計開：

一，亟求真材以備急用。

臣竊考前古承平之後，漸貧漸弱，因而紐解綱弛，迄于不振者，病在乎拘泥常格，因循積弊也。于今所急，莫如文武吏將，第恐資格序用，加以弊竇倖門。即用者未必才，才而用者未必當，兩者皆足敗事矣。取人用人之法，臣多有其説，未敢瀆陳。目下權宜，似應令在京諸臣各舉所知，不論大小官員士庶及罪廢人等，但有文武材略，乃至絶技巧工，開具所長，今應作何録用，各送堂官咨送吏、兵二部。再行博訪，各隨相應職事。或推陞，或改調，或咨取，一一置之在京衙門及畿輔近地，以憑隨時副急，逐便差遣。所舉人材，建有奇功，舉主分别賞擢。若誤國僨事，亦隨其情罪重輕，連坐舉主。在外撫按，下及守令，坐名薦舉，類奏咨部。陞調取用，並依前格。如此薦有實才，官有實效，絶勝于臨事倉皇而莫知所寄也。伏乞聖裁。

一，亟造實用器械以備中外戰守。

法曰：「知彼知己，百戰百勝。」今奴大勝而我大敗者三矣，豈可不知其所以然乎？臣無論其精者，即甲仗器械，行陣馬匹，乃兵家粗迹，我亦事事不知。在事者何以不知，知則何以不求勝着，而驅不幸之將士，載有用之軍資，填諸無底之壑也？據朝鮮報稱：奴寨北門，鐵匠居之，專治鎧甲。向亦聞其鐵工所居，延袤數里。臣又見在遼回還人等，言賊兵所帶盔甲、面具、臂手，悉皆精鐵，馬亦如之。故鮮營對壘，被奴步兵驟進，將拒馬木登時撤去。鮮兵非無銃箭，而無可奈何者，甲堅故也。我兵盔甲，既皆荒鐵，胷背之外，有同徒袒。賊于五步之内，專射面脇，每發必斃，誰能抵敵？此外臣不敢一一煩稱，只舉甲胄一節，可以類推，况又與之大小火器二萬乎？大抵此酋勵志四十年，尊禮謀士，厚養健卒，博咨密議，簡練訓齊。其製器選士，政教服習，不合于法者鮮矣。所恃者，我之地大人衆，欲索巧工，欲購美材，欲求精堅犀利，勝奴一倍再倍，以至十百倍不爲難耳。今直棄置不講，講者又嫌爲迂緩。必欲取辦目前，則有仍前朽鈍而已，何時得勝敵之器而用之也。今宜大破常格，于前項薦舉人材，擇其知兵有識，心計智巧者，專領器局。仍博求海内名工名器，商搉製造，一切盔甲、面具、臂手、刀劍、矛戟、車仗、牌盾、大小火器之類，務求精密堅緻，鋒利猛烈，數倍于奴。求精之法，宜除積弊，立成規，酌舊法，出新意。或令用者自造而給之，或令造者自用以試之。其間法度纖悉，臣不敢臚列，但得其人，以法聽之可也。或謂其人難得，則是天下之大，而無一二才士，千百良工，曾不若逆酋彈丸之地乎？必不其然，病在不求耳。若只講方畧，而不從器甲士馬下手之處，逐一尋求，自古及今未有能濟者也。伏乞聖裁。

一，亟行選練精兵以保全勝。

伏自奴變以來，中外臣工百爾所思矣。臣展轉揆度，意緒萬端，而獨以選練一事再疏塵瀆者，誠思千籌百計，總以精兵爲根本。若無精兵，雖多得良將無可用，多有奇謀不得用，多造利器莫能用，多結外援弗敢用也。奴酋積强久練，步騎俱精。昔人稱匈奴之長技三，中國之長技五，兼而有之矣。我兵南北主客十餘萬衆，豈無良將勁卒？止因不選不練，無器無法，如卵投石，薰蕕同盡耳。今只議募議調，如昨年故事，雖多至數倍，難免于敗。即使精加挑選，人人出賊之上，又恐技藝法制，在在各别，難以合營。且諸方各有所長，各有所蔽。其長者，或宜于昔，不宜于今。必求齊衆若一，分合如意，守莫能攻，戰莫能敵，計非選練不可。選練之法，又須大破常格，將前項薦舉人材，精加簡擇。當事者虚心降意，問以選取格式，練習規條，賞罰功令，甲仗制度，各令條對。擇其尤者，斟酌詳定，一體遵依。酌遣若干員，前赴各該地方，如議行事。其前後差出文臣須重其事權，以便彈壓。更令廷臣，推舉重臣二員，總理江南十省直，江北五省直，及各邊選練事務，委任責成。它日若以器械不利，卒不可用，再致敗衂者，坐以失悞軍機之罪。如此必不敢冒昧阿狥，苟且塞責矣。或疑屢敗之後，人必畏懼不應，臣以爲畏懼者就令肯應，原不得入選也。億兆人中，素懷忠義，自矜材武，願奮功名者，不知其數。獨是如常調募，決不肯浪死遼東。若差去各使臣行文榜諭，或與面講細商，爲言今日選練之衆，定與爾輩一色精强：所用如此甲胄，如此器械，如此銃砲；所習如此技藝，如此營伍，如此號令；今日如此餉給，如此體貌；它日如此進戰，如此退守；後來如此功賞，如此勳名，豪傑之士必且人人首肯，灼知此行大異昔日，前有萬勝之樂，後有莫大之榮。聲應氣求，聞風接踵矣。何患不肯應乎？若不能重事權，嚴責成，除宿弊，一法制，捐厚費，廣招徠，臣恐所募士衆，未必大異于前也。伏乞聖裁。

一，亟造都城萬年臺以爲永永無虞之計。

《易》稱「設險守國」，平居且然，况值門庭之勍寇乎？臣歷考前代，兵政之弛，兵勢之弱，未有如今日者也。居必戰之地，無可戰之兵，而求萬全無害，非有度外奇策，曷克有濟？臣再四思惟，獨有鑄造大砲，建立敵臺一節，可保無虞。造臺之法，於都城四面切附門垣，用大石壘砌。其墻極堅、極厚，高與城等。分爲三層，下層安置極大銃砲，中層、上層以漸差小。臺徑可數丈，每臺約用慣習精兵五百人。其最大砲位，平時收藏内府，第二三等藏之戎政衙門。聞有警急，即行脩整安置。賊寇攻圍，相機施放。雖有大衆，一時殲滅矣。臺大銃大，周城只須十二座。形裁或小，量應加添。再將舊制敵臺，改爲三角三層，空心式樣。暗通内城，如法置放。若不惜小費，再于城中建置大臺五六座，即百千萬年，永無可拔之理。但造臺製銃，多有巧法，毫釐有差，關係甚大。須于前項薦舉人材中，求其深心巧思，精通理數者，信任專管，斟酌指授。仍行擇取人員，作急訪求閩、廣、浙、直等處精巧工匠，召募賞給，皆從優厚，以便成造。其慣習火兵，尤宜訪取，教師作速訓練。至廠庫所貯舊存鳥銃、佛郎機等項火器，亦須逐一整頓。仍令放者自脩，或脩者自放，勿致潦草疎畧，以備城垛樓臺擊賊之用。臣再思惟，前項火砲除最大者宜守不宜戰，宜都下不宜邊城，難以頒給外，其二三等者，目今遼左、京東旦夕危急，儘可施用。但此時未及成造，即成造之後，若無精兵，恐反爲敵有，如撫順、清河、開原之守，三路之戰，一時盡以藉寇，它日更無後着矣。必得堅甲利兵，鋭士良將，挾以戰守，乃獲十全。臣所云千籌百計，總以精兵爲根本者，此也。若遼左、京東諸城，依式豫造敵臺，暫置見存大砲，選兵施放，亦是上策。但遼人不善火器，且不肯習，其守臺放砲，非南兵、西兵從本管將官擇取原籍家族衆盛，及素有行止者，不可用耳。薊鎮原有敵臺及守臺，南兵畧可依倣建造，但制度不同，尚須分遣人員，如法指授。臣又見方今言守城者皆云：能戰，然後能守，故宜城外結營，以待敵至。臣豈不知此爲正論？而今所陳，乃是嬰城固守之策，蓋臣實知見在邊腹兵馬，皆非奴敵，即再行摘發，或廣行招募，加以練習，而有一事不如臣言，不合臣法，終無戰勝之理。惟宜用臣此説，大脩守禦之備，而堅壁清野，使賊退無所掠，進必被殲，即守在遼東，賊必不敢驀越數城，長驅深入。目下調募官兵，宜盡取各邊精騎，不必求多。再行募選南將、南兵長于守城者，令其至遼，分發諸城，協助防禦。蓋邊兵不善守城，遼東爲甚。如近日遼陽脩守，全賴川兵，此一驗也。若其敵小勢輕，可戰亦戰；氣竭惰歸，可襲亦襲。不拘一法，相機進止。即人知今日調募，未嘗責以必戰，亦無有抗違不前，如宣鎮永順者矣。遼城堅持數月，内地盡法選練。成師之後，便堪大戰，漸次恢復，各城因而相機進剿，亦不爲難，且令西北諸虜聞風膽喪也。伏乞聖裁。

一，亟遣使臣監護朝鮮以聯外勢。

臣竊惟逆奴累勝，未遂深入者，後有北關，前有朝鮮，非彼貿首之讎，則我懷恩之屬也。今開原不守，北關隔絶，鞭長不及馬腹，必且折入于奴。朝鮮則師徒喪敗，魄悸魂揺。昨傳謾書恐喝挑激，鮮之君臣，事勢狼狽。既爲遜辭復之，繼以敗將俘軍羈留爲質。且怵且誘，遂入牢籠。贄幣餽牽，交酬還往。鮮奴之交已合，蕩然無復東方之慮矣。從此安心西略，奚止唾手全遼？射天逆圖，殊未可量。即使遼左尚存，而鎮江、寬奠再一有失，朝鮮又爲異域。後來合小攻大，鮮或不從，脅求假道，易于反掌。況奴之狼戾無親，鯨吞莫厭，弟婿至親，皆殺而併之，何有于鮮哉？二者居一焉，即我水陸萬里皆爲寇埸矣。晉楚爭鄭終春秋之世者，爲其左投左重，右投右重也。今結好朝鮮既是奴之狡謀，則聯屬朝鮮，即爲我之勝筭。臣考古制，天子使大夫監于方伯之國。漢開河西四郡，通西域，置護羌戊己校尉、都護、長史、司馬，以控制諸國，斷匈奴右臂。監者，察其情形；護者，扶其顛危也。朝鮮形勢，略似西域，寇氛之惡，亟於匈奴，安可置之度外乎？

皇上數年宵旰，殫財竭力，爭滅國于强倭之手，挈而與之。今者不賴其用而棄以資敵，失策之甚者也。經臣楊鎬咨行該國，激以大義，勉以自强，是矣。大義彼所夙諳，其如强威狡計，誘脅百出，宜須日夕提撕。至於自强之策，則該國素習文弱，豈能强勉？臣之愚計，謂宜倣周漢故事，遣使宣(論)〔諭〕，因而監護其國。時與闡明華夏君臣，天經地義，加以日逐警醒，使念皇上復國洪恩，無忘報答，再與點破奴賊之巧圖惡併，是其故智，要盟僞約，豈足依憑？鮮之君臣，明理蹈義，如此面命耳提，寧無感動奮發？察彼心神無二，就與商略戎機，令其漸强，可戰可守。若被誘脅，情形變動，便當責以大義，一面密切奏聞，以便措置防範。大都出疆機事，難可豫擬，總其大指不出監、護二端。儻合濟師及他申索，亦宜隨時度勢，斟酌聽許。如此，即狂謀無厭，可以犄角成功。若暫守封疆，亦是輔車相倚。譬之弈棋，雖布閑着，實得外勢，必勝之術也。此項差遣，宜用大臣。但恐事機難料，仍須回顧國體。若選取名將，乃是戰守急需。使事所重，又非全在武力。泛遣弁流冗職，祇以辱國僨事而已。竊考詞臣奉使該國，自有成規。臣今自薦，願當此任。遼事急切，不必多抽士衆，只須議定餉給，聽臣選擇參佐義從二百餘人，中帶巧工教師，以便相機應用。臣本文儒，未習軍旅，封胥禪衍之功，何敢遽以自許？至如古之良使，傳其信辭；士之有耻，不辱君命，臣雖不敏，竊有庶幾之心。但此舉兵家奇道，雖事等班超，而勢非强漢，機欲潛深，法應秘密。出疆之日，身入羊群，實垂虎口。安危呼吸，宜資權變。事情遷貿，難拘一律。如蒙聖明特遣，受命以後，仍望稍假便宜，以求充濟。伏乞聖裁。

已上三疏，天啓元年五月初九日謄寫進呈。本月十二日奉聖旨：「這開寫疏内，有此時當議行的，該部仍再查覆。」

按兵法教正不教奇。正者可得而言，奇不可得而言也。如疏中之言，正兵所需，亦略具矣。古者五兵六建，及遠不過弓矢。五代以來，乃有石砲。勝國以後，始用火器。每變而愈烈，則火器今之時務也。累年喪敗，藉寇不貲，安得弗求勝彼者而用之？朝鮮之役，首建其議，身任其成。舉朝之臣，叩閽以請。皇祖深惟本計，一麾之不忍，弗果行也。遷延再歲，竟循用之。將由事勢所急，意見之略同耶？至乃江海之間，周防極慮，或將券於來玆乎？

又按：古來談兵，未見有瑣屑至此者，宜爲知兵者所訝。不知漢、唐二季，武備蓋未盡弛。弛武備者，自宋始。故田況一疏，未免言之諄諄矣。今廢弛二百年，東方用兵，亦且數歲未見必勝之策，又安得不諄諄也？多人又須便習，多器又須精好，正恐闕欠粗疎，欲爲精心妙手者效一臂之力，而乃以開罪乎？蓋緣用一備二之言，實不相聞，而偶然符合。且同日拜疏，貫玆疑忌，無足怪耳。此其合離得失，利害之間，相去遠矣。豈人之所能爲哉？

又按：遼將北關，日夜媒孽，思勦奴以爲利，我又百無一備也。徒使之焦心竭力，深謀密計，整搠訓練，圖自保之策，而我又懵無聞知。致有逦歲之事，即奴又何嘗夢想及此哉？奴之步兵極精，分合有法，而談東事者但以爲長於弓馬而已，總由望敵先奔，至於今未能知彼故也。

又按：敵臺果如法，不附城無害，即四面受敵無害，第難爲慮始者言。故累疏皆云「切附門垣」，而遠計者皆恐臺爲敵有，不思得臺即得城也。近歲寧遠被攻，穴城至五十餘竇，垂破矣。大砲一擊，殲賊至一萬七千人，老酋宵遯。豈有大臺貯銃，百倍堅城，遽以委敵者乎？

又按：四路既敗，奴賊威脅朝鮮，與之通好，《傳》所謂從於强令，豈其罪也？第此語得諸經略疏中，非無徵之言，而鮮人辨疏，極力抵諱，且語意與此疏相應。爾時曾未發鈔，不知何從洩之。雖然，若果行此，鮮國君臣必相允從，練得鮮兵二萬，可以坐制奴賊，而鮮君亦無它日之禍矣。

又按：賈誼有言：「信臣精卒，陳利兵而誰何？」漢武帝有言：「萬里之外，江海之間，又可信乎？」傳其信辭一言，似是遠臣本領。當此任者，首宜留意於此。

恭承新命謹陳急切事宜疏 己未九月十五日

奏爲恭承新命，展轉徊徨，度時據例，不敢控辭，謹陳急切事宜，仰祈聖鑒，即賜施行事。七月二十四日，該吏部等衙門會同奏請，用臣監護朝鮮。本月二十六日奉聖旨：「徐光啓昨科臣祝耀祖説，不依遠差，著在京用。欽此。」續於本月二十八日，該兵部題爲救時莫急戎務，責實惟在用人，謹陳目前切要事。八月初二日奉聖旨：「是。徐光啓曉暢兵事，就著訓練新兵，防禦都城。吏部便擬應陞職銜來説。欽此。」續於八月二十一日，該吏部題爲都城防禦宜周，乞允訓練之臣以固根本事。九月初九日奉聖旨：「是。徐光啓陞詹事府少詹事，兼河南道監察御史，管理練兵事務。欽此。」臣猥以淺陋，職在詞垣，兵旅之事向未經歷。頃因東事急迫，屢疏論列，苟求效芻蕘之益，非敢爲媒進之階也。誤辱聖恩，三頒綸命，擢貳端尹，兼列臺銜，驟越四階，躐超前輩。未成一割之用，先蒙三錫之恩。臣感激之餘，彌懷慚赧。旋念京官四品，例無辭免，況皇上以時危注意，稍涉盤桓，便嫌規避。用是躊躇再四，不敢控陳。然以不材之資，值孔棘之會，度德揣時，恐終不勝其任也。至於選練一法，將欲使智勇材藝，人盡其長。工械技巧，物究其極。然後可以折勁敵之衝，保金湯之固。此則臣之愚見，臣之夙心，始終不敢於君父之前轉換一言，亦不能於僚友之間遷就一字。必依臣言，必用臣法，則臣之三疏具在矣。一一致行，而兵不可用，臣任其咎。如言之不用，臣亦知言之不用，而但就目前事勢，冒昧支吾，日復一日，倉卒有警，伊誰之責？譬如醫師治病，不憑其方，不用其藥，但以他人之方藥，令其炮製脩合。甚且並炮製脩合之器具材料而靳予之，爲醫師者，得無拱手而承不效之罪乎？即使百凡如志，而教練未就，遽使從征，與夫烏合之衆相去何幾？是猶摘未熟之果，必不適於口；服未成之衣，必無救於寒矣。伏望皇上大奮乾斷，俯允臣言，使得展布四體，以圖尺寸之效。如或不然，恐無補於事，有悞於國。既負拔擢之恩，且傷皇上知人之明也。爲此先將一二急切事宜，畫一上請，伏乞勑下該部，作速施行。其餘容臣陸續條奏，臣不勝願望祈懇之至。

計開：

一，請欽命。臣仰奉明旨，專典兵戎。機務所關，更兼衙門職掌，全是剏立。乞降專勑，遵奉施行。仍請欽降關防旗牌及大小勘合火牌，以便行事。伏乞聖裁。

一，議駐劄。臣惟新兵教練，本爲防禦都城，應於都城内外，擇取空閑教場，屯駐操演。但遠來兵衆，棲身無所。乞勑工部速造營房一千間，以便群居肄習。臣與文武將吏合用公所，似應擇取空閑衙門。不足，或暫借就近庵觀寺院應用。若屯駐近畿州縣，就於該地方衙門駐劄。伏乞聖裁。

一，議副貳。臣惟官司必有佐貳，軍帥必有副倅，所以資謀斷，備不虞也。況今所練新兵，皆非素習。一切選練，雖有將領教師，皆須臣經目經口。日閱二三百人，則二三萬人須百日而遍。乃至製造器甲，亦須躬親指授，逐一試驗。時事甚急，無一手獨拍之理。而臣才智短淺，加以早衰多病，必須一二才略之臣以爲佐助。臣看得禮部儀制清吏司郎中須之彦，介性宏才，深心遠識，兩任劇縣，再歷部司，循良卓異，累著聲績，且精勤敏練，勝臣十倍。及查之彦部資，應得陞轉儀郎，晉陟京卿，亦係舊例。矧今破格用人之際，乞勑吏部將之彦陞授相應京卿，職事爲臣副貳。此外更差户部司屬一員，專理餉務。不拘内外臣僚，選取一二員，爲臣贊畫。

使臣與諸臣朝夕謀議，手口拮据。臣若罷駑不稱，當藉其補苴。儻或尺寸可效，必速於奏績矣。伏乞聖裁。

一，議將領。臣自三月至今，訪得中外名將，以待薦達，今經臣熊廷弼取用略盡，臣豈敢多求，以掣任事之肘。但今教練新兵，藝須兼通。步騎法亦參用南北，不得一二經事南將，就近取用，何以措手？臣看得天津署遊擊事錢世楨、京營參將王光有，熟諳兵機，經歷世務，驅之行陣，不在虓闞擊搏之科；俾以訓齊，實有駕輕就熟之用。伏望勅下該部，特留二臣聽用。此外待臣再行咨訪，與樞臣酌議，應奏請者陸續奏請，應委用者徑自委用。伏乞聖裁。

一，議待士。臣聞古之兵皆稱爲士，居四民之首，或稱君子，貴之也。貴之者，所以勸爲士也。後世視如隸役，有身家顧體面者不入其中。十人之英，便欲登爲將領，所以卒皆孱弱，軍無練鋭。岳飛治兵，角其勇力，層累擢用。其尤者别置親隨背嵬軍，諸軍統制而下，與之抗禮。犒賞異常，勇健無比，凡有堅敵，當之即破。然臣尚恨岳家軍不能盡爲背嵬也。臣願一軍皆依此法，初到募兵，除不及等者退去不用外，收用者考其勇力捷技，分爲隊兵、鋒兵二等，一體教練。隊兵進益，陞爲鋒兵。鋒兵之尤者，陞爲壯士。壯士之尤者，陞爲上士。上士待之如武舉之禮，壯士待之如武學生之禮。每隊長哨官缺，于上士中角技補之。千把總缺，于隊長哨官中角技補之。將領缺，于千把總中角技補之。其有殊材異能，比併無對，可徑補將領以及上士者，不在陞等之例。其隊兵應照例給月糧壹兩貳錢。四等兵士，每加六錢。上士照東征事例，月給三兩而止。若給本色以時估扣筭，其操賞銀又須從厚，以示激勵。及冬衣布花，皆不在餉銀之數。至于大小將領，臣欲使于兵士，不得尅減一文，但不恤其私情，優其俸給，徑束以法。是使人不以道也。既恤其私，犯者不貸，而又激以忠義，勗以功名，向上者必多矣。衹今遼左用餉不貲，司農束手，臣又一一求多，實是點金無術。似此勉强支持，不得不從其薄。臣又何術可以濟其不足？臣又何心必欲强其不能？臣所知者，養士如買市物，價高一分，貨值一分。臣請與兵部約曰：量有若干之餉，可付若干之兵。請與户部約曰：欲練何等之兵，即發何等之餉。如臣所謂隊兵者，只可以守堵。所謂鋒兵者，可爲守城游奕。所謂壯士，可以小戰取捷。所謂上士，可以大戰破敵。用之多寡，以敵之多寡强弱爲度，如是而已。倘謂今京營之軍，月米一二石，何事新兵獨須厚餉？不知營軍操日不多，且質明而散，正須各尋生業以餬其口。若食餉一二石，又須日日肄習，必皆化爲餓殍矣。營軍所以不振而易譁者，病根在此，非獨性異人也。今之新兵，可使各尋生業乎？都下貧民傭工，一日得錢二十四五文，僅足給食。三冬之月，衣不蔽體。臣故言新兵日用最少者，必須四分。差等而上，愈精愈厚。按《復國要編》，東征兵士月餉三兩六錢，朝鮮供億在外，然而功實未著，當時諸臣不能無罪。臣雖竭其駑鈍，但能使無虚糜耳。食今日傭工之食，而欲收岳飛背嵬之效，臣不能也。必爲都城萬全計，是在皇上而已。伏乞聖裁。

一，議揀選。遼左用兵，多而不精，前效已見。兵不選而遽練，如鎔鐵求金，舂砂作米，畢竟無有，虚費工力也。因循用之，有名無實，自知難以勝敵，心念只在脱逃。所以臨敵先潰，覆敗接踵。臣之初議，謂須精選勇力捷技之士者，謂其體質本領既是人間英物，必能以忠義自許，必願以功名自見。如此而加之政教服習，取數既少，即糧餉可以從厚，器甲可以求精。以之禦敵，能保全勝也。目今調募，未見畫一規格，恐地方奉行，無所依准。臣願與部司議定册式，頒行各該地方。每募到一名，試驗填註，必期合式，方准收用。選畢依式造册，報部驗收。其不合式而濫選者，與册本合式而點驗不對者，除照例退歸外，仍各罪所繇。庶幾糧無虚糜，人有實用。所定格式，大略以膂力、便捷、技藝三事，分别等第。其膂力能提石二百斤以上，行動如常，躍起高三尺以上，跳越過六尺以上，形軀大而雄猛，小而精悍，年十六以上，四十以下者，即准合式。等而上之，乃至力及千斤，捷踰丈數，日行數百里者，各第高下，分爲三等。其現有技藝者，分爲諳曉、純熟、精妙三等。若力不及格，年過四十，而便捷技藝有一在上等者，亦准合式。三等人數，安家銀兩量行差等厚薄。候着伍之日，再行考驗，上下其餉。教練之後，日成月要，升降其等。内外募兵，官員若一處人數不足，應于他處通融足數，不必拘泥取盈，多費有用之餉，遠致無能之人也。伏乞聖裁。

一，議軍資。臣惟凡人之情，皆有保國保家之公心，皆有好高好勝之習氣。强壯之人，無有不可戰者，顧處置何如耳。我能制敵，何憚而不戰？敵能制我，何恃而戰？從前屢敗，皆敵能制我，我無以制敵故也。欲我制敵，先議器械。欲敵不能制我，先議盔甲。奴賊盔甲、面具，極是精堅，所用長鎗、飛鎗、透甲箭，極是鋒利。今欲制其利兵，必用通身純鐵精甲，又須輕便。欲制其堅甲，必用如式鳥銃，更加奇巧。此二物，每人一具，斷不可少。其甲衣、甲裳、頭盔、面具、護項、護肩、掩心、臂手、鞋帶等，皆須熟建鐵十斤折一，並皮氈、布襯、煤炭、工食，欲求精好，所費不貲，酌量中等，費用每副非十二兩不可。鳥銃欲求精利，所費亦多，酌量中價，非四兩不可。此外每人用鎗叉等長短兵器一具，腰刀一把，及挨牌、奇器等，其材料、工食，酌量中價，非每人三兩不可。已上諸項，皆須給銀付餉司兼管。臣等監督將士自行製造，方得對身對手。且身命所係，惟恐不精，必無濫惡。至於目下操演，合用內府廠庫原貯盔甲、兵器，大小神器、硝黄等項，容臣等酌量移會，應給發者徑自給發，應奏請者另行奏請。若戰車之制，臣擬用數等。一輜重大車，只須臨時查刷民車賃用。一雙輪戰車，一獨輪輕車，一大小砲車，須工部給價，付本營自造。兑馬市馬，止堪騎坐。必用戰馬，須本營將士自買自養。其買價或太僕寺動支庫銀，或於俵馬地方改折，解寺給發。其養料或户部撥給牧地，或於寄食地方改折料銀，解太僕寺給發。目今先祈勑下工部，速發料價銀數萬兩，並會有材料鳩工局造。

伏乞聖裁。

一，議近募。新營創造，百無一有。各執事員役雜流，皆須逐一選用召募，皆須俸給，遠者更用安家銀兩。新兵出自民間，全無武藝，急須選取各色教師。一應置造，又須召募工匠。或材官武士現來投充者，亦宜收録，以開嚮用之路，皆須急用安家糧餉。並臣衙門公費，乞勑户、兵二部，速行議措餉銀數萬兩應用。其教師、工匠、投充人等，每募到若干，可省遠方召募若干，容臣等不時移會兵部行文扣減。伏乞聖裁。

一，議徵求。軍中所需精好器甲、大小神器，及軍火器材料、教師巧匠，有遠方所有，近地所無者，須一一徵求，以便傳授製造。乞勑兵部移文南直隸撫按，募送長鎗、叉、钂、鈎、鐮等教師各十數名。浙江募送長鎗、刀牌等教師各十數名，買解二丈竹鎗五千根、二丈以下硬桿木鎗一千根、虎藥數十斤。福建募送俞家棍教師十數名、製造大小銅鐵神銃巧匠十數名，買解二丈竹鎗五千根、二丈以下椆木鎗桿三千根、一丈以上椆木棍桿二千根。廣東募送能造西洋大小神銃巧匠、盔甲巧匠各十數名，買解西洋大小諸色銃砲各十數具、鐵盔甲十數副。湖廣募送土司刀牌藥弩教師、永保鈎鎗教師、苗刀鐵匠各數名，買解弩藥數十斤、苗刀百口。雲南募送土司皮甲匠十數名，買送皮盔甲十數副，沅江、麗江及土舍蔣郎藥弩各數十張，藥數十礶。貴州買解銅仁土苗木鎗桿數百根、苗刀數十口。河南買解嵩縣長鎗木桿二千根。山西買解五臺檀桿五千根。山東募送鎗、钂、鈎、鐮、竿子等教師各十數名，買解木鎗桿二千根。宣府、大同、寧夏、甘肅，各募送善造盔甲火器鐵匠、善製生熟皮匠各數名。其它名師、名工、名器，容臣等再行體訪。或行文本處，或差官召募置買。若地方官能一一訪求，量行募送買解，具見體國忠誠，合行紀録。伏乞聖裁。

一，議勸義。伏見兵興以來，臣民慕義捐貲者，如委壑逝波，不見其益。且未立賞格，人誰樂從？臣以爲輸財助餉，不若使輸餉募兵也；官選兵，不若使人人選兵也。請定爲三義激勸之法。其一，有財者告明官司，自選壯士，給與安家銀兩盤費，到京依式製造精好器甲，着伍之後，官給粮餉者，名曰「義募」。所募之士，聽臣等選中，類爲一營，曰「協忠營」。後來兵士得有功級，其募者酌依部斬事例，每二十級准叙一級。其一，有財者自選自餉，安家、器甲、行月糧，俱不煩官，止于本地告官驗送，着伍之後，不論年月，通行資給，名曰「義餉」。所餉之士，聽臣等選中，類爲一營，曰「大義營」。後兵士得功一級，其餉者亦叙一級。此外有不能輸貲而能招徠豪傑，于所在官司驗試起送着伍者，名曰「義薦」。聽臣等選中，即于兵士册籍填入薦者姓名，給與執照。後來所薦之士有積功至指揮僉事，積賞至十級以上者，薦者分叙一級，願賞者聽。其三項義人陞至指揮僉事以上，願就文職者，分别品級，從優改授，與恩蔭官等；願以功贖罪者，酌量情罪輕重，功級多寡，准與減免；文武職官廢閑在籍者，酌量起用。若三義人身在行間，别有親斬部斬功級者，另自陞賞，不相侵併。其餉至十名以上，募至三十名以上，薦至五十名以上者，所在官司或送扁額，或行獎賞，先示勸勵。如此人自擇人，搜採必精，義士不枉費，兵伍得實益矣。但臣所統率，盡是腹裏平民，生來不見兵革。若非厚餉重賞，精甲利器，堅車良馬，教練成就，尚不堪爲援遼之用，况於自募自餉者，豈容勉强調發，以塞嚮義之途？亦須練成之後，人人賈勇，然後惟皇上所用耳。伏乞聖裁。

按：聖旨云：新兵者，先經廷議部覆，於山、陝、河南僉派民兵，防禦都城。久已駐劄通州、昌平，又經挑選出關。此云就着訓練者，即選存中下兵丁也，此時全未知其可練與否。故疏中娓娓，尚言所欲言，尚望爲所欲爲。及至兵間，知其難爲力矣。迨聞贍家更番二議，益難爲力矣。故隨時就事，委曲調停，極費心力，詳見向後諸疏。至樞部簡汰加粮覆疏，尤直截痛快，試一寓目，知非奉命以後自行招募之兵也。

又按：此時無望發帑，不求加派，故有勸義一款。而風聞者，亦多重趼而至，輂金而來矣。迨事多掣肘，皆廢然而退，藉令此輩得用，固可省經費之什一。即不然，而遽發帑金以五六百萬計者，便如段熲言「三冬二夏，足以破滅」也。事半功倍，惟此時此虜爲然。

兵事百不相應疏 己未九月二十五日

奏爲兵事百不相應，微臣萬難稱職，懇乞聖明速命廷臣從長議妥，以計安(壞)〔攘〕事。臣本腐儒，荷蒙皇上非常之遇，委以練兵事務。時勢艱危，主恩隆重，誼不容辭，業於本月十五日條陳急切事宜十款，恭候命下，同各該衙門逐一施行。然以未奉欽勑，諸凡事理皆約略言之，實不知所練何處兵士，爲數幾何也。如臣愚見，最多不過挑選精壯二萬人，就於京營左右陸續建立營房二千間，工部陸續支給器甲、車輛、材料四十餘萬兩，户部每年支給糧餉五十餘萬兩，一應軍資得各該衙門逐一應手。臣再求副貳贊畫四五員，博選良將數十員，一面造器，一面練兵，一年之後庶幾可用。萬一不測，未及成軍，而醜虜長驅深入重地，則先教之施放火器。聞得内府廠庫大小火砲，多如山積。若以此二萬之衆，與京營兵協同守禦，再行建造敵臺，改造大砲，堅壁清野，賊雖十萬來攻，必令時刻之間盡斃於堅城之下。此臣之本計也。若製造未精，教練未就，雖十倍敵人之衆，必不可戰，遼東三路可爲殷鑒矣。然臣近商之户部諸臣，咸言此餉毫無措處。目今通州民兵月給，亦係借用，不可爲常計。在工部亦復不易。而通州先到山西民兵，數僅三千，尚皆露宿。目今天氣漸寒，若非速建營房，將何棲止？昌平、天津兩處，何獨不然？然則如臣所計，約略二萬人，尚費若干措處。乃近聞兵部議將各省民兵、四省召募兵，並近擬召募八府民兵約共六萬之衆，分駐三處，一切教練盡屬於臣，此則臣力所必不能勝，亦今日所必不能辦。抑且目前日後，皆有危險之形，不容不瀆陳於皇上之前也。夫承平既久，廢弛已極，而遽求精兵，未易言也。戚繼光昔時名將，身經百戰，其在浙江止能選練三千人，爲鴛鴦陣以勝倭。然倭奴亦無大衆。後來總理薊鎮，譚綸爲總督，兩賢提挈，司道偏裨皆一時之選。又以浙中舊練精兵三千爲之基本，將欲練兵六萬，爲出塞之舉，畢竟不能。止增募南兵二萬，月餉一兩五錢，教練三年而成。又用主兵班軍之力，建造三層敵臺千二百座，所以薊門安枕，至于今日。然以匹馬不入爲功，未能與强虜決機兩陣之間也。蓋練兵之初，其難若此。臣無譚、戚之才，無經歷之素，無慣戰之精兵良將，欲以一老書生奔走竭蹷，令於歲月之間統烏合之衆，練成精兵六萬，其將能乎？此臣力所必不能勝者也。户部舊、新二餉，支吾遼左，尚苦不給。新兵糧餉若薄，與無兵同。即使約量中數，六萬之衆，亦須歲支一百二十餘萬兩。工部器甲，除内府大砲外，無一堪用者，皆須新造。造不精利，與無兵同，應須支給料價一百餘萬兩。就得料價，而一甲一銃皆須數十日工，何時齊備，堪以對敵？至于營房一節，三衛州各該建造二千餘間，又須在目今半月内完工。過此，沍寒一至，土功難成，兵無着落矣。凡此三者，皆今日所必不能辦也。大衆所在，食用不給，衣服不完，人情當何如？數萬之衆，悉令露處寒風朔雪之中，人情當何如？既爾飢寒，救命不給，何由朝夕訓練？萬一寇至，又負六萬之虛名，必將責之以戰。朽甲鈍戈，裸裎徒跣，勝負當何如？此則目前日後危險之形也。而且夫以天下重徵叠募之兵，盡付于臣，以索餉、製器、建立衙門、安插士衆之事，盡屬于臣。而齟齬在前，險難在後，正如未經力作之人，偶遇主家事勢急迫，勉强負荷。即一夫之任，尚未知其能勝與否，遽以五人、十人之擔而悉委之，又使履危涉險，此其人惟有顛躓而已，更無他矣。一人不足惜，如僨事何哉？伏望皇上立刻勅下户、兵、工三部，會同九卿科道，酌議停當，必須用衆六萬于三處安插者，户部合當豫計，餉銀若干，於何出辦？工部豫計，器甲、車輛、火藥，料價若干，于何支給？兵部豫計，馬匹、料草若干，於何取用？一衛、二州、三總，速令豫計，每處兵人二萬，有無房屋棲止？無則作何安頓？建造營房，作何措辦，可以刻日速完？一一妥當，然後倣譚綸、戚繼光事例，分命廷臣三人，各設副貳、餉司、贊畫，並應用員役分駐訓練。臣之不肖，願當其一。雖則如此，既成之後，亦只宜製造大砲，分守近畿諸城而已。必欲與奴賊之兵交鋒接刃，自非博選天下奇材一二萬人，製造極精器械，一人食數人之餉，教練經年，必不可用也。臣先後四疏，語意皆同。先資之言，不敢有貳。然臣陳説雖多，無一當時之用，而猶敢冒叨恩命者，尚冀出身任事之後，將行其言，僥倖于一成也。今臣身用矣，而臣言決不用矣。明知灼見無倖可僥，而猶因循時局，勉强支吾。今日知事之不可，而謂之可，是謂欺君之臣；他日知兵之不可戰，而令之戰，必爲僨軍之將。此兩者，臣不忍爲也。儻終不用臣言，請乞皇上別簡才賢，以膺斯任，臣不敢受事，且請並褫原職，以爲本無才略，輕言冒進之戒。臣有跧伏草野，感戴聖恩而已。時事甚迫，懇乞聖明俯鑒愚衷，速賜允行，臣不勝惶恐祈望之至。

《實録》纂修官董宗伯其昌論曰：臣按宋事，岳飛之兵，能以寡擊衆，罔有挫衄者，背嵬五百爲之先驅耳。此皆所謂百金之士也。招之者在先得數人，使其以類，轉相羅致。如一燈之火，散爲千燈。河朔少年，荆楚奇俠，豈患無人哉？今之募兵，人以二十金爲率，又有扣減，而弓刀衣甲皆在其中，實不下十餘金耳。閭左健兒，負戴屠酤，身不出里，數金可得，肯遠戍沙場，以頭顱僥倖哉？惟卑田游手無復生活者，定計於逃，方復應募，雖得數十萬，但可澤量耳。此疏所謂「非博選天下奇材，教練一二年，決不可用」，是實歷語也。

又按：今之兵皆不可戰，今之主將亦知兵之不可戰耶？抑否耶？然而皆令之戰矣。總由身不在行間，它人死生，我無與也。豈有身不在行間，不與三軍共死生，而可以司三軍之命者乎？果與三軍共死生，必將計其所以生，必將計其所以無死，必將計我之所以禦敵，所以制敵，而戰可勝，守可固矣。無論古昔，即近世文臣如王靖遠之於滇，王威寧之於虜，王文成之於逆藩，阮中丞、譚襄敏之於倭，皆身在行間者也，況武將乎？

庖言卷二

奏疏二

時事極迫極窘疏 己未十月初五日

欽差詹事府少詹事兼河南道監察御史臣徐光啓謹奏，爲時事極迫極窘，微臣甚拙甚迂，量力知難，恐致誤國，懇祈速賜聖斷，以重防禦事。臣自受命以來，條陳練習事宜，已經再疏。各部司伏候明旨，企踵以待久矣。臣疏中所言軍餉、器甲等事，不無多費金錢者，非敢以此難部臣也。兵家所貴，知彼知己。兩年以來，逢人訪問，知奴賊器甲事事堅利，奴賊兵馬人人精勇。假如棊逢高手，豈容漫應，必須筭定勝之之着。遼東三路敗衄，正以漫應失之耳。今日欲求克賊，苟非良將精兵，堅甲利器，必無勝理。臣之前疏，已嘗再四陳説，所以條列款内開載器甲價值、兵士糧餉，皆于優厚之中尋求節省，酌量中數。然而計部堂屬茫無以應矣。非其不欲，實不能也。且臣與商確者，不過議兵二萬耳，况進於此，其難又何如哉？臣伏思祖宗兵制爲防禦都城計者，非不備具，在内則有京營，在外則有四鎮，豈爲平時觀美，亦將以應敵備患也。總緣兵久不用，人不服習。費薄，故器不堅好；餉薄，故兵無選鋭。今皇上特募新兵，委臣練習，豈非俯采臣言，欲求選練之士，堪以破賊立功者哉！然而財不足，費不厚，欲求精兵利器，臣之愚計，以爲必不可得也。今部臣計無復之，或將勉强支持。兵士受此薄餉，亦只苟延殘喘。一切器甲，皆不得大段更新。如此三年五年，亦復朽鈍怯懦如常而已，又安用臣爲哉？不惟不必用臣，亦無用此官；不惟無用此官，亦無用此兵。蓋有此官即有官之費，有此兵即有兵之費，總來無益，不如省之爲愈也。譬如人家前堂後室業已巍然整飭，止因年久頹廢，欲於庭院之中别構一室，求勝於前，必須工料備足，然後可耳。如其貧難空詘，東挪西凑，新不成新，舊不成舊，不如並此工料脩整舊宅，猶爲得策矣。臣今一身四虚無着，候命再旬，延頸垂手，無一事可作。欲作一事，必須金錢。不比舊設衙門，尚有故事可循，徐圖整頓也。若此因循積久，無論棄可爲之日力，貽猝至之重憂，即使僥天之倖，遼東可守，虜未長驅，臣統此罷弱之兵，虚張形勢，濫叨榮寵，亦非臣之初志也。儻謂遼東爲急，都城爲緩，則此兵可以無設。若言不必厚餉精卒，不須堅甲利器，但得其人，自成勝局。臨期應敵，不須與鬬實力，别可出奇制勝。若此異才，求請中外臣僚中，或可多得。如臣迂拙，實非其人。且臣之言具在也，若其可用，則是必然之畫，宜見施行。若不可用，則是不移之愚，奚堪委任？正如草澤醫人，自言有方，可以愈疾，主人信之，遽加厚待，及至立方攢藥，即伯叔亞旅宜共參詳，覺其可服便應服之，覺不可服則宜棄其藥，遣其人，奪其糈，别命良醫，以求治療，不宜置之用舍之間，因循須暇，使病目益深也。若云不必用彼方藥，但令肩此重任，它日病不可治，將使獨當其辜，計事若斯，豈非大謬乎？伏望皇上速賜電決。如行臣之言，即望勑下户部，如臣原題餉銀；勑下工部，如臣原題盔甲、軍火、器械、工料價銀，各如數陸續給發。其户部兵餉，仍乞欽命會議，别有計處，務與遼餉無干。此外有臣前疏條陳建造敵臺、設置大砲一事，無論薊鎮已有成驗，即寧夏沙湃地方全藉此臺，虜不敢窺。樞臣黄嘉善、楊應聘所親試，各爲臣言。其管工將官辛志德統兵入衛，見在密雲，可以召用。又見按臣王象恒議守通州，見行題請諸臣之言，與臣所議大小不同，若論守禦上策，其義一也。如蒙勑下工部設處工料，建立此事，是費萬人一年之餉，可當十萬雄兵。抑且萬年永賴，新兵之費可以大段減省。如臣言不可用，即望聖明别簡賢能，使作速任事，以振威嚴，以圖鞏固。至于臣之不才，虚受聖恩，超資躐進，未効鉛刀之用，已成躍冶之金，反己懷慙，義難就列，並祈速賜罷斥，庶臣之分義安，而臣心亦安矣。昔庚戌之變，司業趙貞吉慷慨言事，蒙世宗皇帝陞職委用，曾不踰時，獲譴而去。蓋詞臣之不得行其言，自昔已然，非獨臣也。臣干冒天威，不勝戰慄隕越之至。

剖析事理仍祈罷斥疏 己未十一月十九日

奏爲愚臣材劣智踈，致來指摘，謹據下情剖析事理，仍祈聖明速賜罷斥，以無悞軍國事。臣以不才，憂時陳悃，選練之説，僅效芻蕘，本不敢謂身能其事。所妄任者，止是奉使朝鮮一節，原疏可覆按也。仰蒙聖恩，破格録用，感激隆遇，誓竭股肱。經月以來，祗以新設衙門，無舊貫可仍，未奉欽勑，不敢輒便行事。至於事勢之艱，則兵非臣之所謂兵也，餉非臣之所謂餉也，器甲非臣所謂器甲也。瞻前顧後，展轉廻惶，臣之前疏亦再四言之矣。昨接邸報，見山西參政徐如翰論列時事，因及于臣。夫以臣之待罪詞垣，比如翰之歇歷邊徼，則臣之言必非，如翰之言必是。然而專愚之見，亦有稍宜剖析者。如云「經目經口，日閲二三百人」，此臣條陳語也。古人將兵，或十萬百萬，無論才力過人，必皆已成之軍耳。若今各州縣民兵，正如翰所謂生長田野，不識軍旅，仳離悲苦，號呼慟哭，中途脱逃，拘執縲絏，必不可禦奴者也。如是兵衆，就令如翰爲之，能使指顧之間遂成精鋭乎？ 臣欲核其强弱，以定去留； 等其才力、技藝，以別高下； 註其身材、年貌、疤記，以絶頂換； 分其營部隊伍，使同居互察，以便肄習，以防脱逃。備細造成文册，爲教練根本，即古之尺籍伍符，乃治兵首務。如是日閲二三百人，尚苦不給，所以必求副貳、參贊，蓋臣所謂「閲」，即如翰疏中所云「查閲點驗」，非訓練之義。臣雖抽隊點閲，其餘亦不廢訓練也。如翰以閲爲訓練，故云後閲未竟，前閲已忘，必若所言，是臣每日教練二三百人，餘皆坐待周而復始，非但無此練法，兼亦不成文理矣。此殆急于求效，不詳語意故也。若令臣貪多欲速，止據見成文册，因循鹵莽，向後逃亡更换，虛冒挪移，皆所不免。當承平之後，統烏合之人，分數不明，紀律不習，則天寶之亂封常清以十萬衆潰于潼關矣，臣實不敢。若求强弱巧拙，一見便知，終日之間，整千整萬，毫髮無爽，似兹神速，臣又不能。然則日閲二三百人者，是臣自言其不敢與不能耳，當有何罪乎？且如翰言募集邊兵，亦以簡練責之撫道，以點驗責之臺省。不知所謂簡練、點驗者，將每人而查閲之耶？抑將於一日之間，並查並閲，遂能周知千萬人之强弱巧拙，而可用者留之，不可用者返之耶？若將逐一簡練，逐一點驗，是何驍騰之邊騎治之宜詳，而抽取之民兵治之反宜略也。臣所需器械諸事，雖求之各省直，計其所費，多者不過百金，或數十金耳，且求者自求，練者自練，又何嘗云集而後練耶？客兵之餉，優於土兵，如天津海防兵、薊鎮臺兵，皆有成例。臣依此例，又謂宜加操賞，勸使速成，故云：「有兵六萬，須用餉百二十萬。」工部册開見造明盔甲、臂手，每副除物料外，用工價銀二十兩一錢。臣酌量節省，謂並合料價，每副用銀十二兩。此外尚有軍火器械，故云六萬之衆，須用料價百萬。臣之此疏蓋謂新集民兵數至六萬，選未必精，雖復多費金錢，終非必勝之具。不若簡用材士，少而求精，所云百餘萬，正言取數太多，故並營房一事，總結之曰：此三者，皆今日所必不能辦也。不一詳覽，而摘取片言，遂以相駁，亦太匆遽矣。今山西民兵，月給米六斗、銀六錢。如翰既惜其枵腹露處，煢煢無依，臣欲稍加餉給，又慮空竭帑府，又欲盡付遼東，兩者將奚從乎？且臣所云「練之經年，止可分守」，正因民兵甚弱，兼之餉薄器鈍，即如翰所謂「此等情狀，豈可禦奴」，不宜抽取之説也。臣所云欲「與奴戰，須另選奇材」，即如翰所謂「九萬驍騰，三萬趫捷」之説也。意理相符，曷爲自言之則是，而臣言之則非乎？如翰欲將州縣民兵分發薊、永，使名將統練，科道查閲。若此兵一經練閲必能戰勝者，又何不限定若干月日可與奴戰，而必須驍騰趫捷之兵爲也？宋淳熙中葉適言：張俊、岳飛等四屯駐之兵三十餘萬，歲給錢六千餘萬緡，米絹不與，竭東南之力以奉之而猶不足。建議欲精其軍，使各不過三四萬，庶幾一人得一人之用。蓋財匱于兵衆，自古而然。臣謂岳飛之軍恨不盡爲背嵬者，謂自此以外不宜多養無用之人，猶葉適所云貴精以求得用，非敢自爲張大也。靖康始禍，後十年而後有岳飛之兵。十年之間，金人之南下數矣。若女直方張，遼金初搆，經年之後，遂有背嵬游奕諸軍，有宋之禍未甚烈也。故謂今日之民兵，今日之餉與器，必不能爲背嵬則可，謂臣必不能爲岳飛則可。若經年之後，果有破奴之兵而以爲後時，臣不信矣。時光迅速，人事蹉跎，談何容易哉？ 至于遼左既有經略，都城又須防禦，或亦有備無患，不欲以遼陽爲孤注之意，然而議不出臣，無容置辯也。謂臣有才，深愧其言。度臣事勢，深感其意。若夫料理營田，則臣才具謭劣，縱或改差，其迂踈無當亦復如是而已。加銜受事，出自聖意，豈臣夢想所及？蓋欲求勝敵，只在選士厚餉，堅甲利器，政教服習，不在臣之官位崇卑也。子貢曰：「貴無益於鮮患。」臣自受命以前屢述此語，向在廷諸臣言之。所以不敢控辭者，蓋如冠婚攝盛，暫借貴人之飾，迨于禮畢還其初服耳。政體事勢，人盡知之，又何必周防過慮爲哉？ 臣有所求于如翰者，兵勢國之大事，得人則安，不得則危，得失之間，關係不淺，古有憂盛危明之臣，痛哭流涕長大息矣； 奈何邊陲孔亟，陳説兵事利害，而但言可笑也。世有能言而行不逮者，豈有言之既乖，行之反當？ 則臣之不稱任使無可疑矣。如翰慮深根本，宜言作何更置，臣當解任謝事可耳，何故又不許臣脱卸耶？ 則是幸臣之僨事，自實其言，而以軍國爲戲也。竊謂如翰宜聽臣脱卸也。臣才具短淺，計慮粗拙，年力既衰，仍多疾病。無奈杞憂一念，妄想妄譚，牽率至此，即無如翰之言，亦自諒其不克勝矣。今事勢之艱難若此，人言之指摘若此，正如羸牛駑馬，既重其任，且縶其足，又從而撾其首，何能一前取進哉？ 是用慙惶警省，流汗沾背，更少遲迴，必悞大事。伏乞聖明，即加顯斥，以懲冒進。其各省民兵，仍祈勑下該部，從長計議。或從如翰之策，或別選才臣督率訓練，以爲防禦之用。臣退伏田里，有餘幸矣。臣不勝戰慄惶恐之至。

東事警急練習防禦疏 庚申四月初一日

題爲東事警急日聞，軍實全無可恃，懇祈立速應付，以資練習，仍再申初議，以重防禦事。臣於二月二十三日恭領勑書，於時新兵所需，百無一備，赤身徒手，將何練習！以此日逐奔告，文移絡繹，其如各衙門無不罄懸！於三月十八日委官領得兵部操賞借支太僕寺銀二千兩，十九日領得工部旗幟金鼓，扣借户部銀三百四十餘兩，其修諸工銀二百四十兩則咨移發。户部補還助餉銀六千兩，至二十六日解到通州坐糧廳收貯支放。又領得山西營所請盔甲、軍火、器械，中間獨有鳥銃一種，改换機牀事件，差足應用。其餘火器，止作營中號砲，尚多不堪。盔甲止可穿戴，以習筋力而已。至於陜西、河南兩營所需器甲等件，及三營所用馬匹、硝黄，尚未給發。已給發者，又苦無車輛裝運，其勢不能久待。不得已於三月二十日巡歷通州，所見民兵半雜老弱，身無完衣，面有飢色。器械止總兵家丁三百名弓箭完具，其中亦有鈍刀數十把、小銃數十門。此外衆兵執把，皆柳木數尺而已。既而閲操查點，見其劄營布陣，裝搪衝打常操之法，亦頗閑習。但向無教師及軍火、器械、車輛、馬匹，於實用技藝，皆所未諳。又向來兵民雜處，日有搆爭，恐其生釁。以此一面差官搬運器甲，整頓修理；一面招選教師，抽隊演習；一面督率民兵，星夜造完營房，使群居聚處，以安軍民，以便訓練。然而覽此形勢，伏自思惟，即使如臣所須見在器甲馬匹等，隨求隨應，亦止堪挑選練習，以待通新建置。若據今所有，便欲克敵制勝，揆之理勢，萬不可得。況今所有者，求未必應，應未必速，當何所恃乎？展轉徊徨，心神罔措。忽接邸報，見夷氛日迫，兵部疏陳防禦事宜，議令總兵王學書、畢應武各督所在營兵，並臣所練新兵，搤要防守，此爲計畫誠周矣。但臣顧此新兵，無論人多羸弱，亦無論臣在事未久，第不知所用此等盔甲，所持此等兵器，又無車營大砲、堪戰甲馬，將何以毒逐中原、執訊獲醜乎？臣六疏陳言，總欲士馬十倍精强，工器十倍堅好。若使孱弱朽鈍者不妨戰勝攻取，而必欲求精，虛糜財力，則臣爲狂，爲愚，爲欺，爲罔，當事諸臣皆宜唾臣之面。若不以臣爲狂、愚、欺、罔，則當用臣之言，行臣之志矣。臣今開設兩端，以請裁於皇上，並願當事者詳擇施行之。其一，據今所有士衆，挑選分別；據今所有器甲等事，逐一應付。竭臣之愚，與將士之力，教之藝能，勒之部伍，習之步伐止齊，束之形名分數，庶使投石超距，齊衆若一，可以固守城池，控扼險要。必欲以摧勁敵，遏奔衝，全恃盔甲以衛身，臣不能使瑕者堅也；恃利器以殲敵，臣不能使鈍者利也；恃堅車巨砲以殪大隊，臣不能使無者有也；恃甲馬以追奔逐北，臣不能使少者多，駑者良也。臣若粗瞞虛哄，漫言練習，今日所有亦足支吾。若念大敵在前，一一較計，恐心寒骨竦者，匪獨臣一人矣。其一，願皇上速采廷臣議餉方略，令該部悉心措置，厚給餉銀，以搜羅武健，多發料價，以廣造器甲與夫車營、騎營，皆盡法爲之。訓練既成，以之禦敵，不難摧長驅之鋒，制狂逞之命也。臣前疏具在，始終不敢改易一言，亦知時艱財匱，事勢極難，然而未敢以多言爲悔者，恐負皇上拔擢之恩，且謂將急而圖之也。今急矣，圖之此其時矣。伏望皇上亟勅所司先行，聽臣所請，一一作速應付，用資訓練。仍大破常格，悉如微臣初議，捐財鳩工，制器選士，設誠致行，以保全勝。此而不効，臣甘顯罰。如止就目今行事，一旦責以禦寇，驅無辜於鋒鏑，輕大事於一擲，至危至險，不卜可知。臣今不言，恐既捐報國之身，又負誤國之罪也。夫疆場之事，一彼一此，猶可言也。戰於郊圻，戰於城下，一挫不可復支，豈可不豫計萬全之策哉？伏惟聖明裁察，即賜施行，宗社幸甚。臣不勝激切隕越之至。

《實録》纂修官董宗伯其昌論曰：臣按：「國之大事，在戎」。暫費永寧，昔人所韙。見小欲速，祇誤國耳。李信用兵二十萬，視王翦六十萬，費孰爲省，竟何益於勝敗之數哉？徐光啓所議練兵費二百萬，樞臣計臣相顧愕眙，見謂費多而效緩，訖無以應，營緒未畢，一簣中止。至於招募四出，坐靡千萬，無一勝兵，而後褻其乾没，不亦晚乎？夫以屑越飽虛恢之腹，而以寒陋掣任事之肘，可歎也。

統馭事宜疏 庚申八月二十日

題爲酌陳統馭事宜，以裨防禦事。臣本東南腐儒，濫叨宫寀。軍旅之事，原非本職，祇因遼師挫衄，不勝憤懣，累疏陳言，蒙神宗皇帝聖恩，超陞特遣，委以練兵重任。自二月領勑受事，迄今半載，勉效驅馳，殫力簡練，博求謀勇參佐技藝材官，將三營民兵選取强壯，因材授器。凡軍火技擊，以次服習，積久之後，漸近精熟。次須營陣規式，使知分合進退，奇正攻守。若得戰車大砲，盔甲器械，備具精好，再一演習，可成勝兵矣。其如三省民兵，原係僉派鄉民，大半老弱。今教成者，止得十之二三；可進者亦十有二三。其餘小半，皆蠢愚鈍弱，法應簡汰。而衆兵來時，地方官司許以二年更易，又許以每年贍家銀兩。今銀尚未給，人無固志，亦宜別有處分。臣嘗具疏陳請，未奉俞旨，未敢擅便。此則仰望皇上勑下該部，酌量措置者也。此外尚有事須詳定，中外臣工明知其當然，而臣亦亟宜自言者，則建置統馭之宜是已。臣聞兵家之法，部曲之制，設官之道，務須相稱。臣去歲奉神宗皇帝聖旨，訓練新兵，防禦都城。於時兵部議兵六萬，故統以總兵三員，使臣提衡其間。後減爲二萬，約可分四五營，用大將一員，此所謂法制相稱者也。今山東留防，三省援遼外，止餘存七千餘人，分别練習。老弱愚鈍者，皆須簡汰却還，其堪留者不過三四千耳。以京邊營法計之，止宜設參遊守把一二員，統率訓練足矣，何必更用大帥，多一輩應用員役，多一種廩給耗費乎？非獨總兵，即臣衙門新設，百凡刱始，皆違時詘舉嬴之戒者也。爲此三四千人，而節制統領之官，與六萬、二萬一例建設，此於兵家分數，官制職掌，兩不相稱矣。今總兵畢應武，已經臺臣論刺，覆允去任。臣謂此官便可無設，即臣衙門似宜一並議裁。遺下通州、昌平駐劄三營官兵，將臣所教練諳曉軍火器藝、行陣法制者，量留太半，用一二將官統領訓習。或内屬京營，令一副將帶管，而制以總協巡視；或外屬近鎮，令總兵帶管，而制以督撫司道。揆之事理，似爲便益。臣承乏未幾，忽議謝事，非敢推諉也。去年虜氛稍急，人情惶遽，神宗皇帝宵衣旰食，臣何敢不冒昧擔承，庶竭駑鈍，以示居重馭輕之勢？今遼事稍有次第，人情安堵，設官分職宜照京營邊鎮常規。臣若隱蔽不言，是明知不可而久叨榮寵，爲罪滋大。且臣所陳兵事，不過考求傳記之文，參以專愚之見，業已盡爲諸將士言之。自今以後，止須再加習熟，與設處器甲耳。臣即更在行間，而技已窮矣，無益於事矣。伏望皇上勑下該部，斟酌情勢，並臣所陳更番贍家二事，從長計議，一並題覆施行。

巡歷已周實陳事勢兵情疏 庚申十月十六日

題爲練軍巡歷已周，謹據實報聞，並陳事勢兵情，懇乞聖明勑下該部，酌量停妥，以重防禦事。臣本庸愚，誤蒙特簡，畀以戎旃。其間兵之大勢，與臣之本懷，絶不相蒙。前後諸疏，詞窮意悉，不敢繁稱，以瀆聖聽。惟是隨時就勢，巡歷已來所行事宜，義應入告，且有事機關係，速須斟酌，以求允當者，不得不控陳於皇上之前也。臣于三月二十日以後，前後巡歷通州、昌平二處。據山、陝、河南三營册開原額民兵一萬六百名，内除三月以前沿途逃故，並選取援遼上等民兵外，實在者止六千八百三十七名。向來行文清勾陸續解到逃兵，並臣所募補教師家丁等，共新收八百三十九名。今七月見在食糧民兵七千六百七十六名，此臣所轄三營兵數也。臣自三月受事，前後逐名點選，覈其年貌，程其勇力，除已前選去援遼，今營中俱無上等外，止於中等、下等内選出中上等七百一十五名，中中等一千一百九十三名。已上二等稍堪教練，其中下等二千一百二十二名，堪爲火兵雜流，其餘下等三則，俱不堪用，止因此時營房未完，摘其稍壯者供應力役。大都三營之兵，非田野小民，則衙門人役，自來不識兵戈，比於近年調募各路軍兵已爲下乘。又於其中選去上等援遼四分之一，即所謂上者未必果上，而所謂下者真最下矣。故據臣所見，七千五百人中，略能荷戈者不過二千，並入可充厮養者，不過四千。求其真堪教練成爲精鋭者，不過一二百人而已。此臣簡選之大略也。廠庫領出盔甲，止頭盔可用，其暗甲止可披戴操演，稍令習於負重，臨事無一足恃者。器中止有鋼快刀可用，其餘亦止堪操習。它若臣所酌用槍、筅、鈀、鎗、鐮、棍，長短器械等，全然未備。除借發價值於近地置買雜木棍一千二百根暫時應用外，有河南領兵守備丁呂試捐俸一百餘兩，差官置買嵩縣槍棍等桿未到。臣又借支錢糧，陸續製造鈎、鐮、钂、鈀等二百餘件。其領出湧珠、佛郎機、三眼等大小砲位，炸裂極多，悉不敢用。止有鳥銃一種，曾經試放不壞，陸續改造機牀，分發演習。其餘應造者，料價全無，悉在停閣。此三營軍火器械之大略也。各營中等三則，先委旗鼓官盧學信，督練官金秉忠等編成隊伍，分委教練官徐忠等率領教師，習學器藝。今委中軍都司錢世禎總率訓練，習學鳥銃及長短諸藝。其合式中的者，十有四五。若專心習學，再經數月，即能者十有七八。其不能者，不可强也，此三營教技之大略也。從來操演之法，皆用方營，北邊臨陣，却用圓營，臣酌古準今，定爲營部哨隊伍皆用方圓曲直鋭伍法。自五人以上至於數十萬，散可散操，合可合操，庶得曲直繁簡之衷。且於操練之中，即寓戰陣實法，頒布演習。先習伍，次習隊，以漸成營。但皆步兵，未及騎戰。其步營遇大敵，又須戰車大砲。一時吏士多有精曉製度，諳習施用者，苦無錢糧成造。而欲練騎兵，又須堪戰之馬及合用盔甲，亦皆一時難得，未敢遽言。此練習營陣之大略也。總而計之，大都徵調之人習於兵革，召募之人有志向往，此兩者練習尚易，獨僉派之兵非惟無此積習，無此技能，兼亦無此見聞，無此志意。譬如村學蒙童，未識字義，欲令歲月之間遂能搦管爲文，遂堪入闈考試，爲塾師者固甚難矣。如是而質地可學，猶尚易也。其如各州縣官，誠心體國者不乏，苟且塞責者較多。中間有大半强壯者，亦有太半老弱，或雜以疲癃殘疾者。如臣愚見，中等之兵稍堪指教，亦極費力；下等大半悉應退回。祇緣始事之初，人無固志，恐效尤者衆，未敢遽遣，以待稍稍安妥，然後明言。不意至今乃有大段未安，全須處置者。蓋凡徵調來者，向入尺籍，加以拊循，便無携志。即召募來者，既受安家，更給厚餉，即教習調遣，久暫遠邇，惟上所命，只聞散之之難，未聞留之之難也。今三省之民，獨異於是。臣自四月中簡選將畢，有陝西、河南民兵告乞移文速給安家銀兩者，迨後日日漸多，以致全營來告。臣叩其因繇，皆言應役之初，地方官司給與印信執照及開款告示，許以赴守京城，並不援遼，又以二年爲限，限滿即另報更替；一年之後，仍再給贍家月糧銀六兩，俱於加派銀内動支。臣見此執照條例，不覺喟然而歎，以爲練習此兵雖費盡心力，其人不可得而有也，其力不可得而用也。蓋一有更番之約，即人人日日只眄瓜期之至，亦隱力藏巧，惟恐不在下下之科。縱使督責訓練，既有成績，而及期代去，臣等兩年勞勩盡付東流矣。即欲强之使留，乃諸人實有父母妻子，目今月糧六斗銀六錢，僅足餬口，無暇及於内顧。每年贍家銀六兩，必不可少，而此銀又將取給於加編新餉。就而計之，每人每月共用銀一兩一錢，米六斗。用此月餉，即於近京地方召募丁壯，自足練習，且亦可久，何必使戍者怨思，居者仳離？教習之難如登山，留止之難如摶沙，而上又負不信之名乎？臣所見公文批照，止陝西、河南兩營，於山西止見私幫批照，獨平陽一府聞有更番之議，未見明文，中間事體略不相同。乃其人尤多老弱，至於不樂其處，而無長居之心，則三省一也。二年之限，今已一年。目今就用新餉銀，人給六兩，止可多留一年。一年之後，若許之更番，其來代者又須别給初年安家銀，如河南例八兩，如陝西例六兩，又須通新教習，於費更多，於事無益。若不許更番，則第三年以後贍家六兩，歲不可少，而其人愁怨愈深，摶聚愈難。若云昔年所許，止是誘之使來，自今以後可將更番贍家二議，徑自寢閣置之不理，月餉六錢六斗，給其衣食，又分以贍家，而能使之安心練習，奮勇敵愾，此則情理之所必無，非臣所敢任也。臣竊見古來行軍用兵，亦多有更番者。然其人素皆練習，亦多有久戍者，必有法使之樂從。若如今日之措置而能令可久，又能令可用，臣愚不敏，未之嘗聞。伏乞皇上即勑該部，將臣奏陳事理，酌量人情所宜，財用所出，從長計議，務令力爲可繼，情爲可安，勢爲可久。或有未妥，不嫌改弦易轍，以求至當。臣攝官承乏，庶得藉手以報上命。如或不然，恐遷延日久，耽悮愈甚，它日計之無絲毫之益，而有丘山之損，臣不足惜，其如國事何哉？臣亦願當事者勿謂臣今日不言也。伏惟聖明裁察施行。

酌處民兵事宜疏 庚申十一月初十日

題爲奉旨酌處民兵條陳事宜，以便訓練事。臣前以山、陝、河南民兵簡汰加糧等事，題請下部，覆奉聖旨：「是，欽此。」中間裁減衙門一節，部議未及，蓋緣簡汰事情，慮恐未易故也。部議既以爲難，臣豈敢遺諸人乎？除臣候聖節行禮後，巡歷通州料理外，所有一二事宜再應酌量措置者，謹款列如左，伏望皇上勑下該部，逐一議妥，覆請定奪施行，臣不勝願望祈懇之至。

計開：

一，部議汰去老弱。時下嚴冬寒沍，民兵衣不蔽體，急應簡選，俾得速還。且窮途無告，似應量與盤費，臣請借支通糧廳原貯餉銀，酌量遠近給發，聽臣到地方日別議扣還。伏乞聖裁。

一，部議簡存强壯。留州練習者，即以汰兵之糧，每名每月加銀四錢。群情度已帖服，但其間等第不一，苦樂不一。臣尚欲借此加糧及欽賞銀兩，抑揚伸縮其間，因之鼓舞激勸。或者重賞之下，稍振從前怯懦之習。但事難遥度，聽臣到地方日酌量處畫，另行題請。總之減人以就餉，只用見在銀米，不必額外加增也。伏乞聖裁。

一，舊議民兵二萬以上分駐通州、昌平等處，今止七千八百餘人，不過原議三分之一。再如部議汰減，存留三四千，人數尤少。昌平主兵萬人，既足守禦，而城小人衆，物價騰貴。河南兵屯駐其地，軍民雜處，多覺不安。臣請並歸通州，一意練習，既無顧此失彼之虞，亦省往來厨傳之費。待技藝營陣一一習熟，器械車甲一一備具，乃如部議調度往來，庶有實用。伏乞聖裁。

一，部議民兵既加月糧抵充贍家，更不許原籍官司動支新餉支給安家，但恐其間亦有曾經給過者，一行追取，苦累難堪。以臣所聞有領穀一石，止七斗到家。目下還官，至費銀一兩者。臣請給過銀兩不必追還，原籍有司速行類申撫按，移會到臣及通糧廳，逐月將新加糧銀扣除，解部作爲該地方新餉之數。伏乞聖裁。

一，在營兵士既行選汰，其先經脱逃，移文勾解，解到復回，似屬煩擾。臣請自十一月初八日以前逃者，本地方不必勾解。在途者聞報，亦應却回，徑解本處撫按，依軍法綑打發回原籍收管，仍全追舊年原給安家銀兩，解到新餉司收貯，以充補募之費，其十一月選汰以後，月餉既敷，營伍既定，不可容一人逃脱，當再行設法禁止。如有此等，或於沿途擒獲，或於原籍勾解，俱依軍中脱逃法，從重處治，不在前項免勾之例。伏乞聖裁。

一，三省有司，賢愚勤惰，種種不等。即民兵一節，有一邑而太半强壯者，有一邑而全應汰革者。今如法揀退，是使賢有司獨遺地方久戍之累，而不然者反造地方清寧之福，亦人情之至不能平，所宜顧慮者也。似當於一省之中，通融協濟，務得均平，勿使忠誠者灰心，怠玩者得志，容臣選汰之後，造册移會彼處撫按，悉聽斟酌處置，報部施行。伏乞聖裁。

一，臣衙門新設，標下雖曾收録多人，皆海内材官技士，情願赴遼，而孤子無資者，並無原設官屬可以委用，亦無原設庫藏可以積貯，又無官局匠役可以製造。即向來糧餉，皆係通糧等廳出入捐助，銀亦於通州庫寄放。至於製造器械，修合火藥，皆借房棲止，展轉那移。今部議量有資給，似應酌議。臣請在京者暫寄新餉庫司，在外者仍寄通糧等庫，聽臣移會出納。其有器甲等事，亦容臣咨部劄行盔甲廠司官酌量製造，庶官不煩别議而事亦克有濟矣。伏乞聖裁。

本月十五日奉聖旨：「該部查議，覆奏。」

巡歷控辭疏 庚申十一月十五日

題爲奉旨巡歷，事不宜緩，謹具疏控辭事。臣以訓練民兵，老弱過半，法應選汰。既汰之後，額數不多，臣之職司亦應裁減，並歸合干衙門，具疏陳請，奉旨下部。續緣部臣奔走山陵，竭蹶襄事，臣亦疏請隨行，因之查閱昌平州護陵兵馬，事畢回還，則部臣並署三篆，日不暇給。

又於汰兵一節，慮其麾之不去，愼重商確，至於數四。且兵情事勢，在窮極之際。臣之前疏蓋已明言，若非守催題覆，恐一成寢閣，即變生呼吸，而臣既自建裁減之議，亦無不候處分之理。至本月初三日，覆議仍令臣選汰訓練，以待移防，具疏題請。初八日，欽奉俞旨，臣宜即日啓行矣。恭遇萬壽聖節，合當隨班行禮。行禮之後，又該冬至令節，直待節後方得陛辭。臣竊自思惟事體更張，人情變動，機會之際難可遲留。且節屆嚴冬，衆兵煢苦，萬一大旱之後雨雪連綿，諸選汰兵士，留之過歲，有糜費之實；驅之就道，有祁寒之嗟。展轉揆度，不敢再有濡滯，謹具疏親齎詣會極門，叩首上進，以代面辭。臣即刻就道，候選汰畢日，合有措置，再行陳奏。緣係云云事理，爲此具本，謹具題知。

簡兵將竣遘疾乞休疏　庚申十二月十一日

奏爲愚臣奉命簡兵，將及竣事，忽遘危疾，懇乞休致，以全餘生事。臣承乏詞垣，因東虜猖獗，陳言兵計，累疏具在，並未敢希榮徼寵。荷蒙神宗皇帝簡任，此時誼不得辭，黽勉受事。然而智短才庸，衰遲多病，亦自知不勝其任也。春月奉勑，巡歷未幾，三遭國喪，一襄大事，奔走往還，其在行間不過四月。旋因兵情未安，題請措置，蒙皇上俯允兵部覆議，令臣簡去老弱，存留强壯，加給糧餉，以待設防。臣具疏叩辭，巡歷通州，將山、陜兩營兵士一一面閲，多方勸誘，斟酌去取，强壯勇敢武藝閑習者留之，老弱不堪者汰之。即係强壯而詐僞姦猾，專爲營蠹，造言摇惑者，責以追還安家，而並汰之。原額五千七百餘人，汰去二千五百餘人。收其兵器，酌量遠近，給發盤費，陸續起行，已將盡矣。在留三千二百餘人中間，有待器甲齊備願出援遼者，有守通防邊惟令是聽者，爲數相半。其防邊者，月加四錢，已奉欽依。援遼者，臣許以再爲題請，月加五錢，則皆欣欣有壯往之勢矣。正欲部署二三日，即入昌平，汰完河南民兵，一並奏報。而臣向抱眩暈内傷之症，近數日間獨身酬對五六千人，逐一辨析，逐一勸勉，發給印照，俵散盤費，自朝至暮，手口並作，勞勩之後，前疾復發。頭目昏眩，時欲傾仆，一指麻木，漸次蔓延左畔二肢，殆成偏廢，即欲勉强畢事，其勢不能矣。用敢披瀝陳情，伏望皇上俯察臣愚，實非推諉，勑下該部，准臣罷職謝事，使得歸休田里，苟延旦夕。

其昌平一處合行事宜，乞勑兵部行督撫諸臣，如議施行。向來營務，在臣任内者，容臣力疾查明，應奏繳者，具疏奏繳；應報部者，造册報部。再惟臣原任左春坊左贊善，因事超遷，不由叙進，跼蹐靡寧，已非一日。如蒙聖明，念臣出位建議，本自朴誠，觸事無能，才力所限，准臣致仕。及覃恩勑命，俱以原任坊銜，則分義所安，爲榮大矣。臣無任激切惶恐待命之至。臣支離狼狽，不能躬叩闕庭，爲此具本，專差指揮使薛弘訓齎捧謹具奏聞。

本月十五日奉聖旨：「徐光啓受任簡兵，還着力疾竣事報命，覃恩誥命仍照新銜給與，該部知道。欽此。」

簡兵事竣疏 辛酉正月二十一日

題爲微臣受任簡兵事竣報命事。臣於泰昌元年十二月十一日具疏陳情乞恩休致，十五日奉聖旨：「徐光啓受任簡兵，還着力疾竣事報命，覃恩誥命仍照新銜給與，該部知道。欽此。」欽遵於本月十九日前往昌平州，將河南一營實在民兵一千九百零六名，逐一點選。簡其强壯願留者，凡一千三百零五名，照舊在營訓練。其老弱不堪，及名列中等，形似强壯而力藝未優，或性行險劣者，分別等第，酌量地方遠近，分給照票並盤費銀兩，發回原籍，凡六百五十四名。並前次所簡汰山、陝兩營，通計三營民兵，照泰昌元年十一月分糧册，該七千八百二十五名內，汰去者共三千一百七十名，存留在營者共四千六百五十五名。外加兵部原發指揮宋純臣內丁一百名，實計今在營食糧操練兵丁四千七百五十五名，俱行新將倪寵統領訓練。其餘一應節制統馭事宜，聽候兵部照依原覆事理，議擬畫一，題請施行。又臣前疏請三營並屬一將，且山、陝汰去數多，應將河南一營歸並通州駐劄，聽候調度，未經部覆。若依此議，會計糧餉總數，共該三營原額兵丁七千九百二十五名，每名每月支銀六錢，米六斗，在昌平者米支折銀三錢，共支通濟、昌平二庫銀五千三百二十六兩八錢，米三千六百一十一石四斗。今存留兵丁四千七百五十五名，照兵部題准每月加銀四錢，共銀一兩，每月該支銀四千七百五十五兩。米照舊六斗，每月該支米二千八百五十三石。比前減去銀五百七十一兩八錢，米七百五十八石四斗，其合支銀聽候該部司解發該庫，米就于通倉按月支領。但臣標下原有募選教師一百二十名，爲衆兵師範，勞苦倍常，向隨民兵食糧外，每名每月加銀三錢。又內丁四十二名，每月加銀二錢。宋純臣內丁一百名，准部文每名每月加銀二錢，向于臣標下餉銀內支給。今副總兵倪寵復帶有內丁八十名，四項共三百四十二名。比于民兵，仍宜稍從優厚，應候部議，于前項減扣銀米，或仍于臣標下存貯餉銀內酌量支給，亦不必額外加添也。至若臣之菲劣，欲求謝事，以安無能之分，並還初服，以洗冒進之嫌。伏荷聖明，仍給新銜誥命，仰見皇上浩蕩洪恩，猶是皇祖式蛙市駿之意，臣不勝感激。除奉旨之日，於郊圻私寓望闕謝恩外，所懷下情，再容臣別疏上請，今未敢瀆陳也。臣無任激切惶恐之至。

本月二十五日奉聖旨：「知道了，該部知道。」

謝皇賞疏 辛酉二月二十五日

題爲恭率將士，仰謝累次大賚洪恩，並將用過扣存花名數目，造册進繳事。臣前受任管理練習山、陝、河南三營民兵，恭遇皇考光宗貞皇帝發給内帑，犒賞兵士每名一兩；續遇皇考光宗貞皇帝登極，頒給皇賞每名二兩；迨皇上登極，頒給皇賞每名二兩。伏念三省官兵，連年遠戍，防禦練習，雖有銀米之給，未免飢寒之嗟。仰荷兩朝恩命，三頒賞給。每一奉旨，輒歡欣鼓舞，如獲更生。臣每放給一次，即率諸吏士恭設香案，望闕謝恩，祝頌嵩呼，無不願捐軀報效，仰酬萬一也。臣謹遵依泰昌元年九月二十一日准户部咨，山、陝、河南三營共領銀七千七百二十九兩，分給三營民兵並教師家丁七千四百三十七名，每名一兩，該銀七千四百三十七兩。外三省解到逃兵一百六十五名，量給半賞，該銀八十二兩五錢。三營遊擊、守備、中軍、千把總、教練官，並臣標下中軍旗鼓賞功旗牌聽用等官，共一百一十四員，各給散不等，該銀一百三十四兩。以上三項共給銀七千六百五十一兩五錢，扣存逃故民兵銀七十七兩五錢。續於泰昌元年十一月初四日准禮部咨，將山、陝、河南三營民兵依九月分食糧文册，該七千八百一十七名，領内庫銀一萬五千六百三十四兩。於時臣適奉旨簡汰，人情戀土求歸者甚衆。幸有前項賞銀可用，分別鼓舞，議將存留者給與全賞，汰去者止酌量遠近，俵給盤費，病兵脚力量加一倍。該三營前項民兵七千八百一十七名，續有新解到逃兵，共七千九百九十九名，就中揀選，汰回民兵三千三百零九名，每名給盤費銀五錢七分至一兩五錢不等。內病兵一百二十一名，每名給銀一兩一錢四分至三兩不等。共給過銀三千零五十八兩五錢四分。其存留民兵及標下教師家丁、各官員下家丁書記該四千六百九十名，每名給與二兩，該銀九千三百八十兩。內標下教師六十四名，加賞銀一兩，該銀六十四兩。三營遊擊、守備、中軍、千把總、教師等官，臣標下中軍旗鼓賞功旗牌聽用等官，並州衛效勞官，共一百二十四員，各給多寡不等，該銀四百八十六兩。以上四項，共給過銀一萬二千九百八十八兩五錢四分，扣存銀二千六百四十五兩四錢六分，又於本日准禮部咨，內照前兵數領內庫發寄戎政庫銀一萬五千六百三十四兩，分給三營見在兵丁並副總兵倪寵家丁四千七百五十五名，每名二兩，該銀九千五百一十兩。三營遊擊、守備、中軍、千把總、教練等官，並臣標下旗鼓賞功旗牌聽用等官一百零四員，各給賞不等，該銀四百七十三兩。汰回營官隨任家丁五十二名，給盤費銀六十五兩。以上三項共給過銀一萬零四十八兩，扣存銀五千五百八十六兩，通計皇賞三次，領銀三萬八千九百九十七兩，給散過銀三萬零六百八十八兩零四分，扣存銀八千三百零八兩九錢六分，遵奉明旨，各邊扣存賞銀抵充年例銀兩。今前項存剩銀兩合應比照事例，抵充三營月餉。臣已寄貯太倉新庫，聽候本部給發各該餉司，按月放給。爲此今將三次給散過官兵備造花名文册，隨本進繳，謹具題知。

謹陳任内事理疏 辛酉二月二十七日

題爲微臣蒙恩予告，謹陳任内事理，以備查核，以便支用事。臣受任練兵，以去年三月奉勅巡歷通、昌，未幾三遭國喪，例同在差諸臣奔赴行禮。既又奔走吉凶大典，以及山陵襄事。至十一月又復奉旨選汰，前後實在行間訓練者不過四月而已。選汰既畢，欲將各兵教成軍火器藝、隊伍法式，再加演習，務令精熟。向來三營所領甲仗器械，自頭盔鳥銃之外，並無一件堪用。又因錢粮不敷，無憑製造，至十一月方得兵部覆准東南城御史劉有源追贓銀，並存貯捐助銀兩，堪以製造十之一二，而臣已不幸膺狗馬之疾矣。累疏請告，於今年二月十一日奉聖旨：「徐光啓屢以病請，准回籍調理。吏部知道。欽此。」欽遵，除將三營事務行令副總兵管參將事倪寵統領訓練，其節制事宜聽候部覆措置外，所有任内經管兵馬錢粮器械等項，除攢造備細文册，咨會各該部司行該管衙門外，合將總目大數開列條款，具疏奏聞，伏乞勅下該部，候該管衙門查考支用施行。緣係微臣蒙恩予告，謹陳任内事理，以備查核，以便支用事理。未敢擅便，謹題請旨。

計開：

一，兵馬。臣於萬曆四十八年三月受事，據三營開報民兵共六千八百六十二名，逐一簡別，編立隊伍，行委標下各官，教演火器、長短軍器，常川練習。續有三省解到逃兵並募補教師家丁，扣至十一月，實在兵丁七千九百二十五名。奉旨簡汰老弱三千一百七十名，存留兵丁四千七百五十五名。見在營操練二次，兑到太僕寺馬四百五十匹。其有倒失者，俱在一年之內照例追樁朋合買補。此外該用駝騾五十頭，向無錢糧堪以動支，相應借支皇賞扣存銀兩買給。

一，錢糧。除三營官兵月餉銀米，營官廪給心紅等項，俱各營按月造册，於臣衙門掛號赴各該餉司支領，並臣衙門員役月給廪米，亦按月造册，赴通倉支領外，有户部解到臣標下藩府捐助餉銀六千兩，向貯通濟庫，聽臣支放廪給心紅紙劄，並標下中軍旗鼓旗牌教練聽用等官廪給紙紅，教師家丁等役加給月糧，書吏等役工食，自萬曆四十八年三月起，至天啓元年二月止計十二箇月，用過銀二千八百六十二兩三錢四分三厘壹毫，實存銀三千一百三十七兩六錢五分六厘九毫，見寄通濟庫，聽候支給。兵部咨發操賞銀二千兩，向寄兵部職方司庫，陸續取用操賞醫藥等項銀五百九十四兩三錢四分二厘四毫，實存銀一千四百五兩六錢五分七厘六毫，見寄職方司庫，聽候支給。工部咨會修整鳥銃、製造旗幟、買辦金鼓號器等項，除支領本色物料外，解到工料銀八百七十三兩五錢八分四厘八毫，陸續委官買辦修造，用過無存。其有不敷者，於捐助銀内支給。用存物料止建鐵五百斤、桐油二十五斤、絲三斤、木標四片，俱寄貯王恭廠。中書舍人楊之驊捐助銀二千兩，除本官自行召募教師家丁七十二名，用過安家盤費銀七百二十一兩八錢，並買辦修造前項旗幟金鼓器械等項，因工部銀兩不敷，取用過二百三十四兩一錢六分五厘六毫外，見存銀一千四十四兩零三分四厘四毫，見貯通州庫。納級指揮胡楫捐助銀二千兩，除本官自用，買辦熟建鐵六萬六千斤，該銀七百二十六兩，並用過脚價蓬廠廩給等項銀八十兩一錢四分，實存銀一千一百九十三兩八錢六分，見寄通州庫，聽候支給。其建鐵六萬三千斤寄貯王恭廠，三千斤見貯通州庫，聽候取用。泰昌元年十一月，兵部覆准巡城御史劉有源追贓銀六千七百餘兩，原題練兵之用，臣見三營兵仗全缺，擬將此項銀兩製造修理。時因簡汰兵士，續即患病，未及取用，見貯該庫。此外有三次扣存皇賞銀，共八千三百零八兩九錢六分，遵奉聖旨，抵充年例銀兩，見寄太倉新庫，聽候支給。

一，器械。三省民兵，俱係鄉農。募到之日，武藝全然不知。器仗旗幟，止有官給小銅銃短鎗隊旗等數百件，亦不堪用。臣未經受事，該營各將官申部請給内府盔甲軍火器械等項内，止有頭盔一種頗稱堅緻，餘皆朽壞鏽鈍，並無一件堪用者。臣添請得戊字庫存貯鳥銃二千門，止是機牀，不堪咨取。工部料價改換嚕密式，數月練習，小有炸損，不過數門，亦不至傷人。其餘俱試驗堪用，雖則體製短小，亦稱中等利器。今兵已簡汰，三營演習止須一千門，餘存一千門合應繳還，以備緩急。其盔甲五千六百五十一頂副，計兵給授，餘存八百九十六頂副，腰刀五千六百四十把，計兵給授，餘存八百八十五把，亦應繳還。如湧珠砲一百位、漁鼓砲四十位、銅佛郎機四十位、合縫子砲二百位，每放炸損，合將見存並炸損材料，悉應繳還。已上餘存鳥銃、盔甲、腰刀、砲位，俱運寄王恭廠存貯，其三眼鎗六百桿、旗鎗一千桿，俱存貯各營。大梢弓一千八百張、大箭五萬四千枝，暫給官兵，俱應手折壞，餘存者留貯各營。此外應造精甲利器，大小砲位戰車等項，臣累疏題請，因錢糧不得應手，無憑成造。止咨到該部銀兩，並動支義助銀兩，備辦成造。綾紬營部哨隊旗幟四百一十二面，布伍旗九百二十面，金鼓號器等七十五面，副鐵鋭一百二十六把，鈎鐮刀一百二十一把，木棍一千一百根，守備丁呂試中軍陶堯臣捐俸置買嵩縣長木槍七百桿，見在演習。其餘缺乏尚多，合應動支前項追贓、義助銀兩，並熟建鐵鳩工攢造，倘有不敷，再行申部，設處應用。

庖言卷三

奏疏三

謹申一得必保萬全疏 辛酉四月二十六日

詹事府協理府事少詹事臣徐光啓謹奏，爲愚臣蒙恩内召，自顧無奇，謹申一得之見，仰乞聖明決策力行，可以必保萬全事。本年四月，該吏部題爲緊急軍務等事，内奉聖旨：「少詹事徐光啓即令回京，欽此。」臣原以疾請告，奉旨回籍，恐途中醫藥未便，暫居天津調理，旋已戒行。不意東事敗壞，仰蒙皇上念臣犬馬之忱，期臣溲渤之用，雖病體未痊，而義無反顧。遂於本月十六日輿疾就道，十八日到京，二十六日陛見。

念臣本以腐儒，叨官翰墨。東事之初，全無責任，何爲多口招尤，自棄於日月之側乎？實知此事必未能了，必須盡用臣言，然後可濟。又念此時不言，俟再敗而後言之，不惟無及於事，亦非人臣之義也，故汲汲建議。議雖不用，由今思之，幸無不早言之悔矣。臣昔年諸疏，大都言戰勝守固必藉强兵，欲得强兵，必須堅甲利器，實選實練。鼂錯曰：「器械不利，以卒予敵也；卒不可用，以將予敵也。」今之兵將，皆明知以我與敵，誰肯向前？既不能戰，便合嬰城自守，整頓大砲，待其來而殲之，猶爲中策。奈何盡將兵民砲位，置之城外，一聞寇至，望風瓦解，列營火砲皆爲敵有，返用攻城，何則不克？障無守兵，人知必破，合城内潰，自然之勢。是諱嬰城自守之名，而甘喪師失地之辱。臣不能爲在事諸臣解也。從前再敗，病根易見。及今不思變着，雖徵調招募，更如前日，而奴之勝勢已十倍於昔矣，况未必能如前日乎？今欲求堪戰之兵，必悉用臣言，日夜營辦，遲之數月，然後可得。而寇在門庭，又不能待。臣之愚見，以爲廣寧以東一帶大城，只宜堅壁清野，整備大小火器，待其來攻，憑城擊打。一城堅守，必不敢驀越長驅；數城堅守，自然引退。關以西只合料簡大銃，製造火藥，陸續運發。再用厚餉招募精兵，能守城放砲者，令至廣寧、前屯、寧遠諸城，助之爲守，萬勿如前二次列兵營火砲於城濠之外，糊塗浪戰，即是目前勝筭矣。待兵力果集，器甲既精，度能必勝，然後與戰可也。至如都城固守，尤爲至急。凡兵家之法，近攻者先剪其枝葉，遠攻者必圖其根本。根本一固，敵必不敢深入重地，自取覆敗。今京師固本之策，莫如速造大砲。蓋火攻之法無他，以大勝小，以多勝寡，以精勝粗，以有捍衛勝無捍衛而已。連次喪失，中外大小火銃悉爲奴有，我之長技與賊共之，而多寡之數且不若彼遠矣。今欲以大以精勝之，莫如光禄少卿李之藻所陳，與臣昨年所取西洋大砲。欲以多勝之，莫如即令之藻與工部主事沈棨等鳩集工匠，多備材料，星速鼓鑄。欲以有捍衛勝之，莫如依臣原疏，建立附城敵臺，以臺護銃，以銃護城，以城護民。萬全無害之策，莫過於此。若能多造大銃，如法建臺，數里之内，賊不敢近，何況仰攻乎？一臺之强，可當雄兵數萬。此非臣私智所及，亦與薊鎮諸臺不同，蓋其法即西洋諸國所謂銃城也。臣昔聞之陪臣利瑪竇，後來諸陪臣皆能造作，閩廣商民亦能言之。而刑部尚書黄克纘，浙江按察使陳亮采知之尤悉。亮采遺書，克纘又展轉致書於兵部尚書崔景榮，力主此事，當在亟圖，亦非獨臣一人知之言之也。此功一成，真國家萬世金湯之險，不止一時禦寇之利。即奴賊聞之，決不敢肆行深入；都人見之，必肯安心固守；南行之人，皆將返首來歸；海内姦雄，亦且潛消異志。若不營此事，臣展轉思維，别無應急之筭，更復悠悠忽忽，坐待敵來，倉惶無計，必且出於至下之策，而大事去矣。

臣建此議，今已三年。近日同朝諸臣如刑部侍郎鄒元標等數臣，力主臣説。其餘面相咨問，皆以臣言爲是也。昔者晉楚争鄭，鄭之大夫或欲從楚，或欲待晉。公子騑曰：「發言盈庭，誰敢執其咎？請從楚，騑也任其咎。」所云「任咎」者，謂誤國則伏其誅也。今日之事，若盡用臣言，造臺造砲，悉皆合法，而它日有一賊一馬橫行城濠之外者，臣請以身執其咎矣。

都城既安，就用此法行於邊境各處。守城甚易，兵數必然減省。省兵之餉，並以厚戰士，以精器甲，自然人人賈勇，何至如今畏敵如虎，視營伍如陷阱乎？伏望皇上決意行之，宗社生靈，無不幸甚。至論此事經費，未曾量度估筭，恐亦無多。就令多費，乃是萬年本計，古所謂金城鐵甕，倍勝積金於庫藏，而它日所省養兵之費，又且不貲。豈比遼左千百萬金錢委諸逝波，而又以土地人民殉之者乎？此外强兵決勝之計，略具前上諸疏中，容臣即日再行摘取緊要事宜，恭請欽命施行，今未敢盡陳仰瀆聖聽也。再惟臣年衰力弱，疾病之餘，精血耗竭。雖憂天徒切，而任事無能。若令商確議論指畫可否，臣不敢不竭其愚。若濫肩事任，舍其寸長而用其尺短，是兩失之矣。臣之短於才苦於病，諸臣共知，非敢託詞避難也。伏惟聖明裁鑒，臣不勝激切惶恐之至。

本月二十九日奉聖旨：「這城守臺銃既確任有濟扞衛，着該部會同議行。前條議練兵事宜，果有勝籌明驗，仍另行具奏。」按東事數年，既未能戰，又不肯守。城外列營，寇至則潰，遂爲膏肓之疾。袁經略在永平曾遣親吏來咨求守禦之策，深相憑信。遼陽之行，意謂足可倚仗。及寇至之日，與張忠烈、高監軍定議守城，分派信地矣。俄然變計，城陷身亡，蓋有必死之忠，而爲必生者所悞也。曾不思必生之道，無過於守。且戰者自戰，守者自守，兩不相待也。奈何言戰則盡撤守備而聽之，一敗即以城予敵耶？惟邇年寧遠之守，屹然不惑，遂得以抔土障滔天。嗟乎！封疆之臣鑒之哉！

申明初意録呈原疏疏 辛酉五月初九日

奏爲奉旨具奏，謹申明初意，並録原疏上塵聖覽事。臣於本年四月二十六日具奏，爲愚臣蒙恩内召等事。二十九日奉聖旨：「這城守臺銃既確任有濟捍衛，着該部會同議行。前條議練兵事宜，果有勝籌明驗，仍另行具奏。欽此。」切惟臣於萬曆四十七年三月二十等日，見遼東三路敗衄，失亡甚多，主憂臣辱，不勝感憤。尤可惜者，驅邊腹之民而盡斃之，後難調發；尤可憂者，盡中外之火器而盡予之，後難抵敵也。故再三陳説，大略謂兵不在多，只宜講求敵之勝我者何故，因思我今勝敵者何法。商量定筭，務出敵人之上，其下手之處全在先造精堅甲胄，鋒利器械，大小火砲，次用厚餉，挑選召募海内奇材異能之士，博選教師，統以良將，馭以嚴法。倣東伍以立陣，兼車砲步騎以結營，務使人皆壯勇，技皆精熟，遠擊則百發必中，近鬬則一可當十，而又臂指相使，分合如意，疏行密陣，勢險節短。如是者器械之費，一人當十；糧餉之費，一人當三。然此時如臣所計，精兵只須二三萬，役不過二三歲，大略費五六百萬可以竣事矣。乃所造器甲尚留，爲千百年之用，費猶不費也。不圖言之嘵嘵，一不見信，諸凡區畫，未免拘泥常格，因循積弊，終于棄置堅城，糊塗浪戰。臣之原疏，所謂「擔雪填井，有損無益」，所謂「如卵投石，至即糜爛」，不幸而中矣。即今再行調發召募，以備應援、圖恢復，亦須細細商求。一切甲冑車輛，軍火器械，揀選練習，必用何法可以大勝于前，必用何法可以倍强于虜，然後一意從事，如設的而求中，立表而求至，可也。若止如前行徑，則既以之再敗矣，今將何恃而必勝乎？四年以來，非無良將也。兵不精，器不利，良將不當儒將之用；非無勁卒也，不選不練，無器無法，勁卒不當弱卒之用；非無厚餉也，人多而粟少，金賤而物貴，厚餉不當薄餉之用。今求必勝之兵，必將悉反前轍而後可。臣嘗言：「養兵之要有三：曰少，曰飽，曰好。」惟其少，所以飽也；惟其飽，所以好也；惟其好，所以少也。嘗議選練之格，選用之初須年二十以上、四十以下，力舉五百斤以上，穿戴盔甲四十斤以上，又須精悍趫捷，有根着，有保任，不合格者不取也。合格者，謂之隊兵。隊兵之中能習演一藝以上、精熟可用者，即爲鋒兵。鋒兵每月給餉二兩一錢，安家衣鞋銀二十兩。其能舉六百斤以上者，每加百斤，每日加銀一分。隊兵未習藝者，先給月餉一兩五錢，待藝成照例加給。其鋒兵再令教習，有各藝皆精、超出儕類者，以漸加增至每日一錢而止，謂之壯士。壯士之中，又拔其尤，如弓矢于三十步外，二寸之的百發百中者；鳥銃于六十步外，三寸之的百發百中，又一銃連發九丸，畧與射矢同疾者；大砲能於三五百步外立的命中，又裝打迅疾，連中數次者；放鎗刺劍，俱能于方寸之的百發百中者；其餘各技，悉立一比較之法，而百試不失者，謂之上士。其餉亦以漸增，加至每日二錢而止。其日食二錢者，仍歲給安家銀十兩。若選募之日，就可充壯士、上士者，即與應得餉給。如此，精卒總合四等，得二三萬人，配以車騎，齊以法制，束以部伍，嚴以賞罰，用之戰可以勝，用之守可以固。此臣之所謂兵也。其造甲須通身全具，以能禦鳥銃爲度；刀劍之屬，以連截數釘爲度；槍之屬，以戳鐵不損爲度；大小銃砲，以倍藥倍丸數發不損爲度。此臣之所謂器也。總之則所謂器械之費一當十，糧餉之費一當三，不容損矣。荀卿論兵，謂「慮事欲熟，而用材欲泰」。蓋慮熟而用，用得其當，雖泰實省也。作室必須木石，炊飯必須水米。若欲束芻成室，摶沙作飯，省則省矣，其如敗壞何哉？臣書生之見，何敢自謂勝籌，所言曾未施行，何自得有明驗？所以不能無言者，爲今日之虜，非三月以前之虜，又更非三年以前之虜也。臣自戊午入都，嘗爲人言：今日之奴，蜂蠆耳。一失策，必且化爲豺狼，再失策，必且化爲虎豹。所以冒昧陳言，爲獖豕牿牛之計。今果化爲虎豹矣。所以然者，非在士衆之失亡，非在金錢之耗散，非在土地之淪胥也，蓋在罄中外之大小火器而盡予之耳。三路之敗，見于奏報者一萬二千，朝鮮奏報者七千。遼瀋二城從京庫解發，及各路援兵携帶並舊存守禦者豈止二萬。大約火器四萬，火藥不止一二百萬，皆拱手而授焉。今將何以禦之，又將何以勝之，曷不從此等喫緊之處一計筭乎？謂賊有之而不能用者，皆粗瞞虛想之言，萬無一有之事也。臣猶記壬子之歲，朝鮮奏稱，奴酋遣使市硝磺于該國，辭以原無出産，每從天朝市買，限有歲額，無可售者，則賊之經營此物有年歲矣。豈其得之而不用乎？四十七年冬月，演放槍砲，見于阿利之親招；川、浙二兵，大殲賊衆，被東賊連放大砲而潰，見于近日之傳報。即又何嘗不用乎？故如臣所言，製造選練，若在三年之前可以必勝。其在今日，即有精兵利器，而勝負之數猶未可定。臨期應變，尚在主兵者別有妙用，非臣所能豫籌也。况兵未精，器未利，而可僥倖于萬一乎？臣竊恐當事諸臣，狃于眉睫之論，以舊日之奴待之也，故敢爲剖析如此。但此意可使當事知之，自爲必勝之策；不可爲士卒遽言之，生其畏難之心。如臣此等章奏，俱不應發抄，而報房無知，往往竊謄傳播。大都今日兵機要務，言出口而敵先聞矣，使得因我備以備我，用我謀以謀我，皆不可之大者。且才臣策士，習見時情如此，雖有奇謀秘計，知其無益，不敢言也。伏乞勑下所司，一切本揭關係兵事者，着實嚴禁，不得妄行抄傳，違者以漏泄論罪。庶令玩法者知儆，抱奇者獲申矣。臣不勝激切隕越之至，爲此具本親賫，並將原疏三本隨本上進，謹具奏聞。

本月十二日奉聖旨：「這所奏練兵除器甚悉，徐光啓着仍議委任，以畢其用。該部知道。」

按：此言上士日餉二錢，見者多駭，以爲必無之理，不知合格之難也，果能合格，即一人可當十虜矣。以當今昔之兵，無數可論。日餉二錢，猶以爲少也。但恐若輩人政自難得，特宜立此格，使人竭蹶從事。雖不能至，而心嚮往之。其所成就，亦足當一日之用耳。何憂過厚耶？

臺銃事宜疏 辛酉五月初九日

奏爲畧陳臺銃事宜，以佐末議事。臣緣東事，奉旨回京。力綿才弱，無尺寸之用。相時度勢，莫如先固根本。根本一固，賊決不敢懸軍深入，故特請急造臺銃，爲城守第一要務。而近獲奸細劉保所寄逆書，言「京師何難，大兵宜速來」。可見京師之守萬分難乘，賊兵必不來矣。此即根本當固之一驗也。臣疏既奉旨議行，而兵部覆寺臣李之藻疏，亦奉旨速議具奏。仰見聖明采葑菲、詢芻蕘之意，中外喁喁，咸望速成。工部即日會同議定具奏矣。而臣尚有欲言者，則其人與費也。蓋時危時詘，兩值其難。此後在昔所無，工費甚大。非常之原，必須大破常格，盡除宿弊而後可。若拘泥常格，因循宿弊，差之毫釐，通歸無用，不如不造之爲愈也。故造臺之人，不止兼取才守，必須精通度數。如寺臣李之藻儘堪辦此，故當釋去別差，專董其事。

其它分督及委官，皆須極一時之選。寧取其苦辭者，無寧取其暱就者。是在部臣加意簡擇，工完優叙，以旌其勞可矣。然此法傳自西國，臣等向從陪臣利瑪竇等講求，僅得百之一二。今署參以己意，恐未必盡合本法。千聞不如一見，巧者不如習者，則之藻所稱陪臣畢方濟、陽瑪諾等，尚在内地，且携有圖説。臣於去年，一面遣人取銃，亦一面差人訪求。今宜速令瑪竇門人丘良厚見守賜塋者，訪取前來。依其圖説，酌量製造。此皆人之當議者也。至若興造之費，臣與部臣王佐、寺臣李之藻、繕司臣王國相等，畧一商摧。都城之守，首慮重城，低薄遠曠。今之造臺，自重城始，次及都城。若最大者，宜造六座。體製狹小，即數目加添。大約除城磚見有外，所需黑磚、大石、灰沙等材料，搬運車脚、匠役工食等，銀兩所費亦鉅。但此事所關久遠重大，不宜節省，只求核實，無分毫冒破，便得金湯之固，千載如新矣。如此浩費，亦恐非工部一時所能措辦也。伏見皇上慨念東事危迫，時發内帑，動以數百萬計，無非保國保民之德意耳。用兵之費，往而不返，勢不得已，猶且爲之。此臺此銃，非金即石，金石不銷，藏鏹如在，而可以内固國本，遠讋戎心，令萬世而下，頌皇圖之鞏固者，自今日始。即目前于現發帑金分用十之一二，再有不足，更望特賜慨發，以成此功，計亦皇上聖明所不靳也。臣一得之愚，仰蒙采擇。恐拘泥因循，一不如法，翻成糜費，臣實懼焉。是用陳其補苴之説，伏乞勑下該部一併議覆施行。

本月十二日奉聖旨：「該部一併議覆。」

按：此時何敢言廣寧之必陷，然劉保言，賊志在遼陽，必無它念。或遂信之，則廣寧安得不陷，而根本安得不深計乎？根本既固，便可一意進取，又何必專專一山海也？守一山海，終非完局。

仰承恩命量力知難疏 辛酉五月十二日

奏爲仰承恩命，量力知難，懇乞聖明俯從愚志，以圖寸効事。臣於本月初九日具奏，爲奉旨具奏等事。十二日奉聖旨：「這所奏練兵除器甚悉，徐光啓着仍議委任，以畢其用。該部知道。欽此。」伏念臣二月請告，業已戒途。東事之殷，奉命回京。當此之時，如救焚拯溺，惟知亟走號呼而赴之，敢自諉曰力量有限，幹濟無功，而安坐不至乎？既至之後，勉攄狂瞽之見，冀效芻蕘之益。斯則救焚之勺水，拯溺之一葦耳。頃臺臣郭如楚論事及臣，不謂臣不當來，不謂臣不當言，特慮臣之復用，此正因力量之有限，識幹濟之無功。其知臣甚深，即臣之自知亦已久矣。緣是具疏，擬申前請，仍懇回籍，而忽奉明旨，俯采臣言，將見施用。臣且感且媿，欲前欲却，既而思之，去留用舍，惟皇上所命也；量而後入，亦人臣之義也。臣自知自量，則身非可用，而言或可用。譬如醫非盧、扁，所執者盧、扁之方耳。皇上若用臣之言，則使臣言之，而使能者爲之足矣。何必臣自爲之乎？且欲畢臣言之用，必非臣一人所能辦也。而臣才短力弱，又未能辦一人之事，一經委任，才力不支，並生平講求考究之微長而盡掩之矣。蓋添官創事，勢若贅疣，凡百所需，不能應手。職内之事，既以掣肘而難前，職外之言，又以越俎而自禁。此言行兩皆不酬，尤悔所以交集也。伏乞皇上憫臣微志，亮臣菲劣，令就今職事，與同朝諸臣悉心論議，務臻實效，不必另議委任，以明使能之法，以安無能之分。此即臺臣因才受任之指，亦愚臣審己量力之義也。萬一用臣之言而相時度勢，臣之綿力有可自效者，如前年朝鮮之行，聽臣所請，縱未能擒奴馘李，亦足牽其内顧。至于今日，又可北連江夷，西接礦民，爲恢復之計。如此之類，臣自請行，亦不敢避難也。伏望勑下該部，一並議擬施行，臣不勝願望祈懇之至。

本月十六日奉聖旨：「該部一並議覆。」

服官非分疏 辛酉五月十五日

奏爲愚臣服官非分，懇乞聖明亟賜褫斥，以謝人言事。臣於萬曆四十七年三月二十等日陳言兵事，廷議遣臣監護朝鮮。荷蒙皇祖特旨留用，未幾加升職銜，練習通、昌駐劄民兵，拮据數月，僅能教習軍火技藝、行陣法式。至於大砲戰車、盔甲及各色器械，累請製造，舌敝脣焦，終莫之應。既而錢糧不敷，人數又少，理宜歸併督撫鈐轄，因之疏請下部。覆奉欽依，臣非敢無端辭事也。謂臣不效者，一二黠弁爲臣所黜，廣布流言，譏臣不教騎射耳。然無馬匹弓矢，孰從教之？既是步兵，只合教之步技步法，軍火雜用。試觀遼東近事，則步兵教步戰，未必全非也。然此輩實非簡選精卒，實無堅甲利兵可以必勝，就使出遼，恐與十三萬人等耳，原非臣所謂兵，何敢强言效乎？顧臣於萬曆四十七年九月二十五日有《兵事百不相應》一疏，本年十月初五日有《時事極迫極窘》一疏，本年十一月十九日有《愚臣材劣智疎》一疏，皆請即賜罷斥，並褫原職。神宗皇帝留中未下。至泰昌元年十二月十一日有《愚臣奉命簡兵》一疏，天啓元年正月三十日有《兵事已竣臣病益深》一疏，本年二月初七日有《微臣過蒙恩遇》一疏，俱請以原官休致，再奉明旨，未賜允可。後蒙予告回籍，此則六疏陳情，未嘗不辭官也。歸既二月，遼瀋繼破，聖明側席，奉旨回京。此時但知封疆之急，君父之命，計不旋踵，實無暇顧慮前後，是敢冒昧趋朝。然此只一時赴急權宜，豈合久居官次乎？譬之棟宇將焚，雖逐臣棄婦，皆須奔救。而火勢稍息，便當各歸其處，斯亦理勢宜然也。昨臺臣丘兆麟核定去留之疏，議及於臣，最爲允當。臣昔率然而來，猝不暇思。今提醒而去，尚猶可及。伏望皇上即褫臣職，以爲固戀之戒。向後邊方警急，更有召用，言官亦宜隨時駁正應否再來，俾知進止。若已受成命，未經參駁，遂可偃蹇不來，使人人假引嫌引分之名，爲方命避難之地，臣雖愚昧，知其不可也。臣不勝激切懇祈之至。

本月十九日奉聖旨：「徐光啓召還議用，不得以人言自阻。該部知道。」

略陳臺銃事宜並申愚見疏 辛酉七月　被言請告未上

奏爲欽奉明旨，略陳臺銃事宜，並申愚見，請乞聖裁事。先該臣前後奏陳京師固本之策，莫如製造大銃，建立敵臺，可以一勞而永寧，暫費于前，而大省于後。奉旨下部，覆稱興作甚煩，經費無出。况工部原無額派邊方軍需錢糧，近蒙皇上允發帑金肆百萬兩，未經分受。今以敵臺工料銀兩責成，該部實無所出。若非皇上垂念根本至計，另發帑金，則此臺此銃必無可成之理。臣見目下遼左軍需，急如星火，亦知發帑殊恩，難可屢徼，而冒爲此請，似欲自伸其說，違時詘舉嬴之戒，然而實不敢也。昔人論兵，皆欲識時務，明彼已。古之遠器，不過弓矢。五代以來，變爲石礮。勝國以後，變爲火器。每變而趨于猛烈，則火器者今之時務也。遼左再敗之後，賊則昔無今有，有而且多；我則昔多今少，少而且劣。我雖舊有，用之甚拙；賊雖創有，用之甚工。如近攻遼陽東門，賊來止七百人，車載大銃。我川兵千人逆之，賊發虛銃二次，我兵不損一人，因而直前搏戰。迨至二三十步，真銃齊發，我兵存者七人而已。夫假銃誘敵，近而後發，則勢險節短，此用器要術，臣嘗密與諸將吏言之，不謂賊已暗合。若我兵則初見敵塵，便已發銃，無一中者，敵近即委而去之，兩者巧拙何如也？此彼己之情也。故臣料敵今攻城，必不遽用雲梯鈎杆諸物，必先置大銃於數十百步外，專打城堵。城堵既壞，人難佇立，諸技莫展，然後以攻具乘之。臣不知今之言守者，將何以應之。賊今野戰，亦不用弓矢遠射、騎兵衝突，必置小大火器于前行擡營而來，度不中不發，如遼陽之法用之。臣不知今之言戰者，又將何以應之。此自今以後戰守之時務也，亦彼己之情也。臣三年之前，慮欲使戰勝守固，又不欲使民命盡而國財殫，故言守城必造敵臺，必造大小火銃，一一如法而後可；言戰必須多用大小火銃，載以砲車，雜以戰車，又須堅甲利器，厚餉精兵，一一與銃相稱而後可。不敢謂預知賊勢之至此也，而不幸已至此矣。爲今之計，比臣昔日所言，宜有過焉，豈可不及乎？蓋今日之戰守而無大小銃砲，猶空手遇虎狼也；有銃而無臺無堅甲利兵，猶手太阿之劒而無柄也；數者皆備，而不能深求施用之法、合戰之權，是有劒而不知刺劒之術也；若置銃于城之外以守，敺不教之民而挾銃以戰，是又倒持太阿以柄授人也。夫兵器之烈，至一發而殺百千人，如今日之西銃極矣，無可加矣。若守而無臺以用之，戰而無堅甲利器精卒以稱之，必將如前二次返爲賊有。或機事不密，賊亦竊用其法，自此之後，更無它術可以禦賊，可以勝賊矣。此説臣言之再三，莫或見信，然而不得不言者，緣西銃一節取器取人，臣等實爲始事。若不盡如臣法，寧可置之不用，後有得用之時。若但知慕用之，而不講求其所以用，萬一僨事，至于不可救藥，則區區報國之心，翻成悮國之罪，臣所以展轉不安，寢食俱廢，不得不瀆陳于君父之前也。望皇上采聽臣言，欽定數目，慨發工部應用，成就此功。他日不論邊境安危，但屹然稱金湯之固，即此所費金錢，與積諸庫中無異，且覺更有利益耳。若云東事方急，無暇及此，則臣以爲都城用財，似是大工同例，不必與東事相涉也。即今卜素生心于北，火酋側目于西，儻有變動，豈其專力東方，棄而不應乎？不及此時一爲根本之計，恐它日之不暇及此，甚於今日。且此功既成，醜虜聞之，絶無深入之志，正可專力東方耳。宋祖建汴京城，紆斜廻曲，極便于守。遼人渝盟，韓琦、范仲淹議脩京城，爲吕夷簡所沮。政和間蔡京修之，悉改舊制，方直如弦。後粘罕見之，曰：「此定易攻耳。」使宋人無改藝祖之制，早從韓、范之説，即有靖康之變，豈不能堅守以待勤王之師。若更能修政立事，一意自强，即燕、雲可復，遼、金、元迭起相殘，顧將乘其敝而取之，孰敢窺龍足于大河之南哉？前事若斯，抑亦今之殷鑒矣。

伏惟聖明裁酌。其它造銃等項事宜，如蒙俞允，容臣再行奏請施行。臣不勝悚息惶恐待命之至。

擬上安邊禦虜疏 甲辰閏九月下旬館課

臣竊惟方今九州清晏，百蠻重譯，所宜備者，北虜而已。北虜之中，宣、大爲甚。頃者五路狡焉犯順，竊入我塞垣，擄掠我財畜。今雖竄居遠外，虜王力爲之請，竟未有成言也。藿食之臣久欲効其區區，以爲邊陲萬一之助，適與事會，不容默默，敢略計虜情時弊，稍及備禦之要，而終之以根本之策，惟陛下垂聽。

夫虜自辛未款市，三十餘年矣。款市者，兩利之道也；而戰，兩傷之道也。即虜亦自能孰籌之，是以至于今無變計，則虜情可知也。近歲以來，諸酋每執言中國交市財物，多短少濫惡不如昔，忿忿欲起，則夷婦言：「老俺答歐刀之誓在。老婦在，終不令汝輩爲此。」時時彈壓之，以故無動耳。五路台吉親虜王介弟，狡黠凶悍，又以擒執史酋，功賞未厭，嘵嘵累年，至于今竟爾跳梁也。此寔諸酋共計，聽其所爲，作一桀驁之標幟。及我問罪，則又辭以虜王不知，諸酋不與。又從中講解罰服，而可以無失款，是本計也。然彼寔知我地大人衆，事未可測，亦未嘗不慮我聲罪，是以共翼蔽之，而遠竄大石。今雖鵰取衣糧，膘壯馬匹，寔爲虛聲撼我耳。擺腰爲之偵視，夫亦覘我動静，以自爲計，度其勢當不復來；即來而我收保戒嚴，整搠以待，入則截殺，去則追剿，如是而已。此督撫及將領諸臣責也。其或虜王果爲講解罰服，則宜視其可否，計利以聽。此亦督撫諸臣責也。大抵今日之事，雖一酋作難，而款貢之全局，尚當未變。何以明之？五路累年索賞，諸酋寔無與爲助者，若弗聞也。今闌入而又實無與爲應者，明示我以啓釁犯順，皆五路事，諸酋不與也，一矣。虜王虜婦，始亦禁止，後亦譴責。雖真僞未知，要未嘗訟言左袒之，二矣。我邊之守圉如無人焉，來既不知，去尚不覺。蓋五路未犯之先，即謂我譯人語史酋功賞事，明言入犯也。其氛惡矣，而竟不爲備。既不爲備，而彼竟未敢縱兵深入，則其意但在挾賞，不在作逆，三矣。去歲虜王擁衆入，離城百里而不敢近。稍與之媾，則弭耳去。非獨去歲而已，戊、己之間，已嘗擁衆入，稱北地苦旱，野無青草，欲借粟數萬石，督臣以成例却之，執弗與，亦弭耳去。果欲爲難，豈待今日，四矣。有此四者，臣以知款尚未變也。雖然，款雖可以未變，而不可不虞其變也。款不變，可以無戰，而不可不求我之可以戰也。自受款以來，則云以市賞爲餌，以戰守爲實，幸以其間寬我之力，以圖邊圉之守備，要言可覆視也，更三十年，而我之所謂戰守者安在？邊墻頹圮者，曠弗飭矣。烽墩斥堠，不知燧熢爟火爲何物矣。軍中間諜，恃爲耳目，今悉化爲厮輿之卒矣。尺籍伍符故在也，核其伍無見兵，不給事將領，則驅而代債帥耕養廉之田耳。甲胄苦惡，器械朽鈍，業已不堪。今或苦惡朽鈍之物，並爲烏有。甚則舉而鬻諸虜中也。簡閱草教，用塗耳目，金鼓旌旗，不識形名節制。車徒步騎，悉無行首地分。進無選鋒百金之士，誰爲奮擊？退無輜重駐隊之營，安能轉鬬？至于大小將領，用者未必盡其才，才者未必盡其用。精神技術，什九用於逢迎，什一用於封殖。有能以簡稽練習爲事者，百不一也。因循之極，不得不爲廢弛；廢弛之極，不得不爲單弱；單弱之極，不得不爲逗撓怯懾，皆自然之勢耳。以故平時則朘削以中虜欲，有故則多方以避虜鋒。或闌入邊，俟其飽而去，則遠躡之，得其老弱一二級、遺器數事，輙張以爲功，上下相蒙也。邊事如此，安得不生戎心。所幸者虜尚貪我財物，亦諸大酋中未有能以勢力役屬諸部者。脱有一桀虜生其間，合小攻大，並敵一向，我之憂豈徒款不足恃而已？夫虜之勢，固未至于此。爲我計者，則宜綢繆固防，克詰張皇，就令虜之勢一旦至于此，而吾可以無患。不然，駭而圖之，噬臍之悔，豈有能及者乎？

臣之愚，以爲爲今之計，先求我之可以守，次求我之可以戰，次求我之可以大戰。何謂守？垣墻斥堠，墩臺校聯，哨望之宜，備禦之固是已。何謂戰？截殺追奔，掩擊應援，厲兵秣馬，後發先至是已。何謂大戰？凡兵不可以戰，即不可以守。晝一城邑，駐一營壘，皆然也。守邊之視守城壘，即又異矣。經袤數千里之地，無所不守，無所不受敵。我衆而反以寡用，彼寡而顧得聚形。如有兵百萬，百分之不過萬人耳。敵擁數萬來，是數倍我也。此萬人者敗，而彼百萬者悉居無用之地矣。則深計其終，勢不得不出于大戰。何者？散而守，不若聚而攻。

算量衆寡，理所必至。昔人有言：一大治則終身創矣。周伐玁狁，漢空幕南，文皇帝三犂虜廷，皆以此也。今日之勢，誠于信地守望之外，選練得勝兵十萬，分隸諸邊。平居守禦，則往來應援；一朝匪茹，則大出兵，修永樂故事，如是斯萬全矣。臣故謂求我之可以大戰者，此也。

夫是三者，今將求之如何？設險阻，整車馬，備器械，選將帥，練戎卒，嚴節制，信賞罰，數事而已。臣固不能越世俗之常談、國家之功令而創爲説也，特臣于數者之中更有兩言焉：曰求精，曰責實。今此數端，非不犂然具矣，大抵皆粗而不可按，虚而不可核，如所謂以塵爲飯，以塗爲羹者耳。苟求其精，則遠略巧心之士，相與講求，經歲而未盡。苟責其實，則忠公憂國之臣所爲太息流涕者，十倍于賈誼而未已也。臣請言其一二。所謂設險阻者，烽堠也，墩臺也。烽堠之制，欲堅欲密，然可以傳警，不可以守禦。最利守禦者，則薊鎮之敵臺。邇年所繕，稍有次第，可推之諸邊者也。然臣以爲可當今日之虜，不可當意外之虜也。竊以爲今所作者，更宜減卑三分之一，而三倍其厚。度矢石所及，聯絡如貫，加之勁卒利器，守可必固也。所謂設險阻者，此類是也。騎兵與馬同命，故曰「寧傷于人，無傷于馬」。而平原易野，大兵深入，計非戰車如武剛偏箱之類，則不能載重致遠。列營守衛，顧其相視芻秣之宜，輪轅輻轂之制，如《周禮·考工記》所載，及師皇馬援輩所論迹，棄置久矣。今邊地名爲戰車，重遲粗惡，略不堪用。至其賦予芻秣之費，半給人食，以其半餉馬，又安得雲錦成羣也？宜核實精求，務令駔駿騰槽，樸屬微至，車攻馬同，嗣響周宣，以薄伐大原，不爲難矣。器械之利，未易備言。大都甲胄干盾欲堅以便，兵刃欲精以利，弓矢之屬欲入深而致遠，其范金合體之類，悉有定法，今將吏未盡解也。攻守器具，如《墨翟子》所載，近代名將所用，今將吏未盡習也。最利者，則無(知)〔如〕近世之火器，邇來諸邊所造，諸家所説，較昔爲精矣。尚有進于此者，則尤宜早計也。蓋乃中國之長技，而今虜中亦有之，恐異日者彼反長于我也。大都攻守之備，無論其軍器焉、火器焉，其材美，其工巧，其費鉅，其日力多，其造者自爲用，五者備，然後可以爲良矣。

將帥之才，武科可得什一，舉荐可得什三。武科限于文墨，舉荐亂于毁譽也。兵書所稱，將帥所貴，不過權謀、陰陽、形勢、技巧。陰陽，明將所不道。若權謀、形勢、技巧之屬，或見于論述，見于談議，見于比試，見于造作，一一可以耳目計、銖兩分也。人罕兼長，不妨偏至，要在將將者加意衡量，隨方授任，即真才可使入彀，而草澤英雄亦令勉就維縶，于以建威銷萌，兩利而俱得之矣。若目前選將之術，則有迹可稽者，莫如前效；而有實可據者，莫如治兵。以此求之，亦可得十之六七也。選卒之法有四：曰勇，曰力，曰捷，曰技，皆可以度量權衡，一一試而得之者也。今之將領，平居既傷怠緩，有事又苦倉卒，竟未嘗深求之耳。惟勇也者，不可以度量取，然亦可以耳目試，試而得精卒，然後習視以練目，習聽以練耳，習超越趨步以練足，習負重挽强以練手，習五御以練馬，習五兵五當以練技藝。即三軍之衆，人人皆勁卒矣。卒練而後可以言節制。節制者，分數形名金鼓旌旗用衆之法也。《易》曰：「師出以律。」將不知律，雖有强兵利器，戰則爲人禽矣。夫惟用律，而後可以論奇正虚實之權，而後可以妙揚奇伏備之用，而後可以運攻圍絶脅，聚散卷舒，進退之勢。誠以彼勁卒明將訓之，時其簡閲，月要歲會，教訓既成，能令三軍之衆若使一人，擊首尾應，勢不得以已也。如是斯可謂節制之師矣。節制既定，然後謂之成軍。然而軍非賞罰不成。成軍之後，非賞罰不行。何者？投人于險，非威嚴弗克也；怵人以威，非厚賞弗附也。故罰所以敺民于兵，而賞所以誘民使安受其罰。《尉繚子》曰：「善用兵者，能殺士卒之半。」人以爲此慘毒之言也，而臣以爲此名將之言也。夫不能殺者，殺一人而其下怨，殺數十人而其下叛矣。能殺士卒之半而不怨不叛者，其賞厚而其法明也。誠用向者之兵，誘以重賞，賞且信；威以重罰，罰且必使人懷德畏威，有進死之心，而無退生之計。如是者，有兵數萬，我可以折箠使虜，不然則驅而出之大漠之外耳，又何論虜勢之强弱，與款之固不固也？總而論之，有地，有器，有將，有兵，有法，而後可以守。能守而虜至則殲焉，即謂之戰。必不得已而用大師焉，即謂之大戰。要在急爲之計，徐俟其成。成師之後，勢常在我。我能戰，我能守，即款可也，不款亦可也。否則不能戰，不能守，不款不可也，款亦不可也，即款而愈久又愈不可也。此不兩立之勢，不再計之策也。雖然，難言之矣。臣所謂戰守之具者七，而無一不需財也。臣欲于七者之中求精焉，責實焉，數倍于昔，則亦宜數倍用財者也。今之邊，日不暇給矣，諸鎮年例缺者，以百萬計。邊臣補綴，目前尚有捉衿肘見之苦，而欲爲臣所欲爲，是無米而令炊，又使之具八珍五齊焉，其勢必不可得，即臣亦空言也。然而臣非敢爲空言也，考之前事，度之後事，勢不得不出於此，而陛下果欲爲此，亦無難致焉。蓋有根本之至計於此，曰務農貴粟而已。古之强兵者，上如周公、太公，下至管夷吾、商鞅之屬，各能見功于世，彼未有不從農事起者。如《周禮》、《三略》、《管子》、《開塞》、《耕戰書》，詳哉其言之也。顧道術有純駁，作用有偏正耳。而後世言及富彊，遂以管、商目之，至不足比數。沿至唐、宋以來，國不設農官，官不庀農政，士不言農學，民不專農業，弊也久矣。農者，生財者也。含生之類，無一人一日不用財者，而獨不講于財所自出。今世農人，不過什三。農之勤者，不過什一。然則一人生之，數十人用之，財安得不詘？財之詘也，廟堂之上，非不焦心蒿目，閭閻之道殣者、轉于溝壑者，一日不知千萬之數，非不悲號疾痛，而根本之計，終置弗講，此臣所爲腐心扼腕，長嘆而繼之以泣也。臣所慨者，非獨爲諸邊也，而此事所關諸邊最重又最急。且如今邊鎮之兵月給不過七八錢，少者四五錢，即盡得之以易粟，不過數斗。如農事興，則粟賤。令粟價減十之五，是邊兵得倍食也。減三之二，是得三倍食也。此其利害相去遠矣。興農事之術，臣以爲邊境所宜，略有五事。五事之中，宜改圖者二，宜創建者三。鹽筴之召商墾種，入粟易引，今改徵折色，而邊以大窘也。軍衞之分屯佈種，徵收子粒，今展轉易主，不可究詰，而額以大耗也。

此二者古之良法，而今已大壞，壞而不可卒反，似宜亟圖其復，而稍更其制者也。近世營田之議，謂墾田若干予某爵，民未必應也。臣以爲遠方之民，欲其挾重貲就荒遠，艱苦力作，守而弗去，計非武功世爵不可也。設科目以誘入藉之民，宜可行者。疑土著之民不能相容，則更立學校，諸科舉中式之類別自爲額，不與土人相參，計無不可行也。今世末業之人至衆，而本業至少，宜有法以毆之，使去末而就本。如古之法制，賤商賈，尊農人，使前有所趨，後有所避，勢不得不我從矣。此三者所宜創爲之制，以勸人于本業者也。然而有未盡于此者，願陛下深詔大臣，一意講求，或遣一二幹濟之臣，明于相度開塞之事者，分詣各邊，詳諮博采。大臣總群策而效之，無一齊而衆咻，無懲噎而廢食，行之數年，計必大效。食足則財自充，財足則惟我所爲。如臣所云備邊七事，漸次修舉，精求于常格之外，綜核于名實之内，悉無難者矣。趙充國之于漢，鄧艾、棗祗之于魏，韓重華之于唐，皆用此道者也。魏絳之和戎也，曰：「戎狄荐居，土可賈焉。」又曰：「邊鄙不聳，民狎其野，穡人成功。」以是爲利也。而晉從之，既盟諸戎，而史氏嘉其功，曰：「修民事田以時。」然則昔人之和戎以利農也，今款而廢農焉，臣是以知其不可也。雖然，臣之爲此説也，不知者將以爲迂而不切，緩而無及矣。臣非不知其迂且緩也，計今歲年例缺，陛下已發户部存積及同金濟之。户部太僕盡，陛下必出帑金佐之，勢不得已，固無待臣言之也。獨農事一策，實須數年乃得見效，惟緩就于後，故須急圖于今。計今邊事適可支數年，以數年之間畢力就此，一旦有事而綢繆折衝，已略具矣。此鼂錯所謂「安邊足用」之本，而萬全之策也。蓋行臣之言，一意振刷，它日之效，臣殆有不能盡言者。不然而一往廢弛，它日之害，臣殆有不忍盡言者。二者之中，邊境安危之本，惟陛下裁度而施行之。封疆幸甚，民命幸甚。

館師唐文恪公批：「行文學蘇長公，諸封事擘畫處似迂而實切。」又曰：「策夷情大槩得之，求精、責實，兩言甚確。」又曰：「今國家惟是積習錮之，議論持之，是以一事不可爲，非獨邊也。一意振刷，斯無難矣。按今之胡虜，比昔爲弱，弓馬宿習，故自在也。加以延袤數千里，地大人衆，而虜俗尤重種類。此所云『大酋中未有能以勢力役屬諸部者』，後來當必有之。即如蕞爾建州，當教場他失時，孰料其有今日哉？十步之内，必有茂草。況十倍建州而弗止者？寧可不遠爲圖也。」

會議

會議堪任遼東經略

議得邊方有事，不議事内之人，而議事外之人，此時事之最舛者也。遼有事，誰任之？則總督而已，安用經略？即使必須經略，亦宜以總督改任而別議總督，安用舍總督而外求經略也？何也？總督固遼東事内之人也。地方兵馬錢糧，器械料理，籌畫爲日已久，比於事外之人起自田間，或改自别衙門，周知未能、肄習未貫者，大不侔矣。若云人地未宜，則總督固制將之任，邊疆所倚重者，不堪經略，豈堪爲總督乎？職愚以爲今日而議經略，則用總督而已，無可疑者，無可議者。

特代爲總督者，又須擇可爲經略之人也。如是者，必於近地三五巡撫内取之。其補此巡撫之缺者，又須擇可爲總督，可爲經略之人也。如是者，必於近地十數邊道内取之。其補此邊道之缺者，又須擇可爲巡撫、總督、經略之人也。如是者，必須訪求中外深知兵略、夙有才望者取之。若此措置，即一總督、數巡撫、十數邊道，皆知其次及於事也。彼各有地方，各有兵馬官屬、錢糧器械，誰不畢力庀具，以待後命？若其爲總督、巡撫、司道，而不能庀具，量能課功，稍從更易，無害於事，猶愈於以經略試也。若其能者一膺事任，而夙昔所庀具皆與俱往，此不過旬月，而才不勝用，不過一二年，而兵不勝用矣。

不然，兵學久已棄置，人才不甚相遠，而猝用事外之人，既未服習，又無資藉，事事取給它人，而它人又未盡竭蹶庀具也。如是而求立功立事，知其難矣。至若添設少司馬，昔人曾有此議，亦將使之服習庀具，出膺總督經略之任耳。不知今之爲少司馬者，自建一議，必能行乎？欲選練一將一兵，欲製造一器一甲，能必得乎？果令如志，添設可也。如其不然，則與它曹何異？五司馬與三司馬何異？恐不若精擇巡撫之得行其志，而有益於事也。謹議。

庖言卷四

書牘

復太史焦座師 戊午

啓自去年奉使，期以今春南還，可得叩謁師門也。奴酋發難，適與時會，廷議紛紛。前輩何宗伯謬稱啓夙知兵略，聞于中堂，遂擬趨朝之旨。不知燭武之年已老，蹇叔之力既憊矣。獨以宵旰方殷，義無反顧，竭蹶入都。而昨歲中寒，發爲温疾，幾至不起，遂爾闕焉聞問，罪戾何言。

啓少嘗感憤倭奴蹂踐梓里丘墟，因而誦讀之暇，稍習兵家言。時時竊念國勢衰弱，十倍宋季。每爲人言富彊之術，富國必以本業，彊國必以正兵。二十年來，逢人開説，而聞之者以謂非迂即狂。若迂狂之言早得見用，豈有今日哉？今之愚計，欲當事者大有振作，博求海内名工名技以爲兵師，如甲胄車仗，軍火器械之類，物究其極；然後選取材武之士，務求勇力捷技冠絶儕輩者，三倍其糈；擇名將，定節制，日夜教習之。如是者得二萬人，服習經歲，蓺術既精，大衆若一，驅之若左右手。以是出關，益以遼士二萬、北關一萬，更欲徵朝鮮二萬，兩路牽制，一路出攻，約周歲之内可以畢事。費不過五六百萬，而所得肥饒之地，足以固圉；所絶勅書之賞，足以省費；所造器甲諸事，尚留爲千百年之用。既而坐鎮遼東，西虜弗靖者，便可剪滅。規取舊遼陽，截河爲守，亦甚易事。若能更一振作，廣行召募，倍加練習，益爲三四萬人，即九塞之虜，咸可鞭箠制之。大寧河套，亦易恢復。更益爲十萬人，以二萬人爲禁旅，邊各一萬，即京營各邊之餉，咸可減省十之五六也。今者多起廢將，所領者大半烏合之卒，既不相習，又非素練，器甲朽鈍，全無節制，未及見敵，知不若彼遠矣，而坐費金錢何爲哉？徵召既多，糧芻俱乏，凍餓疲劇，死亡甚衆，正未知何所底也。就使全軍遇于中原，勝負之數分明易見。數萬人衆豈無良將健卒？一有差跌，玉石俱碎。撫順、清河，可爲殷鑒矣，豈不痛哉？當事者似亦自知不敵，顧未能黽勉自强，全欲借資于外。借資于外似也，而處置事宜尤多未合。朝鮮助順之兵也，無糧無賞，至得奴酋之首，不名一錢云，咨行該國自行陞賞，其解體必矣。北關自救之兵也，從前嫁禍于我矣，即能梟酋首，亦自爲報怨圖存之事，非盡爲我也，而以奴之勅書全許之。此六百餘紙者，歲幣數萬金之契券也。爲一北關受侮受辱，生靈塗地，竭天下之力與共克奴酋，彼宜何如報答，而反予之歲幣數萬金乎？且併其地而許之乎？北虜虎墩兔，亦來挾求勅書，似又將許之。是去一奴，生二奴也；去一費，生二費也。如此措置，就得成功，遼事尚可爲乎？況北關兵勁而少，大虜兵多而弱，兩者皆非奴敵哉。

啓區區之愚，亦思一效芻蕘。而病起至今，了無一言相訊者，當由處分已定，無事旁撓。否則書生陳説，未免迂狂之目爾。若謂處分盡善，竊意目前鹵莽，人人所知；若直指爲迂狂，恐三年之艾，終身不得也。倘自建一言，又慮躍冶之金，群鋒齊指，惟有仰屋竊歎而已。蒙老師垂問，輒盡胸懷，望亮而秘之。

又 己未

國無武備，爲日久矣。一朝釁起，遂不可支。啓才力職事，皆不宜兵戎之役，而義無坐視，以負國恩與師門之教。妄有論列，冀當事採用，非必身爲之也。獨朝鮮一行，自信非啓不可，行則必樹尺寸之效，而誤辱主知，委以此中兵事。旋念啓之所言，無一見用，徒以事任責成，此如醫人治病，不憑其方，不用其藥，而以他人之方藥强令炮製修合，迨于不效，誰執其咎乎？

今兹一身進退維谷，抑亦足爲多言之戒矣。矧開、鐵既失，北關旋陷，夷氛日惡，而玩愒日甚，正未知禍亂所底也。《種藝書》未及加廣，當此時恐山間未便可居，不若園亭中頤養何如？

復吕益軒中丞　戊午

與年兄輩久抱杞人之憂，因而賈笑者數矣。今遇此微末事情，便爾中外張皇，不知此蜂蠆之敵耳，一失策將變爲豺狼，再失策將變爲虎豹。况又有真虎豹者，突如來如，且奈何哉？以時勢度之，若江河可返，宋人當先能之，况今日受病之原與宋同，而傳染之深且數倍焉，豈能一朝盡變其所爲？不變禍必不免。杞人之憂在此，而不在奴夷也。

大篇最今日對症之藥，然皆人所不敢言，願且毖焉，以待其時。昔年建議策奴之必叛者，在今視之，誠若蓍蔡。弟獨以爲不然。古今無必敗之局，無必僨之事，全在區處得宜而已。二十年來，每每妄言。遼左三策，若肯相從，俱可無今日之變。其一，一意爲富强計，因而規取舊遼陽，驅北虜于絶漠之外，即奴酋可鞭箠使之，此易于反掌，在廟堂一主持耳，上策也。興復南關，令王忠有後，效順者勸矣；無棄横江之地，使六萬之衆人自爲守；建州北關謀殺猛骨歹商而並其勑書者，俱無准其貢。若此三事皆在十數年前，令反亟而禍小，且可必有功，中策也。

若不能然，便不必訟言其必反，日夜求勦滅于上，徒使彼操危慮深，釀成今日之勢。第當密爲防禦之備，撫順、清河繕完使可守，整兵治器使可戰，下策也。既不能自富彊，又日夜益奴之富彊；凡可以制奴之命者，無一之能爲；凡可以速奴之叛者，又無一之不爲。此則遼人之無策，自求禍耳。雖然，論江河之勢，不可得返，則三策必無得行之理，終不若策其必反者之必騐于今日也。興言及此，豈不痛心？病餘走筆，不倫亮之。

復錢游戎 戊午

時事倉皇，計無反顧，輿疾入都，旋增危病，迄今尫羸不堪也。麾下爲今名將，而高卧丘園，待時待價，今其時矣。東方之事，畏之如虎，一時特起大將十人，而兵與餉皆弗稱也。區區之愚，與時畫絶不合，惟有竊歎。敵雖微末，目前恐未可了，麾下豈能高卧海濱耶？

復莊游戎 己未正月

邸報附上，經畧疏言四路進兵，此法大謬。賊於諸路必堅壁清野，小小營寨且棄不復顧，而並兵以應一路，當之者必杜將軍矣。麾下東行，不敢從臾。即往，經略公必不能用。僕嘗言難端初發，切勿作第一輩人，麾下且徐俟之。若初輩人可了，吾又何求？如或不然，以麾下材，人其舍諸乎？

復王孝廉 己未四月

傾蓋晤言，兩未展盡，臨岐之後，殊難爲懷。門下警飽沉深，棟榦之器，暫借疆場，必能鷹揚虎視。而和璧未剖，豈非玉人之過乎？小疏不行，業已知之。京營之論，是不佞夙心舊議。生變之説，門下所辨晳至當，不佞亦嘗持此論矣。第令呈身自薦，人必以爲躐求卿貳，故不可也。奴酋長技在槍矢兼用，步騎並出。不佞所知，亦止堅甲利器，加以講求服習耳。門下能使騎射無所用之，更爲神妙，度此事必未可竟，是後有賢幕府，虛左請益，肯一俯就否？所命兵家之言皆石畫，論世之旨皆公道也。謂不佞中立，何敢當？第夙昔不能趨炎，亦無心逢世。或每矯時爲涣羣之議，雖不見用，顧爲時人所諒則有之矣。經略公尚未有到期，芻蕘一得，其敢棄置。但如邇來堂下千里，亦何能憖置其耳哉？

附：復宫端全座師書 戊申

朝端議論，直如沸羹。但以事理度之，寧有震風淩雨可以爲常者乎？啓嘗譬之，如舟行大水，左右之人各宜安坐以濟，而無故自相傾側，即一左一右，有往必復，無安舟矣。數往數復，漸以加重，重極而反，無完舟矣。此前代之已事，而有識者所寒心也。願老師暫安東山以竢之。他日處中當軸，則願留意鄙言耳。

復熊芝岡經畧 己未

臺下壯猶偉望，文武爲憲。以理勢度之，奴賊小醜，視猶孤雛。然獨少二三萬堅甲利兵之精卒，堪與賊馬爲對耳。今將帥規避，人心揺撼，皆以此也。諸事廢弛，遼左百年舊習至于今無變計，幹蠱傾否者，能無獨勞獨苦乎？

雖然，六閑充仞，就其中擇一焉，而責以千里之能，非目我爲駿良故耶？時存此意，將忠壯之氣，不鼓自奮矣。奴賊乘我未備，一來相犯，理勢必然。古人遇大敵，則厚集其陣以待之。

今日之計，獨有厚集兵勢，固守遼陽，次則保全海、蓋四州爲上策。但須多儲守之器，精講守之法。中間惟火器最急，若得大小足備，兵將練習，寇至之日，乘城抵敵，殲其二三陣，必噬指退矣。《墨子》曰：「蛾傳者，將之忿者也。」古人非數十萬之衆，雖蕞爾之城，無敢合圍而守，蛾附而登者。奴衆數萬，皆久練之卒，彼所護惜。且內外險固，資財豐足，就有不利，尚能守禦，必非捨命潑戰，齊死遼城之下者也。且今日之事，若令中外相應，精卒利器，各究其極，而自來投赴者，亦何患其不齊死哉？諸所請給，度可應用。惜啓之不與于事，無從知其堅瑕利鈍，詳悉奉報耳。

又

讀別札，知遼城守備全未足恃。人非其人，器非其器，且無將無馬，如此情勢，竊恐歸併合力，不足爲怯；嬰城自守，不足爲弱。古之人多有行之者矣。若城外立營，必須良將精兵，足以當敵，然後可。如或不然，萬一兵勢外挫，人心內摇，其爲守豈不更難乎？古來相傳輪攻墨守，經年累月，終不能下者，誰不知外營拒敵，于法爲便。勢或不能，不若據城爲固，敵終無奈我何也。儻言城不足恃，則十圍五攻，古人豈欺我哉？若空瀋陽之城，並兵合勢，此亦昔人應變之常。主上既假臺下以便宜矣，何不可之有。所少者，守器守人。今廠庫器械，計必旋發，但恐未遂可用，尚煩清慮也。其人必須南兵爲可。竊計薊門臺兵練習有年，能用火器，似當厚給安家行糧，選調一半助遼城守。即以近畿各營南兵充薊鎮臺兵，令其練習，而以募到新兵補足近畿額數。此意不敢具疏，當以聞之樞部耳。東西仇殺，我之大利。激而怒之，使諸營合從爲同仇之義舉，彼既雪前恥，復除後患，而我又有功賞市利以勸之，其勢必從。即今日傾巢乘我之謀，亦將恫疑而不敢遂乎。但北關之路亦虞梗塞，不得已或從西邊假道他營達之，何如？

復袁憲使位宇 己未

東方之警，得借壯猶，重金非固矣。不佞譾劣無似，漫切杞人之憂，不揣建白，未爲時用，此正足匿瑕覆短耳。百字爲韓父母偶書，政恐見笑于大方，何意以辱梨棗耶？高篇不啻玄晏，愧非左氏《三都》也。小疏請教，第三疏之末款，昔慮成行，防其漏洩，故未發鈔耳。書生言兵，非其夙習，何所能至。一二拙見，盡在小疏中矣。目前所急，似以大臺大砲爲第一義，而薊門兵將頗曾諳此，畧爲藘使道其一二，望速營之。恐傳言未悉，惟臺下神而明之耳。

復黄憲副穀城先生　己未

東事之殷，不揆狂斐，數有論建。所自請者，止於奉使東藩，紓旦夕之急，亦知彼中事體尚可措手耳。誤辱主知，授以輦轂重寄，多難之日，豈有憚焉？但受事以來，百不應手。叩閽不聞，將伯無助，特欲以重任見委，便爲了事，事之成敗不我顧矣。無濟于事，而空負祥金躍冶之譏，將焉用之？以此憤懣成疾，旦暮上章乞骸矣。非敢避難，亦欲諸公知負荷之艱，而官貴之不足以縻人也。

與李我存太僕　辛酉三月

東事披猖至此，此如早暮寒暑必至之期，而人情以爲出其不意耶！汲引紛如，弟每厠名其中。以勢度之，恐見及者皆夙昔相期之人。若知其不才而舍之者，甚衆也。果欲用弟，則夙所陳説，必一一致行然後可。一言不見信，一事不盡法，恐終無益於事也，是惟翁丈知之。方今何等時，而可以君國僥倖，易旦夕之暫榮耶？嗟乎！人各有心，知言甚難，專委任而責成功，此意不復見于今之時，知吾曹必獲免于今之世矣。

又 辛酉五月

讀泰蒙公手札，以手加額，此功成，真國家千萬年苞桑之固，惟兄知此言大而非誇也。苟卿言：「用財欲泰。」用之而當，雖泰實省。目前軍火器械，皆非克敵制勝之具。弟前疏謂：「今日之害，只是拘泥常格，因循積弊。不除此二端，雖空竭帑藏，終無實用，終無戰勝守固之理。」今時危勢亟，正是可爲之時。又得泰老主之，仁兄佐之，豈非多難興邦、國以人興之一機乎？一切修造，大應集思詳議。有實用，須數倍工價不足惜；無實用者，雖毫釐亦妄費也。火器一節，少不如法，非止無益，傷害極慘，尤宜慎之。昨與敝同年言一器佳惡，而孫愷老云：「不必與辨，第須造成試之。」此言可謂居要，第試亦有真僞，今之名爲試驗，實受匠役所欺者多矣。武弁方士，類言火器，而十無一真。亦宜擇善而從，長中取長可也。近言戰車者，但取輕便。昔年俞虛江所造，一概抹摋。不知賊之車甚堅甚重，與之火器甚大甚多，而專以輕小當之可乎？愚意謂宜兼用，慎勿一向求輕也。火藥合成者，不宜太多。餘宜煉清各貯以防火。且多備杵臼，事急之日，人人可以用力，何患不及乎？更如西國法，多備連臼，尤便矣。若多積並積，游行出地之火，時有焚燒，非天灾也。敵臺費鉅，大砲費亦鉅，如得泰老主持，弟尚欲專請内帑助之。此萬世之計，而金石不毁，千年常在，不比尋常之費一往不返者，計明主所不靳也。今時所最急，而一時不能猝辦者，無如盔甲，亟須佳樣爲可。有神器而無精甲利兵，終不可戰，望留意計之。

又 壬戌

東事之殷，弟於人情事勢稍稍知有今日。故請出使東藩，少可幹濟一二耳。既已差池，使當噤口束手，而感激隆知，勉就時局，尚圖萬一之倖，不忍逆料其必如所料也。既而果然。迨遼陽既陷，當事者方一意借重，翁丈亦出身任事，而弟不敢沮。弟之既去，亦知翁丈之必有今日，前書中略及之而不敢盡。蓋亦圖萬一之倖，猶前志也。孰料其又如所料耶？雖然，使後來者果能了此，吾輩又何求焉？吾輩所志、所言、所事，要可俟諸天下後世而已，他勿論矣。

復大司馬張座師 辛酉

遼陽之事，節節失圖，不意破壞之日，致我長公遂爲今之張、許也。謀無遺誚，而如水投石，莫相信用，以至於斯。即位宇中丞，亦非剛愎自恣者，在關之日，累書相聞，其於鄙言傾心憑信，而度遼行事一一相反，殆亦不勝衆咻耳。傳聞三月十九日，長公與高監軍力言守城爲是，業已分派信地，而邪謀一人，旋發戰兵。俄頃之間，遷變若此，何暇憶啓疇昔之言乎？邇年賈勇言戰者，後來止辦一走，恐圍城中不復可出，故力排城守之議。當事者皆爲所愚而不悟，此貞夫義士所爲拊膺而長恨也。雖然，古來禍變，必有義烈之士先受其難，而後戡定者出焉。此亦天人之際往復之理耳。遼陽義烈最著者，無若長公，固可格天人而成底定之績矣。賢孫忠孝鬱勃，志不可遏，業已上疏，第今大將出關，不能得數百人，況羽林孤乎？且當致身青雲，以雪家國之仇，更爲順風之呼耳。啓三月請告，小滯津門，東事之敗，奉旨却還，然終無濟于事，不容於人，非久復當歸矣。戰守之畫，經營方寸者數十年，非無千慮之一，其如不用何？不用鄙言，此事終未得了，第更遲則事逾難，費彌鉅耳。

與大司徒李孟白 辛酉

奉别後十八日入都門，尚未得陛見也。憂天有志，而匡時無術，熟觀人情事勢，更難措意，恐終付之無可奈何而已。假令當事者擇善而從，一意綢繆，猶尚可爲。此所謂「天若祚宋」者也。翁臺在津，將遂倚爲長城。但恐事權不一，未便是固圉之策耳。速簡堅厚戰船，精料水兵，安設大砲，扼而殲諸海，方諸陸地，十倍其易。昔人言：「海戰無奇法，大舡勝小舡，大砲勝小砲而已。」幸留意。津城之守，既無兵馬甲仗，亦止宜堅壁而以大砲禦之。金復四衛來歸之民，既得旨，似可遂行。翁臺設處，一一中綮，真大功德矣。長安詢及者已力言之，但恐勢不可待，或先發少糧以濟飢窘，徐安插之，何如？

與楊淇園京兆 辛酉七月

遼左再壞，蒙恩復召，宜有發攄。而弟所言者，止於造臺備銃防禦都城一事，頗爲知己所訝。或言傷弓之鳥，假此塞責，非敢然也。或言闕以外當事者，自有成畫，不宜有言，慮成撓阻，此則是矣，而實未盡。當今時務，獨有火器爲第一義，所欲繕完都城者，先固本而後及其枝葉。根本既固，人心帖然，醜虜聞之，絶意深入，乃可漸向外間作用，且戰且守，直達奴巢耳。不於根本而於枝葉，就令山海東西，在在堅完，而虜或從邊外，或從海道，一聞警則震動繹騷矣。封疆之臣豈能安心一意，直前進取耶？且都城防禦，果如吾輩所策，乃是萬年不拔之基，豈爲東山小醜而已。醫家急則治標，緩則治本。今急而治本者，爲既有治標之人，抑彼肯用吾方，亦何難並治乎？

與周子儀給諫 辛酉七月

病中數數惠然，甚感。際此艱危，宜言時務最急者良是。第有云：「調川、貴土兵十萬，可以滅奴。」甚未然也。土兵信可用，愚意擇最精者五千，給以厚餉利器，爲我步兵先鋒，爲我車營牙爪可耳。昨歲調萬五千人，已是失計，今敗亡畧盡矣。更調至二三萬，恐爲西南之憂，況十萬乎？中間委曲，愚見頗真，深言即累牘未罄，竢面時略陳之。

又 辛酉八月

頃有言南太僕牧地六十萬頃，可變價濟邊。僕先嘗拒之，遂欲以聞於足下，此甚未可信也。敝鄉蘇、松二府賦最多，爲田止十五萬頃耳。此云空閑地土如二府者四，今安在乎？國初兵荒之後，江北土田悉皆茂艸，是故以爲牧地。今生齒日繁，南冏寺無馬艸場，皆爲民業。二百五十年來展轉易主，殆無尺寸空閑，况多多許耶？必若行此，恐重爲東南之累，而於事必無所濟。僕土人也，事有類此者，數見之，終以無成。故知好事之口，難可遽信。聞有《舊京冏寺志》載此頃畝之數，有則望索來共講明之。

與王泰蒙大司空 辛酉八月

前領到文字，即擬報命，而累被指摘，上章乞歸，遂爾留滯。昨被敕旨，已鳩工造一小式，明晨呈覽，便與李太僕估計工料也。知翁臺静攝，沿城踏勘，命以期日，即偕李、王二公一行，何如？

復臨縣尹諸葛澹明 辛酉

昔爲濫竽，方欣釋負。今成小草，益覺難安。徒以君命，不敢不承，致兹維谷，亦甘之矣。來諭勤勤，期我以邊寇之業，固非綿力所能，亦豈時情所許哉？頃以邊才見咨者，每首舉門下，而愚意謂遼事尚未可爲，未敢深相推轂。屬兹挫衄，則鄙籌殆未爲失也。再敗之後，較前爲可，亦未肯遽用勝着博者，一握一食，所宜相時，政須小遲以觀勢，何如？

與胡季仍比部 辛酉

東事披猖，遂旋歸舫。竭蹶北來，而吾言之不行如故也。人言之見及如故也，非久復將歸耳。足下淹久雲司，極爲閒曠，因之肆力古今，以需大用，未爲不幸也。方今事勢，實須真才。真才必須實學，一切用世之事，深宜究心，而兵事尤亟，務須好學深思，心知其意，久久當自得之。若急而究圖，雖高才博覽，未易窺其閫奥也。醫家臨症，旋檢方書，豈能洞見五臟，起人危疾乎？此意廿年前數爲知交言之，領者十二三，迕者十七八，今日竟何如哉？

與吴生白方伯 壬戌

弟三年以來，屢進屢退，出入春明之門者數矣，是以聞問之不時。第見年兄晋長名藩，額手慶慰而已。東方之役，制閫者委棄芻蕘，以至於此。假令早用弟言，左提右挈，則事竣久矣，何至以百萬生靈，數千萬金錢，嫁送全遼，且騷動天下哉？川、黔之事，必致紛紜；三楚越西，恐非無事之國。固圉長策，尚煩清慮。近聞紅毛聚衆，欲刦取濠鏡。若此夷得志，是東粤百季之患，亦恐禍不僅在越東也。頗聞當事發兵救援，此保境安民之長策，不煩再計。但恐兵力舡器，非紅夷對。宜推慁衆爲鋒，而吾接濟其糧糗軍資，斯萬全矣。仰借鼎力，所致西洋大砲四位，業已解到。此殲夷威虜第一神器，但其用法尚須講究耳。附謝不一。

復周無逸學憲 甲子

一載賢勞，今兹竣事，必多得真才，爲它日羽儀楨榦矣。執法不撓，剗除宿弊，自是當官本領。即有危機，非所宜避也。況公道在人，終古不泯，從來真清執者，何嘗不信於當世耶？「黨與」二字，耗盡士大夫精神才力，而於國計民生毫無干涉。且以裕蠹所爲，思之痛心，望之却步。今日中外事事可虞，杞人之慮，蓋非一端。若皆以養癰爲得計，其如一朝之患何哉？真僞之説，最爲切至，然特患未真耳。果真者必有用，不於吾身，當于後之人，豈有治病不須藥石者乎？今日而欲爲不祥之金，誠所不敢。然言及之而緘口，事後當成敗，明知其然，而謬謂不然，隨人妍媸，以鴆毒爲利病，以此階榮梯貴，懼兩失之，則惟有語默隨時，聽天任運，不可即奉身退耳。足下以爲何如？

與呂公原起部 甲子

鵠首將發，病未得南，瞻望行旌，但有神往。搉使於地方無與，而黔事未定，荆楚實要地也。治兵使者未有成畫，率意進取，今冬大舉，勢不能無挫衂。徵兵措餉，其難且十倍矣。自守虜斷不至長驅，而事勢潰決，就近用人，恐不免煩年兄石畫耶。幸豫計之。

復張深之司隸　甲子

拙筆而兼以病軀，於尊公老年丈精忠大節，不能摹其萬一，且微意未申，姑待異日耳。遠承來劄，佩服可言。讀大疏，意識不凡，又何必毛錐立勳業耶？澤、潞開局，向屢言之，而人不信；欲自爲之，而財不足。足下爲榆關出此一策，差令不佞吐氣。別諭東方之事，異常寃慘。假使不佞當之，豈令決裂至此哉？已矣，獨有澄江、冷月，差堪語此，得足下而三之矣。

與王無近端尹　乙丑

昔己未之春，上言兵事。海外之行，舉朝伏闕以請，而特旨留用，此時已度有今日矣。中間升沉出入，如殘燈吐燄，知其無益。向者遲遲吾行，正欲坐而待之耳。生無媚人之骨、求人之口，不來則已，來則傷時之言，或恐闌出而莫禁。籌邊之論，不能宛轉以從人，所掇之禍，殆甚於今，兩者孰愈哉？田居似適，而疢疾不除，即欲沉酣典籍，栽蒔花藥，亦靡膂力。惟有杜門靜攝，或無大患，可勿貽知己憂也。

與李君叙柱史 乙丑

僕之生平，志在静退。獨言兵一事，去安就危，而且爲越俎，爲躍冶，不亦顛乎？惟是諸疏所言，實出一時効命之誠，不能自禁。且至于今，無行吾言者，亦未有舍吾言而功見事立者，乃愈信此時此言之不可已也。言而不用，吾志則盡矣，復何求焉？又何悔焉？糾疏中多不必辯，獨有一二語不辯不明，一道破又當豁然，具在别楮，與知我者共之。

復蘇伯潤柱史 丁卯

年來家食，幸得安閒，第時嬰疾疢，每須静攝耳。敝鄉澤竭林枯，事勢愈蹙，曷勝蒿目。至如貴地寇警尤深，慮浙、直二方不止震隣之恐，當復奈何？此事僕知之憂之且二十年，又陰爲之計者十年矣。陰爲之計者，向來屢言東事是也。東方之事，十年前甚易，而鄙計稍迂。度此時如法措辦十之四五，可以滅建賊，威北戎矣。而必欲得全乃用者，葢爲今日之閩海地耳。果爾得全，二三年間，東北咸靖，養威蓄鋭，富民積粟，以待今事，當何憂乎？片言不用，一事無成，僅得一二大砲置之邊城，又得同志者堅持獨斷，僥兩年破虜固圉之效耳。十年前曾言：「今日之奴酋，蜂蠆也。一失策將變爲豺狼，再失策將變爲虎豹。若又有真虎豹者，突如其來，將孰禦之？」今之建賊，果化爲虎豹矣。若真虎豹者，則今閩海寇夷是也。雖然，事在南而造之于北；事在十年之後，而豫之十年之前。迴環糾纏，世態千變，而爾時措意欲一舉而百定，暫舉而永定，竿量古昔，未有禍敗之先運籌若此而見聽者，所以安心跧伏，無悔于己，無尤于人也。濱海長城，名家偉抱，借重幸矣。第此中武備廢弛已盡，驥足難展，爲之奈何！

疏辯

天啓五年五月二十三日，貴州道試御史智爲邪氛雖漸滌除等事，內云：「原任禮部侍郎徐光啓，一味迂腐，百端蹊徑，躁心功利之場，無裨國家之用，至練兵一事孟浪無對，至今相傳，笑破縉紳之口。」

孟浪與否，豈相傳之口所能定？開口姍笑，亦復何難，如兵營中本無馬，乃笑謂不習騎射也。從來教兵者，以拳棍爲四書，鎗刀等爲五經，乃笑習拳棍爲兒戲也。如此之類，不一而足。多所見，少所怪，人情類然。必以其究竟觀之，然後是非得失可得而定耳。即如西洋大砲一事，己庚〔申〕、辛酉間累疏言之，百方致之，而僅得以來。爾時左提右挈，先唱後和，真見爲可用，惟恐其不用者，自不乏人。然而議爲迂者，慮爲險者，訾爲大而無當者，亦多有之矣。因此視同瓦礫，棄之黄沙白草間，職之可笑，此其尤大彰明較著者耶。若言職自可笑，器自可用，胡六七年間無能一動匠石之顧，並向之左提右挈者，接踵淪棄，不一慭遺也。至丙寅正月寇迫矣，十二大砲尚在寧遠城外演武場中，火器把總彭簪古欲移入城，在事者不勝異意，或令城外自用，或言恐爲賊得，則令煆鐵槷其火門，使賊得之無所用也。此等識見，與職相左，奚止姍笑而已乎？賴袁自如中丞力主移入，竟以却敵成功，後夷使方金納來言：是役也，奴賊糜爛失亡者，實計一萬七千餘人。而大砲以封，今所稱「安邊靖虜鎮國大將軍」者，職所首取四位中之第二位也。假令簪古出砲門槷，賊盡鋭攻城，城破乎？否乎？寧遠既破，彼在事者能料敵之所至乎？砲可槷也，槷亦可鑽也，返用以攻我，在事者又能料敵之所至乎？聞方金納又言：老賊因此大挫，鞅望而死。望之一字，危哉乎？危哉乎，其言之矣。此寧城中人人能道之，則致砲者，棄砲者，或亦可更相笑也。嗟嗟！一大砲也，數日之内，用舍貴賤，相去星淵。世間萬事爲虎爲鼠，亦猶是耳。悠悠之口，誰使定其是非，而肯棄自己之成畫，從他人之道謀哉？自是以外，職疏具在。所料度者，不幸言言悉中，所區畫者，未嘗見用，則是與非恐未可定，亦猶丙寅以前之大砲而已。

至若通、昌民兵，非職所招也，蓋近來事體更一二年便無能記憶者。此兵係戊午年西臺建議，從山西、陝西、河南僉派赴京，向係原任總兵畢繼武管轄。己未春選取上等二千人，從許定國援遼。至己未九月，職始陞任，庚申春領勅管事，則招兵一事與職何涉？而云職招、職練也，是豈非相傳之說耶？功利二字，難可並言。謂職圖利，則職于此事不利身家亦已甚矣。謂職圖功，則擒奴滅建，人有同心，又何罪乎？

「以翰林而兼河南道，從來無此官銜。以詞臣而出典兵，從來無此職掌。」

正統己巳，徐武功珵、楊莊敏鼎以侍講，王祭酒詢以簡討，各行監察御史，分鎮河南、山東等處要地，撫安軍民。嘉靖庚戌，趙文肅貞吉以司業兼監察御史，領銀賞募，是從來有此官銜。嘉靖戊午，唐中丞順之以通政陞僉都御史，視師浙、直，與胡司馬宗憲協勦倭寇，是從來有此職掌。且東事屢壞，上廑宵旰，職以衙門舊例，請使屬國，一面牽制，徐圖進取。旋該吏部等衙門會同奏請五事，內一款用職監護朝鮮，奉神宗皇帝聖旨：「昨科臣祝耀祖説徐光啓不依遠差，着在京用。欽此。」續該兵部題爲救時莫急戎務等事，奉聖旨：「是。徐光啓曉暢兵事，就着訓練新兵，防禦都城。吏部便擬應陞職銜來説。欽此。」是則官銜職掌，總繇公疏部題得旨。該部奉旨擬陞，職能自主乎？倥傯之秋，既奉朝命，職可辭乎？

「然使其細柳屯兵，果有周亞夫之紀律，則節制之師可戰可守，翦奴酋之首，繫之闕下，以筆陣掃千軍亦無不可者。而彼不能也。」

去易就難，去安就危，去榮華就繁劇，人情乎？其中亦有所見，非漫然也。職疏具在，試平心閱之，可用與否？若用之，可戰可守與否？十年來止寧遠一捷，其所持堅守城池之策，是職所屢言否？其所用大砲，是職所首致否？果如職言，能盡其用，即奴酋繫頸，似無難者。若通、昌民兵，非職所謂兵也。藉使區畫製造能如職言，亦可小用，暫用而毫不相應，又非職之所謂練也。職亦苦口言之，載在史册，一覽當洞然耳。

「聞其將不知兵，兵不識將，三軍日見逃亡，而彼不能約束也。」

徵調者，素習之兵也；召募者，樂從之兵也。僉派之兵不素習、不樂從。約定不出關，又選取出關矣；約定次年更番，又不更番矣。餉給既薄，家鄉荒歉，父母妻子皆來就食。事勢岌岌，人情洶洶，原來將領皆求脱身，非職制馭拊循，幾將潰散也。分撥教練技藝營陣，日無停晷，自春徂秋，踴躍出關者，十有七八。使兵將不相識，能如是乎？一時幕下才技之士，頗爲濟濟，今雖陞職任事，散去四方，其在都中者亦復不少，可訪問也。僉派雇覔，本多無賴，逃亡者百中一二，勢所必至。縱徵調召募之人，不免有此。清勾處治，從來常法。若名將約束，可使必無逃脱，則古今兵律不用設逃亡之條矣。

「又聞其馳檄清勾，海内騷動，百姓恨入骨髓，而彼付之罔聞也。」

既爲兵矣，逃而不勾，不盡逃乎？此事之失，失在僉派，不在清勾。騷動之責，職不任受也。兵幾滿萬，安心肄習、期望功名者甚多，逃亡者百中之一，是爲敝民，而求免其怨乎？在法初逃者從重綑打，再逃則斬矣。臨陣脱逃，初次即斬矣。亦求免其怨乎？

「有司奉行，不知費幾許精神，户丁牽連，不知受多少賠累，始得清勾一軍。而本軍既到，各索見面銀一二十兩不等，竟自放回，則良心澌滅盡矣。」

疏中此説，别有因繇，不知者政自難解，今請解之。三省民兵駐劄通、昌者，月給米六斗、銀六錢，倉米浥爛價賤，約直銀三錢，是每日三分也。北人善飯，一飡可盡。又須鹽菜衣履，又有家口飢荒來就食者。向所云「岌岌欲潰」，以此故也。計無所出，因疏請簡汰五分之二，即以汰去糧額加給存留兵丁，庶爲可久，亦將可用。奉旨下部，覆奉欽依。旋于庚申十一月汰去老弱三千一百七十名，存留四千七百五十五名。事竣之日，即已題知册報部科，酌定名糧矣。此日以後，又有逃兵解到者，豈可重復題請增兵增餉乎？既在存留册額之外，便應入簡汰數中，焉得不與放回？以故依法綑打，責令原解押還，爲其將涉長途，量免二十棍，此逃兵放回之始末也。然止一月之内，陸續解到不過數名。蓋爲簡汰得旨之日，即已移文三省，悉停勾解。但咨彼處軍門自以軍法處治，向云解到數人者，其咨文未到，已發在途者耳。如此因緣，略一講解，便當釋然失笑，真所謂風聞之誤也。第益以「索銀賣放」等語，則誤甚矣。夫僉派來者，大都事産良民。朋合雇募，亦貧無賴之人也。勾解之日，本犯一來，差役廻往，皆須盤費，故有司費精神，户丁受賠累，爲設處盤費耳。若盤費之外，又苦爲設處買免多金，一時有司安得謬戾至此？一時户丁安得愚昧至此？若本犯自有多金，自逃自解，即盤費亦不須設處，又何必費精神，受賠累乎？且起解之日，又安知適遇汰兵，可得買免，而豫備多金也。本疏數語之中，不無矛盾，畧一提掇，又當釋然而失笑矣。

「臣不知光啓所練何兵，所濟何事。聽其言一片熱腸，悉皆憂國奉公之舉。核其實，滿腹機械，無非騙官盜餉之謀。」

職非無官，待騙而後得官者也。不言兵，不任事，自有本等職事，如典畿試也，典武試也，充日講官也，充經筵講官也，管理誥勅也，充纂修官也。數者一一舍旃，而奔走兵間，何所爲乎？同年同資爲亞卿者十一人，六在職前，四在職後。而陞轉之期，職居十一人之末，所騙何官乎？餉銀費用極少，繳存獨多，具在疏册及諸司文移中，已有專刻。李大司徒桂亭每言邊方制將用財，若悉如徐練府，即吾部中絶不須費力矣。嗚呼！司徒可謂不知我者。職若爲制將，所費當多於他人。第一費則千百年不再費耳。通、昌之役，絶不敢多費，亦不敢盡行其意者，正爲其不我用也。「盜餉」一言，綦重矣，可虚指耶？職兩年之内，亦賠費已貲三四百金，一時同事者能言之，其不在事者，聞之不信也。出身任事，軀命且付之度外，三四百金細事耳，而人不肯信，不亦異乎？職之「一味迂腐」，誠哉是言矣。至云所濟何事，則此兵未戰也，未守也，何從知其濟與否也？戰有勝負，守有堅瑕，則據以爲功罪。未戰未守而虛擬之，以爲濟事爲不濟事，有此考課法耶？雖然，此兵之不濟事，職則自言之矣。職諸疏中嘗言：「目下邊腹兵馬，悉非奴敵。」是此兵亦在其中也。然又言：「不依職言，不用職法，終無戰勝守固之理。」則此兵之不濟，正爲職言職法不見用耳。依職言，用職法，苟得十分之一，則戰未必勝而守亦可固。何者？此兵簡汰之後，咸肯出關矣。幸而得當一障，何遽不能守乎？職嘗言：「火器者，今之時務。」故練習時專重此技，鎗刀等各習其一，火器則人人習之，豈以數千人守城用器，其器則皆寧遠所用大砲之屬也，患不能却敵耶？

「以朝廷數萬之金錢，供一己逍遥之兒戲，越俎代庖，其罪小，而誤國欺君，其罪大。」民兵之來，臺議部覆，該地方奉行僉派，將官統領，既至信地，各餉司給餉。職于既到一年之後，續奉明旨，提衡其間。向所恭述就着訓練新兵者，是先有兵耶，抑先用職耶？此兵是職所招耶，抑否耶？關支糧餉，特於本衙門掛號，一絲一粒，職無與焉。數萬金錢，豈職所費乎？職所費者，本衙門紙紅廩給，于部議之數減十用一，李司徒以爲極相體悉，昔任計曹者，今多能言之也。其他造器則器在，辦料則料在。若醫藥賞犒加給教師之類，終歲所費爲數絶少，亦各題繳報部，刻有成書。至遠購西洋大砲四位，内閣劉是翁議欲給價，問職幾何，職對言：約得四百金，當于存剩銀内取用。爲職請告，至于今分文未給也。東事以來，費數千萬，而破賊之器未費一文。職之用財，亦綦慎已。兵凶戰危，有何可樂？監護朝鮮，既嘗自薦。若成師而出榆關以東，亦不敢辭。即在通州時，訓練之外，又有援遼兵衆接踵過住，請衣請餉，借器借藥，視爲外府。調停開發，費盡心力，視向所云纂脩講讀諸事，安危勞逸，相去幾何？乃云逍遥兒戲耶？代庖越俎，誠無所逃。然君父焦勞，率陳所見，因受神宗皇帝特達之知，而計便圖安，隱情袖手，義不敢出也。「誤國欺君」，爲罪綦大，定有所指，必也「騙官盗餉」，庶足當之。苟爲不然，亦未免爲虚指而已。

「迄今依墻靠壁，尚儼然列名亞卿，不亦羞朝廷而辱仕籍耶？所當亟斥光啓，以懲奸邪者也。」

職入仕以來，即值門户分曹之日，每私憂之，以爲必有近年之禍。見當事者多勗以包荒涣群之義，雖不能用，亦未嘗不見諒也，是以生平竟無所合。今云「依墻靠壁」，所依何墻？所靠何壁？職自不知。但知從來墻壁非彼即此，若依靠于彼，則被言被逐，不待此時。若依靠于此，則當此之時，不宜被此言矣。非彼非此，又何依靠之有哉？糾彈文字，獨有「奸邪機械」等語無説可辯。第憶前輩李文清公有云：「奸則不庸，庸則不奸」，當世以爲名言。今啓口即曰「迂腐」，結語又曰「奸邪」，斯二者乃可合爲一人耶？三人占，從二人之言。曰迂曰腐，人多以此誚職，職其可辭？「奸邪機械」，未聞有以相加者，職安敢獨承也？

庖言卷五

文　移

抄兵部咨文

兵部爲酌陳統馭事宜，以裨防禦事。職方清吏司案呈：奉本部送兵科抄出管理練軍事務詹事府少詹事徐題前事等因。奉聖旨：「該部酌議具奏，欽此。」隨該兵科參看，得前事抄出到部送司。案呈到部爲照：兵民之分久矣，畿輔之招民兵自今日始。以其爲兵也，不素教，何可即戎？以其爲民也，不心安，何能强留？而以其爲民兵也，統馭不一，則令不行；調用不定，則心不安。當遼左喪敗之餘，都城震恐，議者皆謂招兵防護爲急著。此以急求，彼以急應。其充以老弱，許以更番贍家，蓋州縣惟務了勾當，苟幸無過，不暇慮其所終耳。練臣徐慷慨憂時，陳言軍事，荷先皇祖特簡，釋文事而飭武備。身在局中，自不得不爲結局計。顧與其多而不精，不若少而易練；與其旅進旅退而練，迄無成功，不若使之習焉安焉，人知向方，而國收養兵之用也。臣今參酌練臣與科臣之議，應於通、昌見在七千餘人，簡汰其所稱蠢愚羸弱者，盡使還家。大約留三四千名，即以簡汰月糧，於每人原給銀六錢、米六斗外，量月增銀四錢，抵充贍資；本處再不許官動新餉，支給安家，惟聽其里族私相願助，亦不許更番滋擾。但少壯子弟代父兄者聽。此則汰一人可以加一人，於餉無溢額。增月錢可以周内顧，於兵有實惠，即久留久練，似爲便益。兵數不多，只須統以參將，營制相合，彈壓亦便，大帥可勿置也。但山、陝、河南三營，聲氣不同，雜處生釁，宜各設一守備領之。若薊鎮督撫道遇三協防守益口，會同調遣，不出山海關以内，則兵無援遼之恐，得安心於精業，將有用武之地，非坐食以糜餉。且近因東氛未殄，西虜伺隙，科臣楊漣議山海添兵一萬，督臣文球請添兵一千於董家、喜峰等口，皆爲防患遠慮。民兵三四千，足供調遣。或以一千分防董家等口，或以三千合永平、山海新兵七千爲一萬，又可移練兵省添兵之費，亦一便也。至於修造甲仗器械，查有户部原議，藩府助餉銀，中書楊之驊義助銀，及東南城御史劉有源追贓銀六千七百餘兩，原題爲練兵之用。其參將守備等官廪糧心紅等項，聽督撫衙門照邊鎮事例，議處支給。簡汰老弱，回日預支過月糧，姑免追還。將備各官練兵有功，一體薦獎擢用，總俟東事平日，兵將再議裁撤。

伏候命下臣部，另推堪任將備等官，令其聽練臣簡汰，挑選分營訓練。仍移會户部薊鎮督撫，及將留派各兵姓名，通行山西、陝西、河南各督撫查照施行。奉聖旨：「是。欽此。」欽遵，合行移咨貴府院，煩爲一體遵奉施行。

泰昌元年十一月初八日。

抄工部揭帖

工部爲愚臣蒙恩内召，自顧無奇，謹申明一得之見，仰乞聖明決策力行，可以必保萬全事。營繕清吏司案呈：奉本部送工科抄出兵部覆題詹事府少詹事協理府事徐題前事等因。奉聖旨：「是，敵臺着工部速議具奏。」欽遵抄出到部送司，該司呈請會勘。該職等于五月二十四日會同協理京營戎政右僉都御史李宗延、詹事府少詹事協理府事徐光啓、巡視西便門太僕寺少卿薛貞、光禄寺少卿管軍需事李之藻，及兵科都給事中蔡思充、工科都給事中韋蕃右、給事中朱童蒙、吏科給事中朱欽相、户科給事中阮大鋮、刑科給事中毛士龍、工科給事中霍守典、魏大中、浙江道御史蘇述、江西道御史徐揚先、福建道御史周宗建、湖廣道御史方震孺、河南道御史張捷、雲南道御史丘兆麟、貴州道御史潘文龍，公詣西便門城樓一帶，周爰相視。仍將少詹臣徐製造木臺規制，再三詳視，往復辨折，移時方決。僉謂重城遼濶，角樓低小，不便防守，應先建二座，以資犄角。待完日驗視，酌量添造。議畢各散，職部尤恐不的，仍移一知单于會議諸臣覆訂畫一，各無異議，俱經畫知。訖該司案呈到部，該職議照古稱王公設險以守國，凡有資于保障，亦何憚綢繆。

京師爲根本重地，即在無事之日，尤宜謀周桑土，險固金湯，况當邊陲淪陷之時，神京震恐，慮先堂奧，筭出萬全，職部職司將作，髮膚豈有愛焉？先是，科道諸臣間有建議築臺一節，職部以規制未詳，議論未一，請勅會議。奉旨：「且不必造。」及少詹事徐單疏請建，鑿鑿以爲可行。職部遵旨會議，間據詹臣所造木臺基址規制，密緻精詳。且曰臺墻堅厚，則士卒棲止得所，而膽氣不驚，安閑應敵，一便也。臺眼窄小，則我兵照眼放銃，賊矢石不能及，而我守愈固，二便也。臺樓高聳，我軍登高遠望，斥候時明，發砲禦賊于遠，賊兵不得近城，三便也。大抵如原疏所謂「以銃護城，以臺護銃」，與寺臣李之藻西銃之疏，表裏相依，同條共貫者。規制既定，議論僉同，職部即資詹臣爲調度，倚寺臣爲董成。先造二座，擇日興工。俟驗有成績，酌量添造。惟是職部興作甚煩，經費無出。除白城磚料挪借大工充用外，其採石燒灰摶沙刨砌工料等費，所需尚多，不得不煩請帑。前諸臣會議時詹臣已力任之，應聽詹臣會同寺臣估定，具疏陳請，而職部即操畚鍤以從之。恭候命下，職等欽遵，移會各衙門，擇日興工施行。爲此除具題外，理合具揭，須至揭帖者。

天啓元年六月　　日

移工部揭帖

詹事府少詹事協理府事徐，爲愚臣蒙恩内召，自顧無奇，謹申一得之見等事。先蒙貴部咨稱，要將敵臺圖樣、規制、長濶尺寸、應用磚石，周城共用幾臺，一併酌議回覆等因。准此，就與光禄寺少卿管工部都水清吏司郎中事李會議得，敵臺内外規制，委折圖畫，一時難明。今用木造一式送覽，以憑酌議。估計周城先造六座，待完成後，再行酌量添造。其高數略與城相稱，都城重城，丈尺不等。今姑議第一層大臺，約高四丈。其餘用磚用石灰沙等料，通候貴部照依原式，並後開數目，酌定規制，會估工料，題覆施行。須至揭帖者。

計開：

一，附城敵臺，其制周圓，以便三面擊打，一面接連城身，就於城上出入。臺從平地以上，體皆空虛。三面銃眼，中間立柱發券，俱用磚石。度用浙尺，今城磚長一尺八寸，濶九寸，厚四寸二分。後開數目，俱用此尺爲度。若用官尺，另行折算。

一，臺墻高約四丈，厚一丈，外周徑十五丈，圍四十五丈有奇。內周徑十三丈，圍三十九丈有奇，並二圍折半得四十二丈有奇，爲墻周。

一，臺柱以磚石甃砌，每柱面方一丈，墻內立二十一柱，其甲乙字號爲縱柱，依式作子丑等號券。券空濶一丈三尺三分尺之一，高一丈六尺。結頂齊平，爲縱墻。就於縱墻依式作寅卯等號長券，券空濶一丈三分丈之一，高二丈二尺三分尺之一。結頂齊平，爲第一層臺面，從地平至臺面，約高三丈。

一，臺面圍墻，即臺墻最上四分之一。

一，臺基掘地深三丈，圍徑二十餘丈，夯築堅固。次用卵石填砌，灌以灰砂漿。漿法：灰一、砂二，湅如薄粥，砂用純石砂，不得雜土。漸砌漸灌，至地平。以磚石甃砌，爲地平臺面。

一，地平臺面之下，甃砌磚石井。或一或二，以備人飲，亦欲臺中時得水氣，便於慎火。其法於築基時先砌丙字號井，次於井上砌丁字號券，接於臺基。臺基砌戊字號空券，屈曲磴道，從地平臺面之巳字號而出。庚字號之口爲石欄，此爲外井。若欲爲內井，即於墻周之內臺基之上，任砌一二亦可。

一，下層銃眼用磚轃砌未便，宜用方面大塊極堅石料鑿眼甃砌。其制外小內大，以便轉移擊打。有警未用，將鐵裹縱横門牡拴塞。無警時止用横牡，將磚石砌塞。

一，第二層銃，俱於臺面上沿墻施放，銃眼亦内大外小，轉移擊打。二層臺爲臺墻所限，不作銃眼，止安頓二層上銃，並收藏火藥，高亦三丈。外墻周三十一丈，内周二十五丈，並兩折半得二十八丈。厚亦一丈，中施七柱，畧與第一層同式。前後鐵門石限，無得入火。

一，上層爲望樓，高亦三丈。墻厚一丈，外周十四丈，内周八丈一尺，兩並折半得二十二丈零五寸。背後作門，中置磴道，上設四窓，内大外小，畧如銃眼。有警四人常川瞭望，設格盤盤柱，以命銃士。

一，第一層設通光眼五道：二東，二西，一中。第二層三道，俱外小内大，令恒將日光照入。

一，第二層前面圍墻，高三丈，厚三尺，外徑二丈。中爲二層，盤柱相通。

一，道城約兩面，共長二十丈，厚四尺，高與城等。道城之一偏爲磴道而下，人器俱由此以入第一層之劵室。其二層人器由道城入二層之後門，出于前門。

一，第二層臺減前面臺墻三分之一，當中發劵開窓，爲磴道，以出于第二層臺面。

一，敵臺大率以護銃護人，規制百變，難可盡言。今姑定此制，聽候裁酌。

附開估計敵臺材料數：

一，規制敵臺，離城角十丈築址。其深入地二丈，灰上培築，仍出地四尺肇基。臺形正圓，以浙尺算，徑十五丈，外墻徑一丈。中以磚包土爲心，徑九丈。中外兩磚相距處，中空二丈。頂用磚券，上開天窓，周圍開銃眼十六箇。自地平至券頂，高二丈三尺。又上至臺面平頂，計三丈。此爲下層臺身也。其外墻共高四丈，以一尺出臺身之上。周圍又開銃眼二十一箇，中心立望樓三層，高五丈，徑四丈，周十二丈。墻厚八尺，高四丈，八角做。中隔閣栅樓板二層，自臺面砌高至一丈三尺，隔板一層，又高至三丈二尺，隔板一層，砌至三丈處起券。自臺面至券頂，高四丈二尺。上又加券磚結頂，約共五丈也。此望樓下層留門出入，及通城上之路。上二層各開銃眼四箇，共八箇。

一，磚料以浙尺量，白城磚得長一尺八寸，濶九寸，厚四寸五分。每磚積七百零九方寸，每砌墻方一尺，厚六丈，該積一萬寸，是用磚一十四箇又十之一也。以此推之，每長厚一丈，高一尺，該磚一百四十一箇。

一，臺身全徑十五丈，圍墻高四丈，厚一丈，外周四十七丈一尺，内周四十丈八尺二寸，併二周折半得四十三丈九尺六寸爲墻准。依前法筭之，每高一尺該磚六千三百箇。今高四丈，該磚二十四萬八千箇。就内周每二丈四尺，開一銃眼，該十七眼。内減近城角一箇，只開十六眼，每眼外邊一尺用青砂石，鑿圓竅徑一尺五寸，内九尺，該券磚五層，逐漸展寬，至内層濶八尺，高六尺，每眼減空一百四十六尺，該減磚二百零六箇。又減外層之石，高四尺，濶三尺六寸，厚一尺，積得十四尺，減磚十八箇，每眼共減一百廿四箇，十六眼通減三千五百八十四箇。又近城留券門一處，高七尺，濶六尺，計減磚三百七十箇。又於臺身之上層亦開銃眼廿一箇，該減磚四千七百零四箇。以上實用磚二十三萬九千一百八十四箇。

一，臺身中心，前議砌磚二十五柱，今節省砌爲圓心，徑九丈，周廿七丈。砌磚四路，其厚三尺六寸，以灰土填築中心。磚内周廿四丈六尺，併外周折半，得廿五丈八尺爲磚準。每層該磚五百七十三箇，半砌至券處。該墻一丈三尺，用磚十九層，該磚一萬六千六百箇。

一，周圓合券，係入深二丈，穹高一丈，折中取長三十三丈。券四層，折中取濶三丈五尺四寸，每層用側砌磚七十九箇，四層該磚三百十六箇。通周圍全券，共磚五萬五千七百一十一箇，應減外圍墻内截半弧，以入深三尺六寸爲矢，依求弦法得九尺二寸爲半弧弦，相乘得實，減庣四分之一，得二千四百八十四寸，以乘墻周三十九丈，得數以磚實除之，該減券磚一萬二千九百零二箇，實用磚四萬二千八百零九箇。

一，地平磚臺面，除墻址在外，計内徑十三丈，自乘減庣得一百二十七方丈，每磚側積八十五寸，共用磚一萬四千九百四十二箇。下層地面周折三十三丈，濶二丈，共得六十六方丈，該磚八千一百四十一箇。二項地平，該磚二萬三千八十三箇。

一，由城角接砌至敵臺，議城址廣六丈，城面廣四丈一尺四寸，外磚内土，兩墻之磚，共二十丈，約高三丈六尺。計磚八十層，分作三停。下停用磚六路，中停用磚五路，上停用磚四路，通以五路爲率。二十丈每路計磚一百十一箇，五因該五百五十五箇，爲一層之數。八十層該磚四萬四千四百。城面應砌女墻，高九層，厚二尺七寸，用磚二千九百九十七箇。兩面城垜，共二十八箇。每垜砌高七層，長六尺三寸，厚仝前。每層磚十箇半，七層該七十三箇半，通共垜磚二千五十八箇。鋪城面廣三丈六尺，該磚四千四百四十箇。以上接城共磚五萬三千八百九十五箇。

一，自城頭降入敵臺，磚砌礓礤，高三丈六尺，深八丈，得弦八丈七尺六寸，濶九尺。計五磚該側鋪一層，平鋪二層，共準側鋪二層筭，每側鋪該一百九十五箇，共一千九百五十箇。兩墻各磚砌三路，共磚一萬八百箇。又礓礤頂上左右各補女墻一段，共十六丈。各砌磚二路，高七層，每路磚九十箇，共磚一千二百六十箇。空去礓礤，應減面磚九十箇，實用磚一千一百七十箇。以上三項，共磚一萬三千九百二十箇。

一，臺面起望樓三層，八角做，高四丈，徑四丈，墻厚八尺，外周十二丈，内周七丈二尺，折半九丈六尺，爲墻準。每高一丈，計七方丈，又六百八十尺，四因之得三十方七分二厘。每方丈用磚一千四百一十箇，共該磚四萬五千三百一十五箇。砌至高一丈三尺，用閣栅板一層。又砌至二丈二尺，用閣栅板一層。又砌至三丈起券，券高一丈二尺，灣長三丈六尺。八角撮頂，每角九尺，用磚五箇。閗心一丈八尺，每到頂用側砌磚四十箇，五因之得一百箇。折半每角一層五十箇，八角共磚四百箇。包券五層，折中七丈四尺三寸，筭每角每券加三箇，共磚二千一百二十箇。以上該磚四萬七千四百四十五箇，不減券弧，以補加墻二尺之數。

一，磚廂地盤，徑二十五丈，周七十五丈。内除近城處六丈，得周六十九丈。砌高四尺五寸，用平鋪磚，五層砌二路，該磚一萬五千三百三十二箇。

以上八項，通共用白城磚四十五萬二千二百六十八箇。

一，石料：　計銃眼四十五箇，通光眼二十箇，用長四尺、濶三尺六寸、厚一尺以上石六十五塊。其銃眼共用門闞石四十五塊，俱見方一尺四寸，厚一尺上下。券門二座，用門匡石四條，俱長八尺五寸，見方一尺五寸。天地盤四條，長八尺五寸，濶一尺五寸，厚一尺二寸。地檻二條，長六尺五寸，廣厚俱一尺。其築起地基四尺，以外墻計之，内外周共八十七丈九尺二寸。四因之得三百五十二丈，合用長六尺、濶二尺五寸、厚一尺條石九十二塊。以中心計之，共五十一丈六尺，合用長六尺、濶二尺、厚一尺條石八十六塊。若于地盤周七十五丈，俱用石砌者，該條石五層共一百二十五塊，每塊各長六尺，濶二尺，厚九寸。此項可減前磚一萬五千三百三十二箇。

一，樓閣栅二層，俱用見方一尺之木，長二丈六尺者二根，長二丈五尺者四根，長二丈三尺者四根，長二丈者四根，長一丈七尺者四根。樓板九十六片，各長八尺，濶一尺五寸，厚二寸，其長濶總不必拘，只取見方九百六十二尺而足。下層胡梯長二丈，上層胡梯長一丈五尺，俱作二截。做梯身木各厚六寸，濶一尺，長各如估。梯格板濶四尺四寸，厚二寸，共五十六片。每步濶一尺，高八寸，其板各廿八片。胡梯轉曲相接處，以條木四柱作架。又銃眼關拴縱横各一根，共九十六根，各長一丈，徑一尺。

一，臺體極重，築基宜極堅固。初議填壘卵石，以灰砂漿灌之，或恐車運不前，可照例用土拌灰築實。今議掘深二丈五尺，徑十六丈，取土四百八十方，築土五百五十六方八分。合用夯夫小夫，俱查各工包做數目扣筭。

一，白灰。舊例每一磚用灰三觔，今用磚四十五萬二千二百六十八箇，該灰一百三十五萬六千八百零四觔。築基每土一方該和灰一萬觔，今只用七千觔，該灰三百八十九萬七千六百觔。以上共灰五百二十五萬四千四百零四觔，結頂宼瓦及塗餙青灰在外。

一，八角結頂，宜用黑琉璃瓦、緑瓦厢邊。浮圖尖頂，八面真人海馬之類，宜照尺寸行琉璃窰定估。以周圍十二丈爲率，各有出簷磚料，俱不在前數之内。又有臺面圍墻及礓礤上女墻，共七十二丈，合用蓋口黑筒瓦，俱應併行燒造。其找縛鷹架所用木植、匠工，臨時酌處。

一，砌磚合用瓦匠，亦另照各工扣算。

右係一座敵臺合用之數。

抄監督部寺手本

監督軍需光禄寺少卿管工部都水清吏司事李，爲敵臺事，准營繕司手本開將敵臺一座，本職原所會估木石磚灰等料，約用錢糧數目，照估磨筭，開送前來；及議將琉璃磚瓦一項裁省，另用瓦料等因，到職，又經面議，夫匠工價大率與所費物料價估相當，各准此，合行知會。爲此合用手本，前去詹事府少詹事協理府事徐處，煩爲查酌施行，須至手本者。計開：

敵臺一座，約用白城磚四十五萬二千二百六十八箇，係取用每箇銀二分四厘，共約銀一萬零八百五十四兩四錢三分二厘。西便門每箇運價銀三厘五毫，該銀一千五百八十二兩九錢三分八厘。東便門每箇運價銀二厘，該銀九百四兩五錢三分六厘。白灰共五百二十五萬四十四百零四觔，照估每百觔銀一錢一分五厘，該銀六千零四十二兩五錢六分四厘六毫。銃眼石四十五塊，通光眼石二十塊，共六十五塊，各長四丈，濶三尺六寸，厚一尺，每塊折方十四丈四尺，共九百三十六丈。門闕石四十五塊，各見方一尺四寸，厚一尺，每塊折方一尺九寸六分，共八丈八尺二寸。門匡石四條，各長八尺五寸，見方一尺五寸，每塊折方一丈九尺一寸二分五厘，共七丈六尺五寸。天地盤石四條，各長八尺五寸，濶一尺五寸，厚一尺二寸，每塊折方一丈五尺三寸，共六丈一尺二寸。地檻石二條，各長六尺五寸，濶一尺，厚一尺，共折方一丈三尺。周圍三百五十二丈，合用條石九十二塊，各長六尺，濶二尺五寸，厚一尺，每塊折方一丈五尺，共一百三十八丈。中心五十一丈六尺，合用條石八十六塊，各長六尺，濶二尺，厚一尺，每塊折方一丈二尺，共一百零三丈二尺。地盤周七十五丈，五層共用條石一百二十五塊，各長六尺，濶二尺，厚九寸，每塊折方一丈零八寸，共一百三十五丈。此項可減前磚一萬五千三百三十二箇。以上石料通共一千三百三十六丈零九寸，照估每一尺一寸准匠一工，共該一萬二千一百四十六工。每工銀七分，共該開價銀八百五十兩零二錢二分。運價每尺銀八分，該銀一千零六十八兩八錢七分二厘，通共該開運價一千九百一十九兩零九分二厘。樓閣柵木十八根，各徑見方一尺，內二根各長二丈六尺，約用一號松柁木，長二丈七尺，圍四尺，每根銀三兩九錢，該銀七兩八錢。四根各長二丈五尺，約用二號松柁木，長二丈五尺，圍四尺，每根銀三兩六錢，該銀十四兩四錢。四根各長二丈三尺，約用六號長梁木，長二丈三尺，圍四尺五寸，每根銀三兩五錢，該銀十四兩。四根各長二丈，約用二號柁木，長二丈，圍五尺，每根銀三兩二錢五分，該銀十三兩。四根各長一丈七尺，約用五號松柁木，長一丈八尺，圍四尺五寸，每根銀二兩九錢，該銀十一兩六錢。樓板九十六塊，各長八尺，濶一尺五寸，厚二寸，約用六號柁木，每根長一丈六尺，圍五尺。每根分作二截，每截鋸板六塊，約用木九根。照估每根銀二兩六錢九分，該銀二十四兩二錢一分。樓梯下層長二丈，作二截，厚六寸，濶一尺，約用二號杉木一根，長二丈，圍五尺，該銀三兩二錢五分。上層長一丈五尺，作二截，厚六寸，濶一尺，約用六號杉木一根，長一丈六尺，圍五尺，該銀二兩六錢九分。樓梯板共五十六塊，各濶四尺四寸，厚二寸，每步濶一尺，高八寸。其板各二十八片，約用散木四根，照二號，長一丈四尺，圍四尺一寸。每根分作三截，每截鋸板五塊。每根銀二兩一錢，該銀八兩四錢。以上木植，共約該銀九十九兩三錢五分，照例每兩加二錢，該加銀一十九兩八錢七分。梯柱等項共用杉木九十六根，各長一丈，徑一尺。係取用如照買辦，約用平頭木三十二根，每根長三丈，圍三尺。每根分作三截，照估每根銀三兩六錢，該銀一百一十五兩二錢。各匠每工長工六分，夫長工四分，夯夫每工七分，各匠短工五分五厘，夫短工三分五厘。天啓元年六月二十五日少卿李之藻。

抄通濟庫手本

欽差督理糧儲兼管河道户部坐糧廳郎中徐，爲軍餉事，准欽差管理練軍事務詹事府少詹事兼河南道監察御史徐手本，煩爲查照來文事理，即將解去前銀三千一百三十七兩六錢五分六厘九毫，内原短庫折銀三十六兩八錢，查收希由會覆等因，准此。該本廳詣庫，即將前銀三千一百三十七兩六錢五分六厘九毫，除原短庫折外，照數兑明收貯在庫外，擬合會覆。爲此合用手本，前去貴府院，煩爲查照施行，須至手本者。

天啓元年二月二十八日郎中徐紹沅

管理漕務關防

抄職方司手本

兵部職方清吏司爲軍務事，准管理練軍事務少詹事徐手本，内稱案查萬曆四十八年三月内准兵部咨發操賞銀二千兩，寄貯本部職方司官庫内。本府院陸續取用過操賞醫藥等項銀五百九十四兩三錢四分二厘四毫，實存庫内未動銀一千四百兩。今解餘剩銀五兩六錢五分七厘六毫，通前未動銀，仍寄貯兵部職方司官庫。等因到司，准此。除將差官賈爾柄解到操賞剩銀五兩六錢五分七厘六毫，同前未動銀一千四百兩二項，共銀一千四百五兩六錢五分七厘六毫，照數收貯本司官庫外，相應回覆。爲此合用手本前去貴府院，煩爲查照施行，須至手本者。

天啓元年閏二月二十日郎中周仕

兵部職方清吏司之印

抄工部盔甲廠手本

工部監督盔甲廠虞衡清吏司主事沈，爲酌陳統馭事宜等事。准貴府院手本内開，案查中書楊、指揮胡楫義助剩銀，俱爲練兵成造甲仗器械之資，已經本府院移會去後，所有寄庫庫收相應會送，以便取用。原貯庫收四張，煩爲查收等因，到職准此。隨將通州原中庫收四張存留外，内共計開銀數二千二百三十七兩八錢九分四厘四毫，俟造器械之日，移文取用，相應回覆。爲此合用手本前去欽差管理練軍事務詹事府少詹事兼河南道監察御史徐處，煩爲查照施行，須至手本者。

天啓元年閏二月初二日主事沈棨

監督盔甲廠官關防

抄户部新餉庫司手本二通

其一

專理新餉銀庫户部河南清吏司主事鹿，爲軍務事。准欽差管理練軍事務詹事府少詹事兼河南道監察御史徐手本開稱：查自泰昌、天啓登極，賞銀各一萬五千六百三十四兩，二項共銀三萬一千二百六十八兩。除奉旨汰回民兵，分别遠近，止給盤費，及存留官兵照例給散，二次共散過銀二萬三千零三十六兩五錢四分，應存銀八千二百三十一兩四錢六分。今寄貯貴庫銀八千六百三十四兩，尚多存銀四百零二兩五錢四分，原係借動餉銀先給者，應領此項抵還户部，煩爲查照。二項原寄庫銀八千六百三十四兩内，希兑發四百零二兩伍錢四分，給差官朱朝相領回，抵還原借户部銀兩，餘存銀八千二百三十一兩四錢六分，仍寄貯貴庫，留抵山、陝、河南三營年例餉銀，希由回覆等四到庫，准此。隨即遵奉來文，將庫貯存留銀八千六百三十四兩之内，兑發四百零二兩五錢四分，給付差官朱朝相領出外，止存銀八千二百三十一兩四錢六分，收貯在庫，聽候另項支銷。理合回復，爲此合用手本前去貴府院，煩爲查收開銷施行。須至手本者。

天啓元年二月二十二日主事鹿善繼

專理新餉銀庫關防

其二

專理新餉銀庫户部河南清吏司主事鹿，爲皇賞事。准欽差管理練軍事務詹事府少詹事兼河南道監察御史徐手本，開寄欽賞山、陝兩營並河南昌鎮官兵二項銀兩，内扣存逃故各兵銀，共七十七兩五錢移貯等因到司，准此。即將差官朱朝相領寄銀七十七兩五錢，照數收貯。訖其原貯庫銀八千二百三十一兩四錢六分，即同差官朱朝相當堂秤兑，内輕銀二十兩，止存銀八千二百一十兩四錢六分。二項共寄庫銀八千二百八十八兩九錢六分，面同差官釘封存貯，聽候另文取用。今准前因，相應移覆，爲此合用手本前去，貴府院煩爲查照施行。須至手本者。

天啓元年二月二十二日主事鹿善繼

專理新餉銀庫關防

抄盔甲廠收過軍器手本

工部監督盔甲廠虞衡清吏司主事沈，爲軍務事。准貴府院手本，内開本府院奉旨練兵，簡汰事竣，所有山、陝、河南三營，原請盔甲器械，酌量兵數存留應用，仍給官兵練習外，其餘及不堪者，悉行繳回。續准貴府院手本，前事内開本府院奉旨予告，所有動支工部錢糧，及中書楊捐助銀兩，除另册咨會外，内有本府院委官製買執事令旗等項，原係借支餉銀備辦，今將捐助銀兩扣還户部，所有諸色器具相應繳回，以便銷算。又准貴府院手本，爲臣遼慕義等事，内開金吾右衛指揮胡楫捐銀二千兩助資軍器，除移咨户兵工三部，所有見存銀一千一百九十三兩八錢六分，發貯通州官庫外，其買過建鐵六萬三千觔，未經打造，相應移收各等因，到職准此。隨將後開器械鐵料等項，陸續收貯王恭廠庫外，相應回覆。爲此合用手本，前去欽差管理練軍事務詹事府少詹事兼河南道監察御史徐處，煩爲查照施行。須至手本者。

計開：

鳥銃一千門　木匣二千個

標皮木大小四塊　盔甲八百九十六頂副

錫鱉皮袋一百個　藥皮箱一百個

銅佛郎機四十位　合縫子砲二百位

漁鼓砲四十位　木天鑽架一座

桐油二十三觔　荒絲三觔

建鐵二百四十觔　鳥銃隨用鐵剪七觔八兩
銷釘一十四根　湧珠砲七十四位
腰刀八百八十把　令旗八面桿全
劊子手刀四口鞘全　耳級刀七把
森殺五把　頭貳棍二對
鎮役藍旗五桿　令箭十二枝連架
建鐵六萬三千斛
天啓元年閏二月初二日主事沈棨
監督盔甲廠官關防

兵機要訣

〔明〕徐光啓　撰
李天綱　點校

點校説明

萬曆後期，明朝外患由東南之「海防」，轉爲遼東之「邊防」，兵學之需，益發緊迫。萬曆四十七年（一六一九），徐光啓上《敷陳末議以殄兇酋疏》曾言「臣生長海濱，習聞倭警，中懷憤慨，時覽兵傳」，可見徐光啓少年即重兵事。天啓元年（一六二一），徐光啓膺命練兵，作《陽明先生批武經序》，歎「武書之不講也久矣」，亟倡兵學。《兵機要訣》和《選練條格》即爲徐光啓受命練兵之際，爲建立新型有效的營制、營規所作。

《兵機要訣》抄録了《兵法選練百字訣》，用一百字，共四頁，概括了徐光啓選兵練兵的原則。按徐光啓《復袁憲使位宇書》，《百字訣》爲袁應泰所刻，應是單獨行世，當時人手一册。《百字訣》亦即徐爾默《文定公集引》所謂「《選練百字括》」，他以爲「已刻而燬者」。刻本亡佚，有此抄本，賴能重現於世。《兵機要訣》中的「兵法條格」部分，與《選練條格》類同，惟篇幅較小，可以視爲《選練條格》的簡本。但部分篇目如《火攻要略》、《製火藥法》，爲韓霖《守圉全書》選録的《選練條格》所無，殊爲珍貴。《兵機要訣》嘉慶九年（一八〇四）抄本，署「雲間徐光啓子先父著，虞山單侃景略父評」。「虞山單侃」之評語，隨文置於頁眉。抄本原有句讀，時有圈點。《兵機要訣》抄本爲莫文驊所藏。莫文驊（一九一〇—二〇〇〇），廣西南寧人，中國人民解放軍中將（一九五五），以藏書名軍中。《兵機要訣》未知何由轉歸其手。據悉，其收藏之古籍、書畫、文物等件捐至廣西博物館。

李天綱

二〇一〇年十一月

目録

總訣……二九一
兵法選練百字訣……二九一
兵法條格 附火攻……二九四
練藝條格……二九四
束伍條格……二九八
形名條格……三〇一
火攻要畧……三〇六
製火藥法……三〇八

總　訣

兵法選練百字訣

學兵之要三　想沉思曲想　講學問徧知　養治心治氣

養兵之要三　少所以飽　飽所以好　好所以少

教兵之要三　試覈實材技　肄精加訓練　制形名節制

學藝之要三　快捷疾先至　罅剛柔虛實　暇從容中會

選士之要四　勇當前畧見，久試方知　力權衡校計　捷量度比試　技中否遲疾，試驗比併

勇之凡四　膽　智帷幄謀議　手力捷技足　口行使用間

選膽之畧三畧者，粗得一二　神在目　氣在息　色在面

練膽之畧三　怒殺敵者怒　耻明耻教戰　習藝高膽大

選智之畧三練同　法形勢區畫　巧奇思横生　識辨裁精當

選力之法三練同　舉　挽　蹠

選捷之法三練同　超　走　獲

技之凡五　遠　長　短　奇　隱

遠技之法三選練同　遠　迅不迅忽遠　的不的勿遠

長短技之法三選練同　伐擊刺等殺法　避左右前後身法　格剃剪封閉等鬥法

相士之法三　濶　實　黑

身材八字　同　田　貫　虚　實　甲　申　由

戰之品三　謀計定上上　奮拌命中下　浪糊塗下下

守之品三　扼搤要上　擺排墻中　嬰嬰城中

和之品三　交懷撫上上　計圖報上中　忍含耻下下

練士之法八　目察微望遠、該衆避疾　耳尋聲別響　膂力負載繫挽、技執擊刺　手堅重輕疾　足致遠踰高、趨避進退　身左右前後、捷疾安閑　藝剛前柔後、出入若神　營陣形名分數、步伐止齊

陣之法五　方方利變　圓圓利守　曲曲利吞　直直利争險　鋭鋭利潰

列陣之法四　揚揚以挑戰　奇奇以候臨　伏伏以邀起　備備以應權

進退之法二　抽　疊（一名奪前蛟）
兵陣之形十　進　退　攻　圍　絶　脅　聚　散　卷　舒
兵法之要八　攻　守　形　勢　奇　正　虚　實

兵法條格 附火攻

練藝條格

凡練士，先練一人始。一人有五體，即伍法也。護首手必應，舉手足必隨，即常山蛇勢也。攻守形勢，奇正虛實，備在一身。因而五人爲伍①，五伍爲隊，五隊爲哨，五哨爲部，五部爲營。布陣變化出没，總是此理。一人之技精，兵法盡在其中矣。項羽謂：劍一人敵，不足學，學萬人敵。此不知劍法②，亦不知兵法也。故練士之法，首技藝焉③。

① 「因而」邊上有常熟單偘批注：「『因而』二字妙極。」以下批評皆單氏所爲。
② 此處有批注「確論」二字。
③ 本段頁眉處有評注：「『先練一人始』句，已洞見伍法之本于握機、握奇之本于河圖矣。非先生誰能見及此哉？」

一，練遠器先銃砲次弓矢

方今制敵利器，火器第一。器有小有大，小者如三眼快鎗夾靶之類，膅短無力，又難取準，俱不許習學。惟鳥銃最利，上自將領，下至火兵，人人俱要打放精熟。此器於技藝中，只消二三分功，便有七八分用。其餘技藝，要七八分功，只有二三分用。却是都要精妙，纔彀十分。不得十分，終不可見敵也。學鳥銃要極準，要極快。其工夫半在製造，半在習學。膅直柄長，照門、照星，毫末不差，則準；火門、機括、藥囊諸器，色色便利，則快。此在製造也。身手足目，事事合法則準；精熟便捷，勢如爨弄則快。此在習學也。銃須作三節學，先習法，次用藥，次打把，不可驟進，與學書、學射相似。若圖驟進，終不合法矣。比銃于教場，設的濶二尺，高六尺，相去八十步，或三發，或五發，以打中多寡爲賞罰，積賞罰爲升降。若窄處演習，設土把，中心的方一二寸，相去三五步亦可①。

火砲制度不等，如百子銃、佛郎機、魚鼓砲之類，皆須試驗堪用，演放精熟。此須教場中及

---

① 本句右旁有小字增文：「把六七步始，又于十步外挂粗竹片簾子一條，濶五六尺，以受落鐵子。」另本段上方頁眉處，有評注：「亦如練箭法，逐步漸遠。更練上下飛打，又打下法，或以燈艸丸塞之，則鉛子不漏。」

空闊去處，立把比試。一隊中須得五六人善于點放者，餘人俱演習裝藥諸等事。弓矢之利，全在强勁。若弱弓輕箭，豈能勝敵？今弓箭手，務須弓力七八斗以上，方准合式。比箭，的方一尺，相去三十步，以射中多少爲賞罰。積賞罰爲升降，軟弓小箭降等論賞。

一，練長器先長鎗次狼筅

步兵禦步，利用槍筅。五人之中，一筅居前。兩槍夾之，法兼攻守。兩短居後，以資救衛。此古今不易之法。内狼筅只要膽力堅定，鈎閘疾猛，不必比試。長槍設的設限，進步捉拏，抵限劄槍，以中的多寡爲賞罰。兩槍相併，包尖施粉，以勝負爲賞罰。積賞罰爲升降。若步兵禦騎，待諸器精熟之後，自生别法①。

練短器，一刀，二棍，三鐮，四鈀，俱長九尺以上。

刀者，長柄剮刀，一名鏾刀。棍者，俞家棍，上施利刃。鐮者，鈎鐮。鈀或用虎叉，或用钂，任從其便。四藝任習一事，但都用俞家棍法方妙。故用短器者，皆宜先習俞棍也。目今教練諸藝，不及盡學全套，只須除去花法，耑練實用擊、刺、剃、剪、鈎、壓數法，日夜演習，務求精妙

---

① 本段頁眉處有評注：「筅用可捍禦槍子及矢，可壯步兵之膽，實爲行間領袖衝鋒之要器。今棄而不用，知兵云乎哉？」

如神，便可制勝。比試皆設的設限，如法進步，抵限擊刺，以中的多寡爲賞罰。相併者設法護刃，以勝負爲賞罰。積賞罰爲升降。

一，練短刀

諺曰：一寸長，一寸强。烏枝鳴又曰：用寡莫若用短。可見兵法不論短長，用得着時，便爲救命立功無上之寶。故短刀亦人人該學，亦除去花舞，耑學架隔擊刺數法。其設的比試，假刀相併，亦同前例。

一，練拳法

世稱拳爲武藝之源，蓋用以活動身手，貫串足目，便習閃賺，勤勞肢體，却是習慣世俗拳法。又慮腰力柔軟，脚步虛鬆，是拳又爲學藝之累也。今後學拳者，全要認取輕、疾、堅、重四字①。輕疾是後發先至，堅重是遍身着力。了此四字，不止百藝俱精，亦是兵法要領。

---

① 「輕、疾、堅、重」四字不知爲何被圈去。四字之上的頁眉處，另有評注文：「如山堅重也，如火輕疾也。孫子已言之矣。」

束伍條格

用衆之法，全在分數。欲明分數，全在束伍。今定以五人爲伍，伍有長，長有伍旗。四伍二十人，分之爲前後左右。四伍合之，爲兩鴛鴦伍，别立隊長一人，并火兵四人，爲中伍，共二十五人爲一隊，隊長有隊旗。五隊一百二十五人，分左右前後中，别立哨總一人，雜流四人，共一百三十人爲一哨，哨長有哨旗。五哨六百五十人，分左右前後中，别立千總一人，雜流十九人，共六百七十人爲一部，千總有旗鼓。不足六百七十人者，分左右前後中，立將官一人。雜流或二哨、三哨、四哨，附餘歸于中軍。五部三千三百五十人，分左右前後中，立將官一人，雜流九十九人，共三千四百五十人爲一營，營將有旗鼓。不足三千四百五十人者，或二部、三部、四部，附餘歸于中軍。五營一萬七千二百五十人，大將統之。不足一萬七千二百五十人者，或二營、三營、四營，附餘歸于中軍①。

---

① 本段頁眉處有評注：「五人爲伍」、「五伍爲隊」、「五隊爲哨」、「五哨爲部」、「五部爲營」、「五營爲軍」。

一，伍藝

營伍中，除鳥銃短刀人人習學外，其一伍中選半大老成者一人爲狼筅手，選長健便捷者兩人爲長槍手，選精悍短小者兩人爲短器手。短器者，或一刀一鈀，或一鐮一棍，或刀配鐮、鈀配棍，俱要專功習學，不時試驗比併。各藝既知，就學伍法。伍法者，合五人爲一人也。伍法既知，就學隊法。隊法者，合三十人爲一人也。因此推廣，爲哨、爲部、爲營、爲大營，其理皆同，所謂携手若使一人，不得已也，此之謂也。各將官部下雜流，應入行陣者俱要各習一藝，酌量編集隊伍，畧與兵伍同法。一隊三千人中，選有力善負耐勞苦者四人爲(兵火)〔火兵〕。火兵亦佩短刀學鳥銃，所持扁挑，一頭加刃，當棍用，平時亦須習學。

一，伍號

各兵俱有腰牌，陽面備書營、部、哨、隊、伍、姓名、年貌、籍貫、力斤、技藝、疤痣，陰面作同伍圖。火兵牌與兵畧同，另有牌式。伍長牌亦與兵畧同。隊長牌陽面畧同伍長，陰面上書四伍長姓名，下書四(兵火)〔火兵〕姓名。哨總有腰旗，旗書營、部、哨、姓名，及五隊長姓名。部千總有部旗，旗書營、部、姓名，及五哨總姓名。將官有腰旗，旗上横書某營，下書三軍司令。

大將有腰旗，旗書三軍司命，各將官下雜流腰牌畧與兵伍同法。

一，伍約

伍法既定，凡行立居止，俱照伍圖次序，不許錯亂，直待號令，方許移動。五人居止要在一處，一隊三十人，亦要相近。若在營中，每隊住連房五間，不許間斷。同伍五人，互相保結。四伍長亦互相保結，情願互相覺察，不致爲非脱逃。一伍中有爲非者，報知隊長，稟達將領治罪。知而不舉者罪同。本伍中覺有脱逃情形，報知隊長，稟達將領，以便防範。知而不舉，致有一人脱逃者，二人監候，二人追獲。全伍俱逃者，隣伍五人監候，五人追獲。

平日在營，除操演比試外，時常練習武藝。但學藝必須用力，每日演習數遍，每遍不過一二刻，餘時學作手藝者聽。但手藝必須治木、治銅鉄、皮革、藤竹之類有益軍中者。他如刺繡、結綱帽等類，無益軍中者，並不許作。平時置買食用等物，隊長日派五人，代一隊人買辦。五人須同出同回，有相離者，隊長稟究。餘人並不許出營。違者綑打。

軍中不許賭博，違者綑打，錢物入官操賞，首告者以其半賞之。若用射箭、打銃、各色武藝賭決勝負，及軍中之戲如投石、超距、蹠墻、打毬之類，用以決賭者不禁。

一，伍書

古者將百人以上，臨陣草教，皆執經援枹。經者，軍書、軍令、軍册也。今後自隊長以上，各造本管軍兵花名，并緊要號令法制，彙成小册，隨身携帶，以便逐時查點，遇便講習。

形名條格

鬭衆如鬭寡，形名是也。形者旌旗，名者金鼓。旌旗金鼓，三軍之耳目。節制之師，未有不用形名者。故古兵法言：目隨旌旗，耳隨金鼓，步隨長槍，心隨號令。今後將士但見中軍某色旗竪起點動，便是某校兵收拾，聽號頭行營出戰，不許聽人口説。不見旗幟，不聞金鼓，便是主將親口説，亦不許動，一味只看旗鼓。兵看隊長，隊長看哨總，哨總看千總，千總看中軍。如擂鼓要進，就赴湯蹈火也要進；鳴金要退，後面有水火也要退。衆人共一耳，共一目，共一心，此齊衆若一之法，陣無有不堅，敵無有不破矣。

一，服章

古經卒令有五色之章，或置于首，或置于項，或置于胸，或置于腰，或置于腹。雖百萬之衆，皆逐一分明，無有同者，此之謂分數明也。今以營部哨隊伍别之。營章在首，部章在項，哨章在腰，隊章、伍章在背。

營章在首者，盔上或插羽毛，或加油漆，或用包巾，俱全營一色。如左營用青，右營用白也。

部章在項者，盔上護項腦包，加各色布絹。或包巾後加飄風一片，用各色布絹，皆依方色。如左部用青，前部用紅也。

哨章在腰者，各用布束腰，依其方色。如中哨用黄，後哨用黑也。

隊章在背者，甲背心加圓布一片，徑五寸，依其方色。如左隊用青，前隊用紅也。

伍章亦在背者，就于圓布上寫伍分伍數。如左伍長，即寫「左一」兩字。右伍第二人，即寫「右二」兩字。隊長，即寫「隊長」。火兵，即寫「火一」、「火二」也。

如此，但點一兵，見其首項腰背之章，辨其青、黄、紅、白、黑之色，及前、後、左、右、中、一、二、三、四、五字樣，便知爲某營、某部、某哨、某隊、某伍第幾人，按册可知其名也。

一，旗章

旗幟。伍長以上，皆有認旗，以指揮本管。

伍長認旗，桿長二尺，徑四分，旗方一尺，上面有邊、有帶。旗用伍色，邊用隊色，帶用哨色。如各營各部之右哨前隊左伍，則青旗紅邊白帶也，繫之背上①。

隊長認旗，桿長二尺五寸、徑五分，旗方一尺二寸，三面有邊、有帶、旗用隊色，邊用哨色，帶用部色。如各營之前部右哨後隊，則黑旗白邊紅帶也。

哨總認旗，桿高一丈二尺，徑一寸五分。槍頭旗方二尺，四面有邊、有帶。旗用哨色，邊用部色，帶用營色。如左營前部右哨，則白旗紅邊青帶也②。

千總認旗，桿高一丈五尺，徑一寸六分。槍頭旗方二尺，五寸，四面有邊、有帶。旗用部色，邊帶俱用營色。如右營前部，則紅旗白邊帶也③。

營將認旗，桿高一丈六尺，徑一寸六分。槍頭旗方二尺八寸，四面有邊、有帶。旗用營色，

---

① 本段頁眉處有評注：「旗伍、邊隊、帶哨」、「旗隊、邊哨、帶部」。

② 本段頁眉處有評注：「旗哨、邊部、帶營。」

③ 本段頁眉處有評注：「旗部、邊帶營。」

邊帶用生色。如右營，則白旗黃邊黃帶。左營，則青旗黑邊黑帶也①。

大將認旗，桿高一丈八尺，徑一寸七分。雉尾瓔珞，旗方三尺，五色俱備如腰旗，帶用紅色②。

外擺營旗幟，每營該：

中軍千總巡視藍旗十二面　門旗十六面

角旗八面　五方旗五面　飛虎旗四面

五方高照旗五面　巡視旗四面　坐纛旗一面

令旗四面　督陣紅旗五面　清道旗二面

凡旗，有點動，有起立，有偃，有摩，有伏，俱隨主將號令。營部哨隊伍，各依其令應之。

一，金鼓

凡掌號笛，是聚官旗哨隊長分付軍務，到齊鳴金方止。凡吹哱囉三聲，是要各兵起身。再

① 本段頁眉處有評注：「旗營、邊帶生色。」

② 本段頁眉處有評注：「旗五色、帶紅色。」

吹一次，執器械站立，有馬者上馬。

凡摔鈸響，是要各兵收隊，即將原擺開的兵，照舊收成營、部、哨、隊、伍。

凡獨吹喇叭，是掌號。第一次，要人起身，收拾行李、做飯。第二次，各兵喫飯。第三次，各兵出赴信地劄營，候主將到，發放施行。在外只掌一號聽令，二號或行營或操，不用三號。

凡吹天鵝聲，即長聲喇叭，是要各兵吶喊。如放砲一個，吹一聲、摩旗，是要轉身。但看旗點處，各兵向其處轉身。

凡喇叭吹擺隊伍，是要于脚下擺隊伍。

凡喇叭吹單擺開者，是要各隊如法一字擺開。

凡鼓，是進兵。古有步鼓、趨鼓，或一步一鼓，或十步一鼓，難于分別。今定鼓點相間爲步鼓、每一鼓行十步，一點行十步。純鼓爲趨鼓，一鼓行一步，緊鼓緊行。

凡擂緊鼓，是要趨跑，向前交鋒。下營後擂鼓，是放樵汲，掌號收回。閉營門擂鼓，是起更。

凡交鋒，聞鳴金一聲，即便立止。又鳴一聲，是要退還。連鳴二聲，是于脚下再轉身向前立定作戰勢。凡一切樂聲欲止，鳴金一聲即止。

凡打金邊，是發人探賊。

凡升帳，炮三舉，即鳴金，大吹打。
升旗，炮一舉，即擂鼓鳴金升旗。
静營炮發放，三舉，肅静下營。
吶喊炮一舉，吹天鵝一聲。
開營炮一舉，即點鼓開營。
開營炮三舉，即大吹打，開營開。
定更炮，遇夜擂鼓畢，一舉，吹天鵝聲。
變令炮，正行間，忽舉砲，是變號令，即止聽新令。或劄營時聞炮，是欲變陣，齊看中軍旗號施行。
已上金、鼓、旗、章、號、炮，只舉大畧。其間用法多端，或臨時出令，不能盡述也。

火攻要畧

用兵之道，惟戰、攻、守三者盡之。當今兵憊將弱，刀槍劍戟不能制勝，非火器莫能禦敵也。火器神妙全在于製造精工，又須練習純熟，施放如意，百發百中，斯爲有用。今海内所鑄，亦復不少，徒有虚名，未收實効，因無傳習故耳。今以戰、守、攻三法呈覽。夫火器非一端，其名類甚多，但用之各有所宜，則無有不勝矣。

一，曰戰

戰具有大銃，必用車載，小銃隨身。列營遇敵，遠則施放大銃對敵，近則疊放小銃，敵不能前。待其退走，以鉄騎數千，各持鳥銃，隨後襲之，或設奇擊之。此戰必勝之道也。

一，曰守

守具必用敵臺。古人止以火器爲一節，所以舊城皆不可以置銃，敵臨城下便無法可制。因城脚有躲避之處，即發火器，亦不能中耳。今法須于城隅建造，附近敵臺互相照見。臺上各設大小火銃，遠近擊打，使敵人不能近城。即近城，亦可三面横擊。此守必固之法也。

一，曰攻

攻具須用飛彪大銃。我兵臨敵城，不必環攻，宜擇一善地，分爲左、右、中三營，各設大銃，合擊城雉。垛倒城陷，令中營進兵舉梯上城，左、右兩營分擊餘賊。此攻必克之訣也。

以上三者，乃用火器之秘授，非輕以語人者也。如敵人無火器，我則任意用之。如敵人亦有火器，我則以大而多勝之。因大能及遠，多能勝寡耳。用器之分合正變，與夫隨時得宜，神而明之，存乎其人。

製火藥法

今天下兵家製藥之法，俱不能致遠，不能入微，不能急火，不能輕聲。此法世間所未傳，録以備覽。

煉　硝

平置半鍋，每斤鶏子清一枚，帶殼同入一器。用手揉碎其殼，攪極匀，漸加水。又攪極匀，傾入硝鍋，令水高于硝三寸。柴煮，木片攪，沫起掠去。清澈可鑑，滴水成珠爲度。滴時，不宜近火，恐熱則難凝，硝傷于老。亦不宜避火，恐冷則易凝，硝傷于嫩。以草莖醮出，即轉身背火，滴于指甲之上可也。試已成珠，預備有油水磁缸二口，鞔油苧布二層，將硝水傾入。置静處，七日後結成鎗硝，去水、曬乾、搗細，重絹篩出，聽用。

煉硫

先碾極細，須用净黄。每末十兩，用麻油、牛油各一斤。先分牛油一半，用麻油入鍋煑化，以油盪鍋令遍。油熱，將黄末徐徐摻下，隨摻隨攪，令速化。摻時須入油中，無使着鍋發火。若黄積成堆，不能速化。恐油枯黄亦着鍋，則從中撥開一竅，以所存牛油投之，令油從底化起，則鍋底盡滲矣。黄化盡，以有油水缸盆上蓋蘆蓆，令黄從蓆上漉下，則砂石俱净，俟黄凝結，搗細，重絹篩出，聽用。

炭

以麻秸、茄秸爲上，或近春柳枝、梧枝皆可。搗末，篩出，聽用。

火銃藥方 即粗藥

硝四斤或五斤　炭一斤　黄十二兩

須篩過細藥，水和匀，搗之。搗須急甚，令藥常熱，時以水灑令潤，杵頭臼底，須用銅鑲，以免火患。搗至三日膠結成團，用篩揉下，無不成珠，曬乾入罈，一月後傾出，復曬，封固藏之，永無濕氣。

鳥銃藥方 即細藥

硝七斤　炭乙斤　黄十兩

合法如前

火門藥方

硝一斤　炭一斤　黄十兩

合法如前，搗至七日爲妙。

又法

硝一斤　黄二兩三錢　茄秸炭三兩二兩乾一兩濕

搗三日，手試藥過，不熱爲度。

選練條格

〔明〕徐光啓　撰
李天綱　點校

點校説明

《選練條格》，徐光啓作，明末刻本，存韓霖編《守圉全書·申令篇》。徐光啓孫爾默作《文定公集引》（一六六三），《選練條格》和徐光啓的諸多著作一起，被列入「未刻而佚」之類，或以爲該本在清初已經亡佚。事實上，《選練條格》是已刻而未佚，並未失傳。韓霖編《守圉全書》時，在「卷六之二」輯録了徐光啓《選練條格》全文。《守圉全書》有崇禎八年（一六三五）「二君子堂」刻本，署「晉絳韓霖雨公輯」，上海圖書館藏。徐爾默之後，《選練條格》還曾收入道光二十九年（一八四九）新刻之《海山仙館叢書》，惟李杕、徐允希、徐宗澤和王重民編徐光啓集均未曾檢出收入。梁家勉撰《徐光啓年譜》（一九八三），亦未曾寓目。王重民似見過《守圉全書·選練條格》，然以曾「經韓霖删定」（王重民《徐光啓集·凡例》）爲由不收，不合理。「文革」後，上海市文物保管委員會編《徐光啓著譯集》（一九八三）從上海圖書館所藏之《守圉全書》中檢出，據以影印，《選練條格》賴徐光啓門人韓霖得以倖存，實屬佳話。

韓霖（一五九八——一六四九），字雨公，號寓庵，山西絳州人，天啓元年（一六二一）舉人，天主教徒，著有《鐸書》。韓霖，並其兄韓雲，曾寓居松江府，從徐光啓習經世之學。韓霖尤重兵學，其《守圉全書序》云：「文武非兩事也。」泰昌元年（一六二〇），韓雲、韓霖兄弟邀請艾儒略到絳州傳教，築天主堂，徐光啓有《景教堂碑記》云：「于晉絳則有兩韓孝廉，信向尤爲篤摯，爰始爰謀，圖維卜築，將以崇嚴像設，奠安道侶。乃擇於城之東南，捐貲創建，爲室若干楹，因馳書數千里屬余記之。」「兩韓孝廉」，即韓雲、韓霖，創絳州天主堂，考見黄一農《兩頭蛇：明末清初的第一代天主教徒》。韓霖《守圉全書序》所稱之「二君子堂」，或即韓氏兄弟主持之天主堂。

《守圉全書》所收之《選練條格》，無序跋，無題名，只有條文。《選練條格》分「選士」、「練藝」、「束伍」、「形名」、「營陣」五篇。鑒於明末兵法廢弛，徐光啓膺命練兵後力行整頓，嚴格「選士」標準，「以勇、力、捷、技四者取之」。士既選，繼之以「練藝」。徐光啓主張「練遠器，先銃炮，次弓矢」，再輔之以長器、短器、拳法，表現他從澳門引進「大炮」、「西銃」武裝明軍的新兵法。「束伍」編五成「伍」，行「伍藝」、「伍號」、「伍約」、「伍書」，嚴明軍紀。此外復倡「形名」，即用「服章」、「旗章」、「金鼓」來分辨、組織和激勵將士。《選練條格》最重攻守「營陣」，所用篇幅占全書三分之二強。徐光啓精研古代陣法，化繁爲簡，「惟有方、圓、曲、直、鋭五法」。《選練條格》中突出「火兵」的作用，「筅」、「槍」、「短」諸兵器，都圍繞「火」器布陣，是徐光啓在提煉古陣法之外的創新之處。《選練條格》著年不詳，要不出徐光啓膺命練兵之際。《敷陳末議以殄兇酋疏》（一六一九）已條陳「選練」，梁家勉《徐光啓年譜》暫定《選練條格》、《兵機要訣》都作於同一年。因無新的證據，今仍此説。

李天綱

二〇一〇年十一月

目録

選士……三一七
練藝……三一九
束伍……三二三
形名……三二五
營陣……三三一

選　士

凡選士，以勇、力、捷、技四者取之。勇不可以度量而得，舒徐察之，臨事試之。其畧可見者，色壯而恒，氣猛而沉，目静而朗，此勇之端也。力、捷、技，皆試以權衡度量，填入册籍。加以籍貫、年貌、瘢記、營部、隊伍，倣古尺籍伍符，自隊哨以上，至主將，皆有此籍，可查可對。籍不可易，人不可代。藝有進退，隨時改定。人有去留，隨時更易。

一，力之凡有三：曰舉、曰挽、曰蹠。

舉者，提舉行動，烏獲百鈞之類是也。

挽者，挽強，顏高弓六鈞之類是也。

蹠者，蹠弩，岳飛蹠弩九十石之類是也。

一，捷之凡有三：曰超、曰走、曰獲。

超有躍起，有跳越。甘延壽超踰羽林亭樓者，躍也。岳飛教人學注坡跳壕者，越也。

走者，疾行，元人試貴繇赤河西務至御前，三時行百八十里是也。

獲者，接取，慶忌手接飛鳥之類是也。

一，現有技藝者，就行試驗，分別等第。技之凡有五：曰遠，曰長，曰短，曰奇，曰騎。

遠者弓、矢、弩、銃。

長者長槍，短者短槍、棍、棒、鋭、鐮、刀、劍之類。凡藝俱要實法實步，一面擊刺，不用轉身倒頭、花舞打滚。

奇者，鏢鎗、飛箭之類。

騎能左右蹁馬，馳騁合法，强弓命中，兼熟鎗刀者，爲及等。弄閒賈暇，兩鐙藏身，銃箭武藝精熟命中者，爲上等。八面升降，衣袂無聲，磬控周旋，無須鞭策，射打擊刺，百不失一者，爲超等。

一，籍貫，須備細開寫。係官舍軍餘者，書衛所及本管千百户長姓名；係民匠等籍者，書都鄙及里長姓名。

一，年貌，備細開列，務要分寸不差，以防更代。量度俱用營造尺，即今工匠所用。每一尺當官尺八寸。

一，疤記，明開幾處，或青紅黑疵，或瘡癤刀箭瘢痕火疤。

練　藝

凡練士，先練一人始。一人有五體，即伍法也。護首手必應，舉手足必隨，即常山蛇勢也。攻、守、形、勢、奇、正、虛、實，備在一身。因而五人爲伍，五伍爲隊，五隊爲哨，五哨爲部，五部爲營。安營布陣，變化出没，總是此理。一人之技精，兵盡在其中矣。項羽謂劍一人敵，不足學，學萬人敵。此不知劍法，亦不知兵法也。故練士之法，首技藝。

一，練遠器，先銃砲，次弓矢

方今制敵利器，火器第一。火器有小有大，小者如三眼快鎗、夾靶之類，膛短無力，人難取準，俱不許習學。惟鳥銃最利，上自將領，下至火兵，人人俱要打放精熟。此品於技藝中，只消二三分功，便有七八分用。其餘技藝，要七八分功，只有二三分用。却是都要精妙，纔彀十分。不得十分，終不可見敵也。學鳥銃要極準，要極快，其工夫半在製造，半在習學。膛直柄長，照門、照星，毫末不差，則準。火門、機軏、藥囊，諸器色色便利，則快。此在製造也。身、首、足、目，事事合法，則準。精熟便捷，勢如爨弄，則快。此在習學也。銃須作三節學。先習法，次用藥，次打把，不可驟進，與學書、學射相似。若圖驟進，終不合法矣。比銃於教場，設的闊二尺，高六尺，相去八十步，或三發，或五發，以打中多寡爲賞罰，積賞罰爲升降。若窄處演習，設土把，中心的方一二寸，相去三五步亦可。大砲製度不等，皆須試驗堪用，演放精熟。此須教場中及空闊去處，立把比試。一隊中，須得五六人善於點放者，餘人俱演習裝藥諸事。弓矢之利，全在強勁。若弱弓輕箭，豈能勝敵？今弓箭手，務須弓力七八斗以上，方准合式。比箭，的方一尺，相去三十步，以射中多寡爲賞罰，爲升降。軟弓小箭，降等論賞。

一，練長器，先長鎗，次狼筅

步兵利用鎗筅，五人之中，一筅居前，兩槍夾之，法兼攻守，兩短兵雜之，以資救衛。此古今不易之法。內狼筅只要膽力堅定，鈎鬧疾猛，不必比試。長槍設的設限，進步捉拿，抵限劄槍，以中的多寡爲賞罰。兩槍相併，包尖施粉，以勝負爲賞罰，積賞罰爲升降。

一，練短器，一刀、二棍、三鐮、四鈀，俱長九尺以上

刀者，長柄剔刀，一名鎓刀。棍者，俞家棍上施利刃。鐮者，鈎、鐮、鈀，或用虎叉，或用鎲，任從其便。四藝任習一事，但都用俞家棍法方妙。故用短器者，皆宜先習俞棍也。教練諸藝，不及盡學全套，只須除去花法，耑揀實用，擊、刺、剃、剪、鈎、壓數法，日夜演習，務求精妙如神，便可制勝。比試皆設的設限，如法進步，抵限擊刺，以中的多寡爲賞罰。相併者，設法護刃，以勝負爲賞罰，積賞罰爲升降。

一，練短刀

諺曰：一寸長，一寸強。烏枝鳴又言：用寡莫如用短。可見兵器不語短長，用得着時，便爲救命立功無上之寶。故短刀亦人人該學，亦須除去花舞，耑學架、隔、擊、刺數法。其設的比試，假刀相併，亦同前例。

一，練拳法

世稱拳爲武藝之源，蓋用以活動身手，貫串足目，便習閃賺，勞勤肢體，却是習慣世俗拳法。又慮腰力柔軟，脚步虛鬆，是拳又爲學藝之累也。今後學拳者，全要認取輕、疾、堅、重四字。輕、疾，是後發先至。堅、重，是遍身着力。了此四字，不止百藝俱精，亦是兵法要領。

束伍

用衆之法，全在分數。欲明分數，全在束伍。今定以五人爲伍，伍有長，長有伍旗。四伍二十人，分之爲前後左右，四伍合之，爲兩鴛鴦伍，别立隊長一人，并火兵四人，爲中伍，共二十五人爲一隊，隊長有隊旗。五隊一百二十五人，分左右前後中，别立哨總一人，雜流四人，共一百三十人爲一哨，哨總有哨旗。不足一百三十人，或三隊四隊，附餘歸於中軍。五哨六百五十人，分左右前後中，立千總一人，雜流十九人，共六百七十人爲一部，千總有旗鼓。不足六百七十人者，或二哨，三哨，四哨，附餘歸於中軍。五部三千三百五十人，分左右前後中，立將官一人，雜流九十九人，共三千四百五十人爲一營，營將有旗鼓。不足三千四百五十人者，或二部，三部，四部，附餘歸於中軍。五營一萬七千二百五十人，大將統之。不足，或二營，三營，四營，附餘歸於中軍。

一，伍藝

營伍中除鳥銃短刀人人習學外，其一伍中選壯大老成者一人爲狼筅手，選長健便捷者兩人爲長槍手，選精悍短小者兩人爲短器手。短器者，或一刀一鈀，或一鐮一棍，或刀配鐮，鈀配棍，俱要耑力習學，不時試驗比併。各藝既知，就學伍法。伍法者，合五人爲一人也。伍法既知，就學隊法。隊法者，合二十五人爲一人也。因此推廣，爲哨，爲部，爲營，爲大營，其理皆同。所謂攜手若使一人，不得已也，此之謂也。各將官下雜流應入行陣者，俱要各習一藝，酌量編集隊伍，畧與兵伍同法。一隊二十五人中選有力善負、耐勞苦者四人爲火兵。火兵亦佩短刀，學鳥銃。所持扁挑，一頭加闊口刃，以備穿掘，仍當棍用，平時亦須學習。

一，伍號

各兵俱有腰牌，陽面備書營、部、哨、隊、伍、姓名、年貌、籍貫、力斤、技藝、疤記，陰面作同伍圖，另有牌式。火兵牌與兵畧同。伍長牌亦與兵畧同。隊長牌，陽面畧同伍長，陰面上書四伍長姓名，下書四火兵姓名。哨總有腰旗，旗書營、部、哨、姓名，及五隊長姓名。部千總有部旗，旗書營、部姓名，及五哨總姓名。將官有腰旗，旗上横書某營，下書三軍司令。大將有腰旗，旗書三軍司命。各將官下雜流腰牌，畧與兵伍同法。

一，**伍約**

伍法既定，凡行立居止，俱照伍圖次序，不許錯亂。直待號令，方許移動。五人居止，要在一處。一隊二十五人，亦要相近。同伍五人，互相保結，四伍長亦互相保結，情願互相覺察，不致爲非脱逃。一伍中有爲非者，報知隊長，禀達將領治罪。知而不舉者罪同。本伍中覺有脱逃情形，報知隊長，禀達將領，以便防範。知而不舉，致有一人脱逃者，二人監候，二人追獲。全伍俱逃者，鄰伍五人監候，五人追獲。

一，**伍書**

古者將百人以上，臨陣草教，皆執經援枹。經者，軍書、軍令、軍册也。今後自隊長以上，各造本管軍兵花名，并緊要號令法制，彙成小册，隨身携帶，以便逐時查點，遇便講習。

形名

鬬衆如鬬寡，形名是也。形者旌旗，名者金鼓。旌旗、金鼓，三軍之耳目。節制之師，未有不用形名者。故古兵法言：目隨旌旗，耳隨金鼓，步隨長槍，心隨號令。今後將士，但見中軍某色旗竪起點動，便是某枝兵收拾，聽號頭行營出戰，不許聽人口説。不見旗幟，不聞金鼓，便是主將親口説，亦不許動。一味只看旗鼓，兵看隊長，隊長看哨總，哨總看千總，千總看中軍。如擂鼓要進，就赴湯蹈火也要進。鳴金要退，後面有水火也要退。衆人共一耳，共一目，共一心，此齊衆若一之法，陣無有不堅，敵無有不破矣。

一，服章

古經卒令，有五色之章，或置於首，或置於項，或於胸，或於腹，或於腰。雖百萬之衆，皆逐一分明，無有同者，此之謂分數明也。今以營、部、哨、隊、伍别之，營章在首，部章在項，哨章在腰，隊章、伍章在背。

營章在首者，盔上或插毛羽，或加油漆，或用包巾，俱全營一色，如左營用青，右營用白也。部章在項者，盔上護項腦包，加各色布絹或包巾，後加飄風一片，用各色布絹，皆依方色，如左部用青，前部用紅也。

哨章在腰者，各用布束腰，依其方色，如中哨用黄，後哨用黑也。

隊章在背者，甲背心加圓布一片，徑五寸，依其方色，如左隊用青，前隊用紅也。

伍章亦在背者，就於圓布上寫伍分、伍數。如左伍長即寫「左一」兩字。右伍第二人，即寫「右二」兩字。隊長即寫「隊長」，火兵即寫「火一」、「火二」也。

如此但點一兵，見其首青、項黄、腰紅、背黑，寫「右三」兩字，便知爲左營中部前哨後隊右伍第三人，按册可知其名也。

一，旗章

旗幟，伍長以上皆有認旗，以指揮本管。

伍長認旗，桿長二尺，徑四分，旗方一尺，上面有邊有帶，旗用伍色，邊用隊色，帶用哨色。如各營各部之右哨前隊左伍，則青旗、紅邊、白帶也，繫之背上。

隊長認旗，桿長二尺五寸，徑三分，旗方一尺二寸，三面有邊有帶，旗用隊色，邊用哨色，帶用部色。如各營之前部右哨後隊，則黑旗、白邊、紅帶也。

哨總認旗，桿高一丈二尺，徑一寸五分，槍頭旗方二尺，四面有邊有帶，旗用哨色，邊用部色，帶用營色。如左營前部右哨，則白旗、紅邊、青帶也。

千總認旗，桿高一丈五尺，徑一寸六分，槍頭旗方二尺五寸，四面有邊有帶，旗用部色，邊帶俱用營色。如右營前部，則紅旗、白邊帶也。

營將認旗，高一丈六尺，徑一寸六分，槍頭旗方二尺八寸，四面有邊有帶，旗用營色，邊帶用生色。如右營，則白旗、黃邊、黃帶，左營則青旗、黑邊、黑帶也。

大將認旗，桿高一丈八尺，徑一寸七分。雉尾瓔珞，旗方三尺，五色備。如腰旗帶，用紅色。

外擺營旗幟，每營該：

中軍千總巡視藍旗十二面；

門旗十六面；

角旗八面；

五方旗五面；

飛虎旗四面；

五方高照旗五面；
巡纛旗一面；
令旗四面；
督陣紅旗五面；
清道旗二面。
凡旗有點動，有起立，有偃，有摩，有伏，俱隨主將號令。營、部、哨、隊、伍，各依其令應之。

一，金鼓

凡掌號笛，是聚官旗哨隊長，分付軍務。到齊鳴金方止。號笛，即嗩吶。
凡吹哱囉三聲，是要各兵起身。再吹一次，執器械站立，有馬者上馬。
凡摔鈸響，是要各兵收隊，即將原單擺開的兵，照舊收成營部哨隊伍。
凡獨吹喇叭，是掌號。第一次，要人起收拾行李做飯。第二次，各兵吃飯。第三次，各兵出赴信地劄營，候主將到，發放施行。
凡吹天鵞聲，即長聲喇叭，是要各兵吶喊。如放銃一箇，吹一聲，摩旗，是要轉身。但看旗點處，各兵同其處轉身。

凡喇叭吹擺隊伍，是要於脚下擺隊伍。

凡喇叭吹單擺開者，是要各隊如法一字擺開。

凡鼓是進兵，古有步鼓、趨鼓，或一步一鼓，或十步一鼓，難於分別。今定鼓點相間爲步鼓，每一鼓行十步，又一點，行十步。純鼓爲趨鼓，一鼓行一步，緊鼓緊行。

凡擂緊鼓，是要趨跑，向前交鋒。下營後擂鼓，是放樵汲，掌號收回。閉營門擂鼓，是起更。

凡交鋒，聞鳴金一聲，即便立止。又鳴一聲，是要退還。連鳴二聲，是於脚下再轉身。向前立定作戰勢。

凡一切樂聲欲止，鳴金一聲即止。

凡打金邊，是發人探賊。

凡升帳砲三舉，即鳴金大吹打。

升旗砲一舉，即擂鼓鳴金升旗。

静營砲發放後三舉，肅静下營。

吶喊砲一舉，吹天鵞一聲。

開營砲一舉，即點鼓開營。

閉營砲三舉，即大吹打閉營門。

定更砲，遇夜擂鼓畢，一舉，吹天鵞聲。

變合砲，正行間，忽舉砲，是變號令，即止，聽新令。或劄營時聞砲，是欲變陣，齊看中軍旗號照行。

已上金鼓旗章號砲，只舉大畧。其間用法多端，或臨時出令，不能盡述也。

營陣

古來陣法相傳甚多，大率談兵之家支離繁瑣，用兵之家簡易直捷。今欲求簡易直捷，惟有方、圓、曲、直、鋭五法也。古法曰：高平利方，方利變。四方高利圓，圓利守。左右高處利曲，曲利吞。前高後下利直，直利争險。後高前下利鋭，鋭利潰。考之古人營法、戰法，不能出此數勢，竝不如相傳陣法纏繞紛紜者也。但一營、一部、一哨、一隊、一伍，皆有方、圓、曲、直、鋭之法。其練法，宜先從一伍始。伍合成隊，隊合成哨，哨合成部，部合成營，營合成爲大軍。

一，練伍

伍長兵器用狼筅，伍二、伍三用長槍，伍四、伍五用短器。五人皆兼遠器，遠器皆用鳥銃。銃少，以弓箭雜之。伍一、伍二、伍三，遠器皆隨身。伍四、伍五，用畢付火兵執之，以便坐作進退。火兵各執本用濶口鉄鏟扁挑，未備以悶棍權代之，仍裝鳥銃聽用。其號令若集營部隊，聽大號令。若演伍，則伍長口呼「方、圓、曲、直、銳」一字、二字爲號，或擊筅一、二、三、四、五爲號，伍長亦可用槍，特不得用短器。

方伍，筅居中，一短一槍居左，一短一槍居右。此爲結聚一面，衆刃齊鋒，長短相救之勢，縱横相去連身六尺，斜相去連身四尺二寸。

每◯爲一人，下同。

方伍

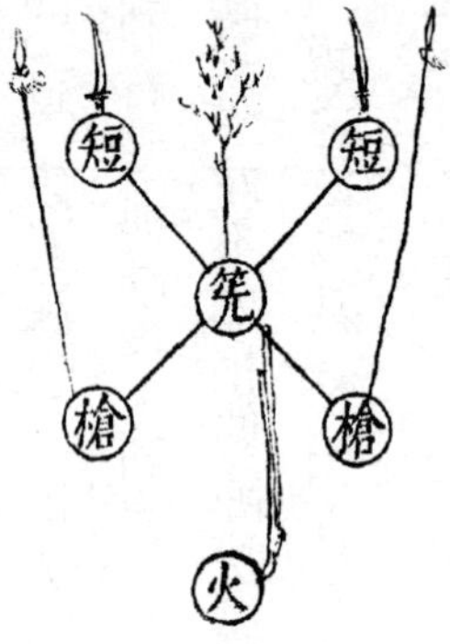

圓伍，五人不能爲圓，爲圓與方伍同，故缺。

曲伍，筅退居後，二翼稍張，此爲兩頭圍繞、吞脅翼擊之勢，斜相去連身六尺，張翕以相稱爲度。

曲伍

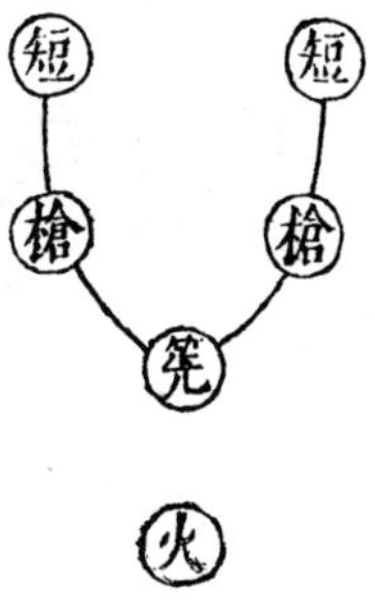

直伍，筅進居前，一短一槍相間，魚貫而立。此爲鴈行直進、争利出險之勢。前後相去連身六尺。

直伍

鋭伍，筅進居前，二短稍後，二槍又稍後。正與曲伍相反，此爲直進無前、衝敵潰堅之勢。斜相去連身六尺，張翕以相稱爲度。

鋭伍

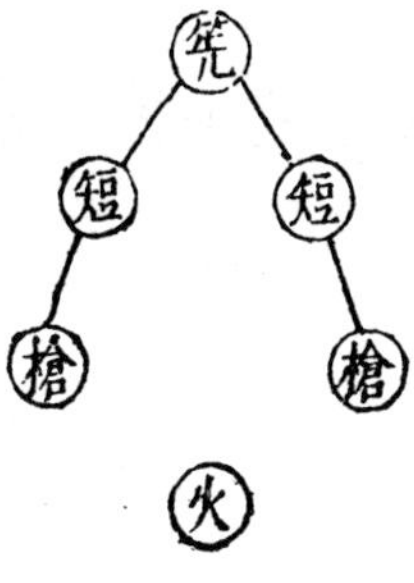

一字平伍，直伍之變也。筅退居中，槍分左右，二短居槍、筅之間，列成一字。此爲人人前

戰，用寡齊力之勢。横相去連身四尺。

一字平伍

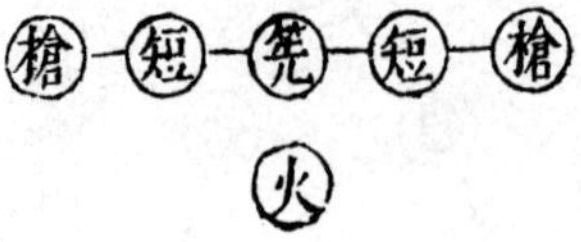

二字平伍，亦直伍之變也。二短進前，槍、筅居後，列成二字。再聞進，二短站定，槍、筅進前。如是迭進。聞退，二短站定，槍、筅退後，如是迭退。此爲抽叠進退、更迭治力之勢。横相去連身四尺。

二字平伍

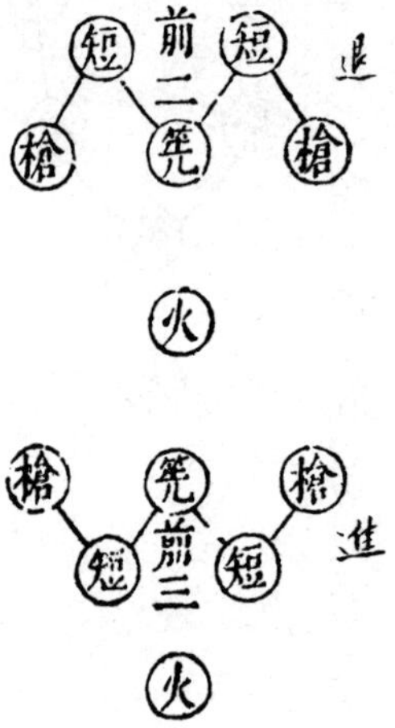

若以結營部、集哨隊，恒用方、直、平三伍。其曲、鋭二伍獨五人，可用之，集陣不用也。然兵法起於五，五起於一人之身。小大一理，故當心知其意。

若用二伍、三伍，皆依前法變通之。如以二直伍齊出，即鴛鴦陣也。以二三方伍並列而出，亦一字陣也。以二三平伍更番迭出，即二字三字陣也。其餘諸法，皆可視人視地，隨便配合也。

一，練隊

四伍，并火兵二十四人，又立隊長一人，共五伍二十五人，爲一隊。隊長背隊旗，隊長爲本隊中軍，火兵其雜流也，亦或居四伍之前，或居四伍之後，或居前二伍之間。若集營部，聽大號令。若演隊，隊長以小竹木梆爲號。

四伍中，前伍之長可兼轄左伍，右伍之長可兼轄後伍，爲集鴛鴦伍，當聽之。

方隊者，四伍各依本方，結爲方形。刃皆向外，隊長居中，隨敵四應，常山蛇勢也。可以守，可以變，一面應敵，可以前後抽疊。若帶火兵，如上圖，縱橫相去連身五尺。不帶火兵，如下圖，相去連身六尺。號聲用四，爲是金數。

每◯爲一人，下同。

方隊

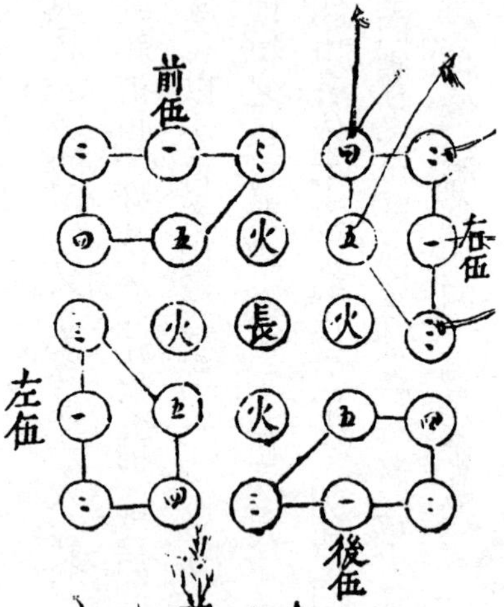

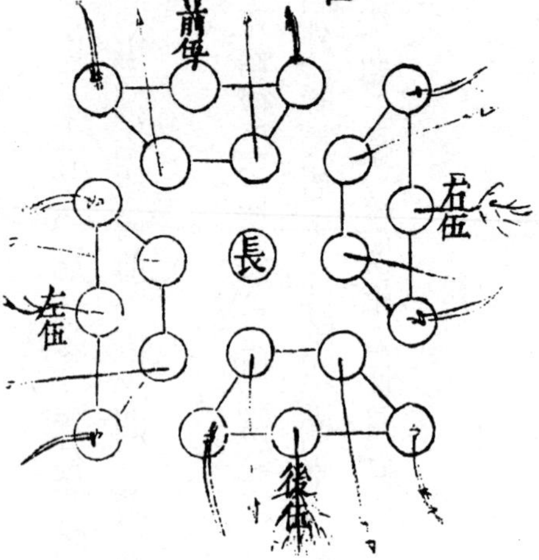

圓隊者，四伍各依本方，結爲圓形，刃皆外向，隊長居中，火兵彌縫其闕。内外層更迭擊刺，隨敵四應。無門角首尾，混混沌沌，形圓不可敗也，最利於守，可以變。受敵圍，度其瑕處，可忽作鋭陣潰之，如上圖，外層相去各連身六尺，每層相去各四尺。如下圖，中層相去各四尺。號聲用五，爲是土數。

圓隊

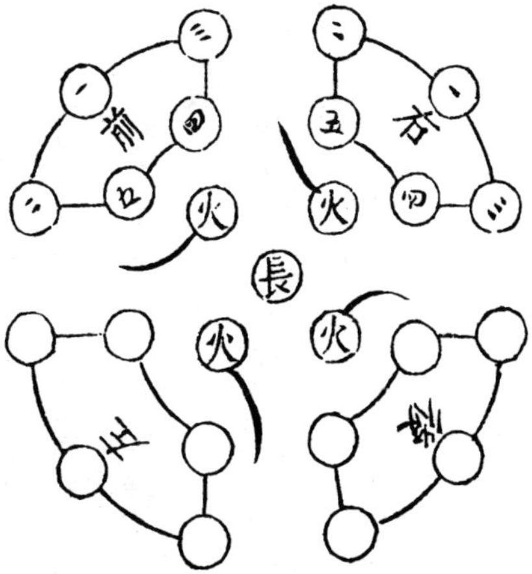

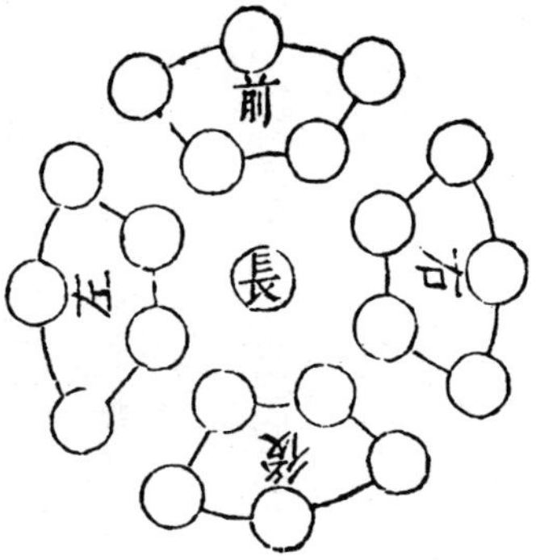

曲隊者，四伍分爲二，首前張後合，遶敵而翼擊之，可以更迭出入，本層相距各六尺，前後層相距各五尺，號聲用一，爲是水數。

每◯爲一兵，每◉爲一火兵。下同。

曲隊

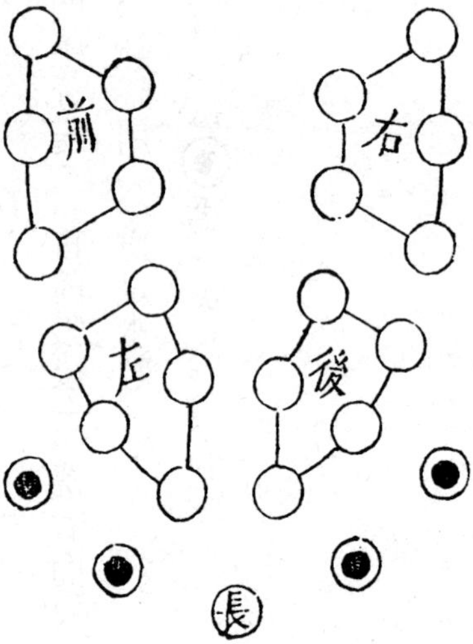

直隊者，或以直伍，或以方伍。隊長可前、可中、可後，皆四伍平列，一面向前，更迭攻戰，用以逐利争險，亦可抽叠進退。若行路，或一行、二行以上，隨地廣狹爲變，縱横相去皆五尺。號聲用三，爲是木數。

隊長統領行動，當居前；監制調度，當居後；臨敵接刃，當居前二伍之中；惟鋭隊、鋭哨當前，以衝鋒潰敵。

直隊

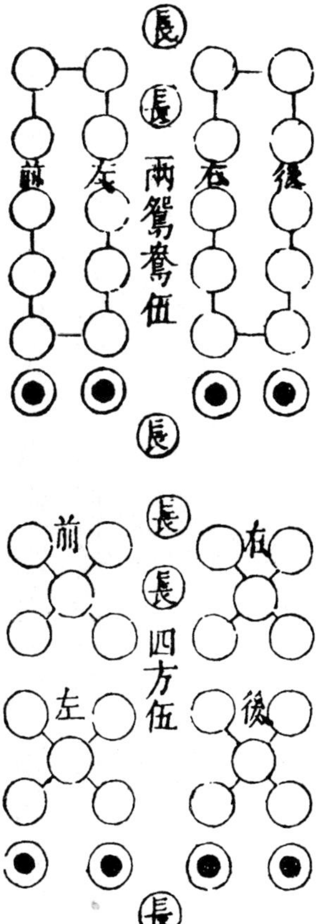

鋭隊者，隊長居前，四伍前翕中張，後翕人人齊力，用以衝堅突圍。縱橫相去各四尺。號聲用二，爲是火數。

鋭隊

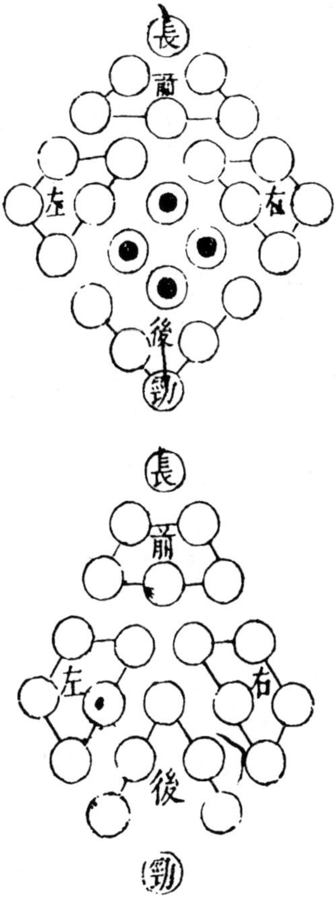

一字隊者，四方伍平列，一面齊鋒，敵小則用之。若用平伍，力勢太薄。號聲用連二又一。

方伍一字隊

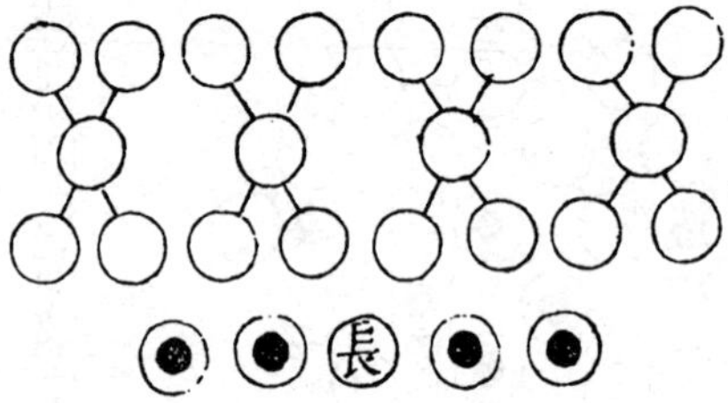

二字隊者，或以平伍，或以方伍，皆抽、疊出之。前後相間爲抽，相直爲疊。或用抽，或用疊，或兼用之。更休迭戰，所以爲無窮也。自此以上，爲三字、四字，無所不可。號聲用連二又二。

二字隊平伍抽法

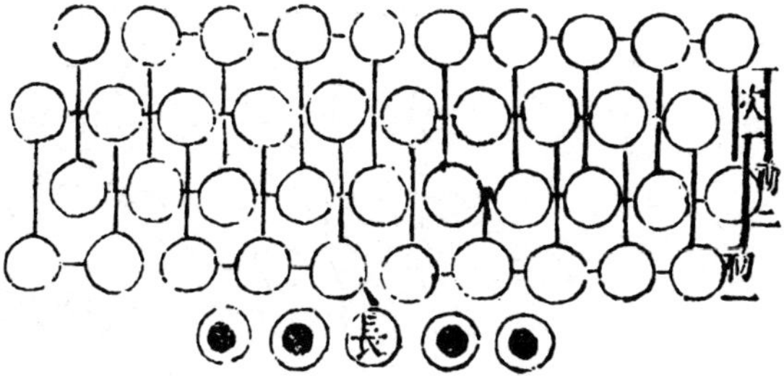

二字隊平伍疊法

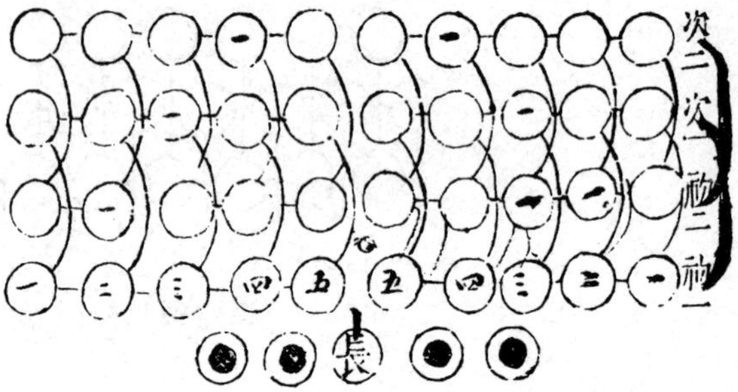

二字隊方伍抽法

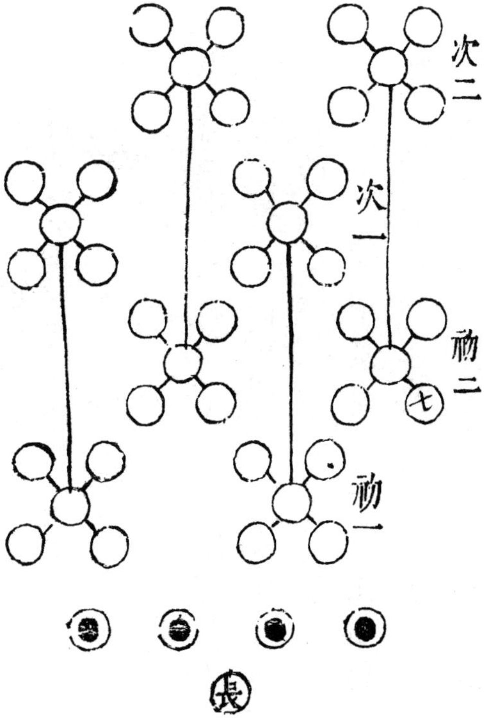

二字隊方伍疊法

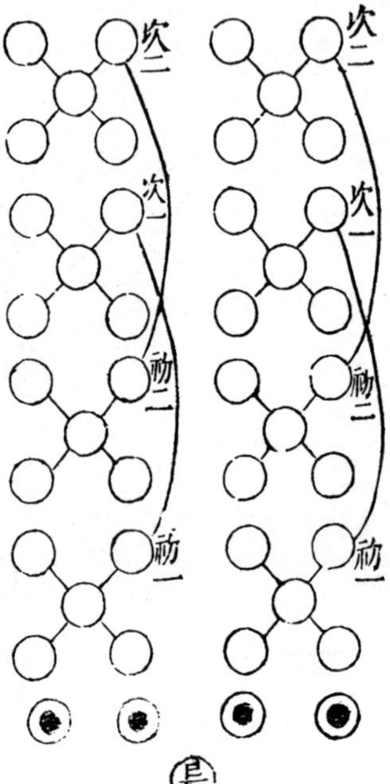

若以直伍抽疊，非鴛鴦伍不可。一隊止於四伍，勢薄難用。

一，練哨

五隊一百二十五人，分左右前後中，别立哨總一人，雜流四人，共二十六伍一百三十人，爲一哨。哨總主中哨爲中軍，或不立中隊長，則哨總自領之。哨總不足百三十人，或二隊、三隊、四隊，附餘歸於中軍。哨總號令用哨笛、小鼓、小金，若集營部，聽大號令。

方哨，説見方隊，下圖以方伍集之。或用鴛鴦直伍，或用一字平伍，皆可。

哨總吹笛一聲、摩旗，是要變陣。聽鼓四聲，當爲方哨也。依圖列之。

若縱横相去五尺，每面方五十尺，占地二千五百五十尺，爲是六十二步二分步之一，得地二分六厘零四絲六分絲之一。

方哨

每⊗爲一人，◉爲一火兵，◎爲一隊長，◎爲哨總。下同。

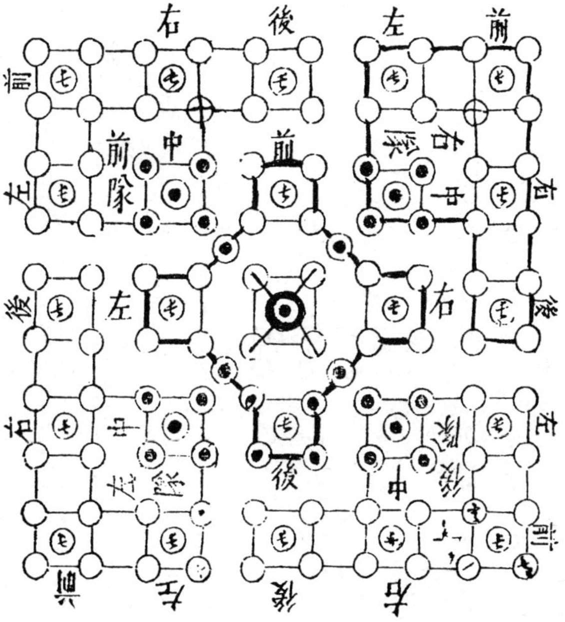

圓哨，說見圓隊，凡圓陣多以前三平伍集之，或間用方伍。

吹笛、摩旗，聞鼓五聲，當爲圓哨，依圖列之。

圓哨分八瓣，列法變法，須先明瓣數，次以法命之。若外層橫相去五尺，則外周二百四十尺，每瓣三十尺，徑八十尺，每層內外相去八尺。成列之後，第二層移前二尺，或三尺。子層更代亦如之。子層外周一百四十四尺，每瓣十八尺，徑四十八尺，橫相去六尺。

圓哨

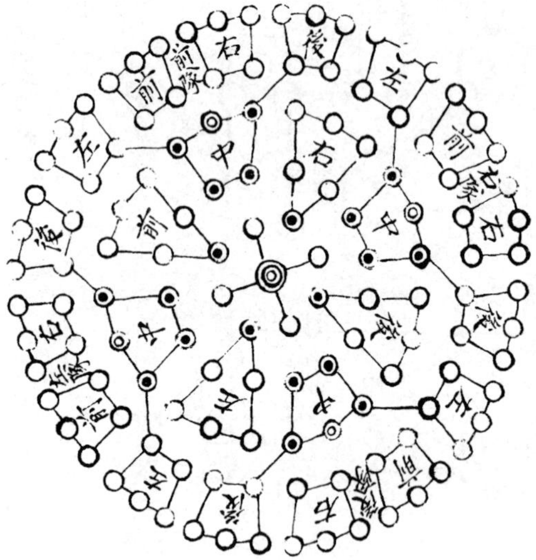

曲哨，説見曲隊，此以方伍集之。或用鴛鴦直伍亦可。吹笛，摩旗，鼓一聲，當爲曲哨，依圖列之。

曲哨分五瓣，中層相去四尺。餘隨伍疎密布之。若合圍既定，宜用叠法。

曲哨

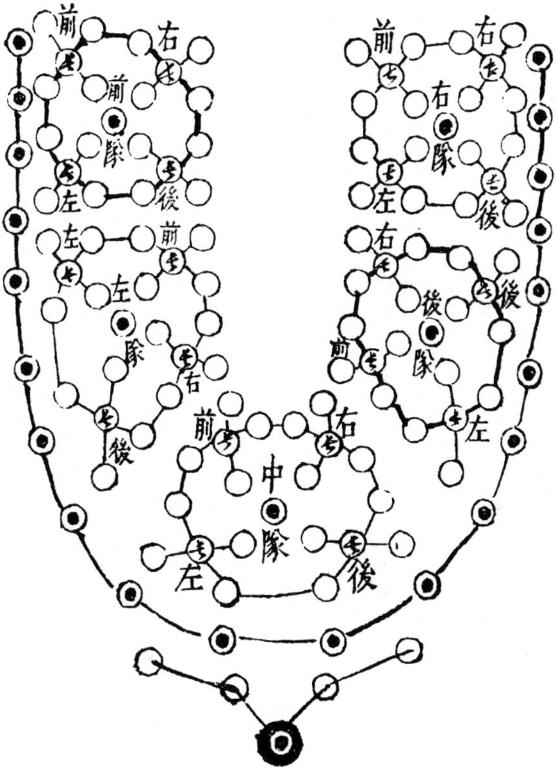

直哨，說見直隊。此以方伍，或鴛鴦伍集之。吹笛，摩旗，鼓三聲，當爲直哨。少止，再鼓一聲，當爲第二勢。皆依圖列之。直哨多用抽疊法，見後圖。橫相去四尺以上，六尺以下，相機命之。

直哨方伍

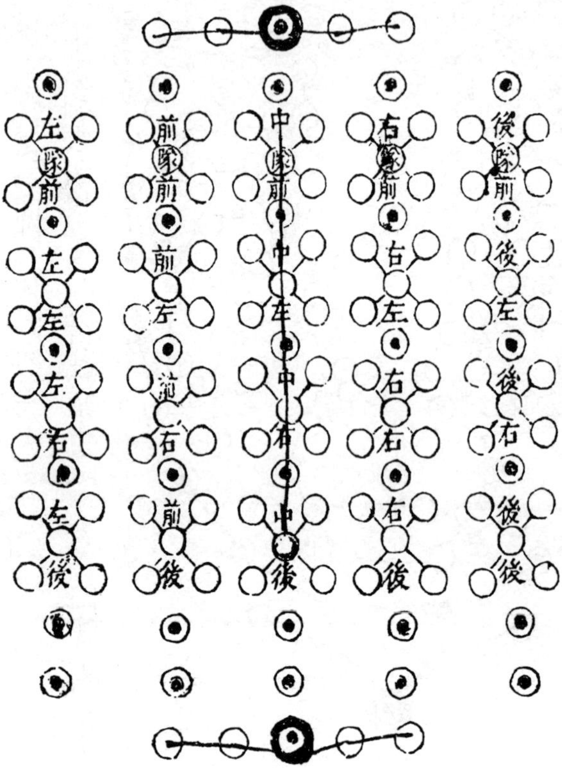

直哨鴛鴦伍

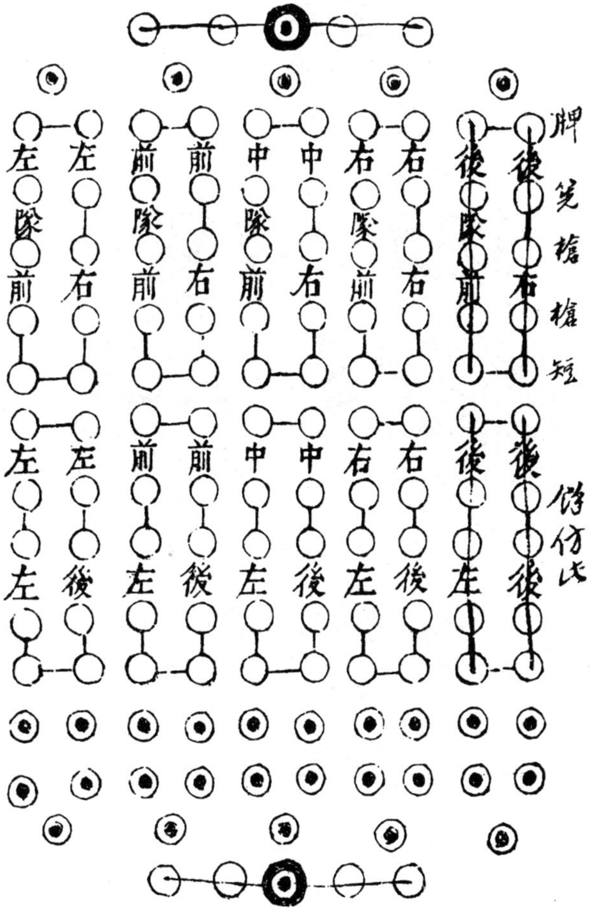

鋭哨，説見鋭隊。此多以前二前三伍雜合成之，間用直伍。

前圖爲突圍勢，二圖爲潰敵勢，三圖爲分合勢。

吹笛，摩旗，鼓二聲，當爲銳哨。少止，再鼓一聲，爲第二勢。三聲，爲第三勢。皆依圖列之。

戰酣，宜用叠法，斜相去皆四尺。

銳哨一

突圍勢

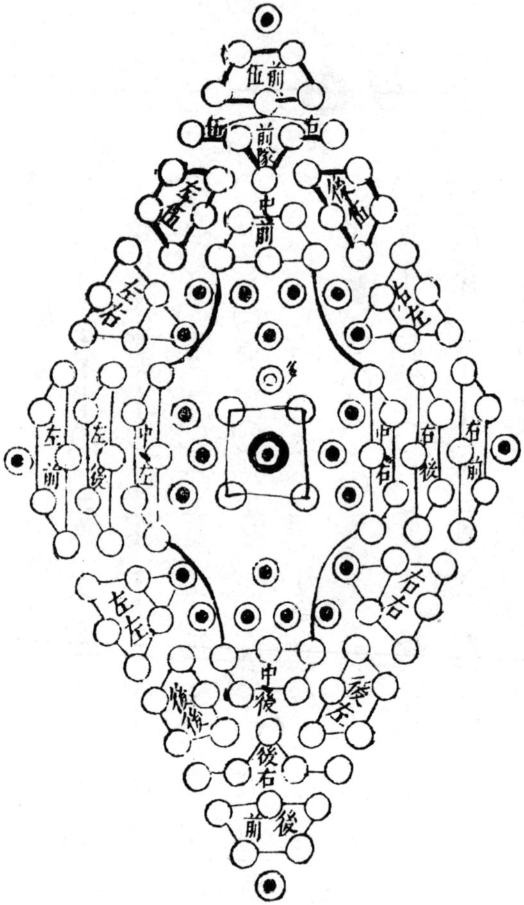

銳哨二

潰敵勢

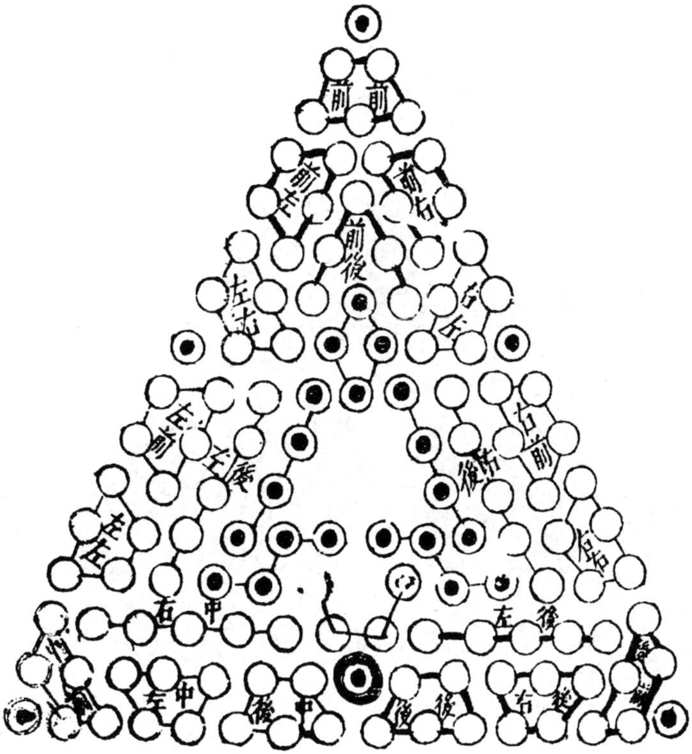

鋭哨三

分合勢

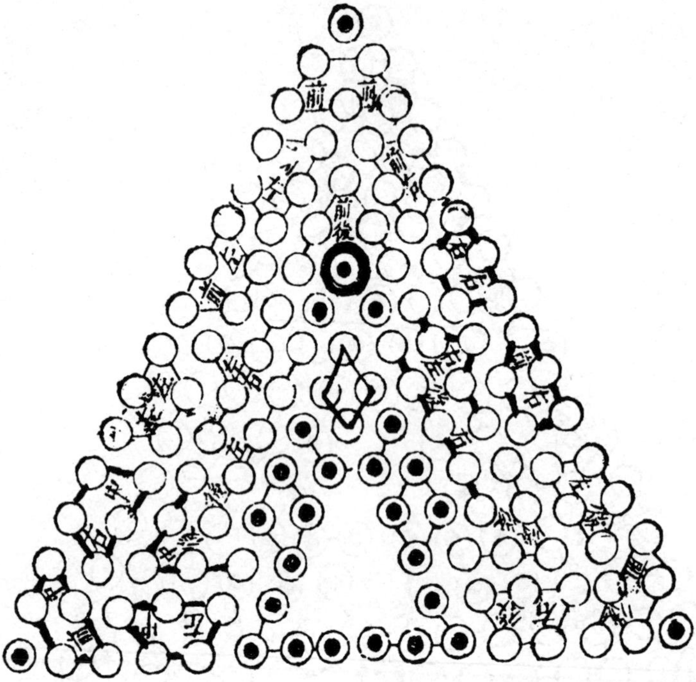

一字哨方伍，每◯爲一方伍。

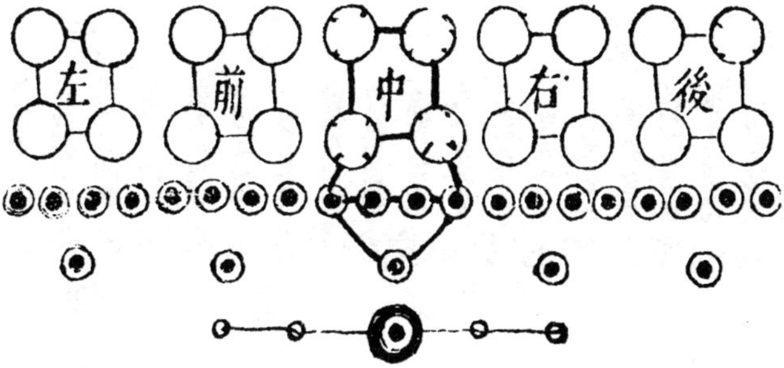

一字哨直伍，每二直爲一鴛鴦伍。

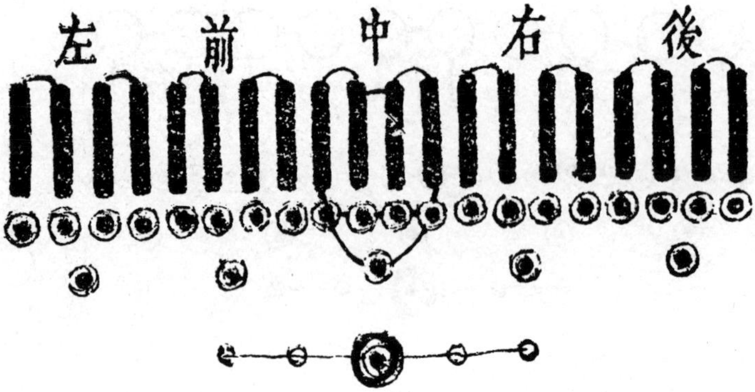

二字哨方伍抽法。

每一〇爲一方伍，或帶火兵，或不帶火兵。

占地太寬，姑以二隊半爲例。

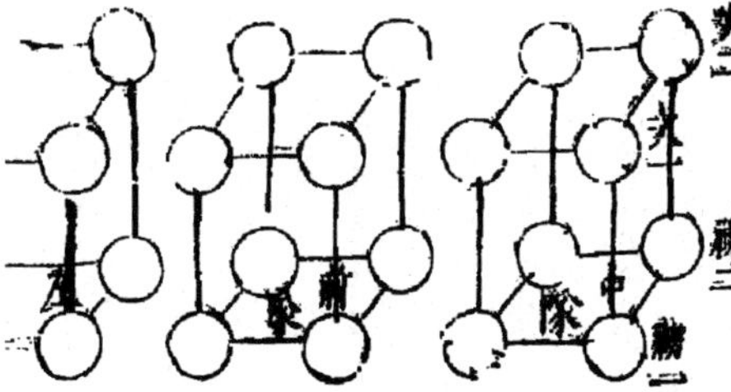

二字哨方伍疊法。

每〇爲一方伍，或帶火兵，或不帶火兵。占地太寬，姑以二隊半爲例。

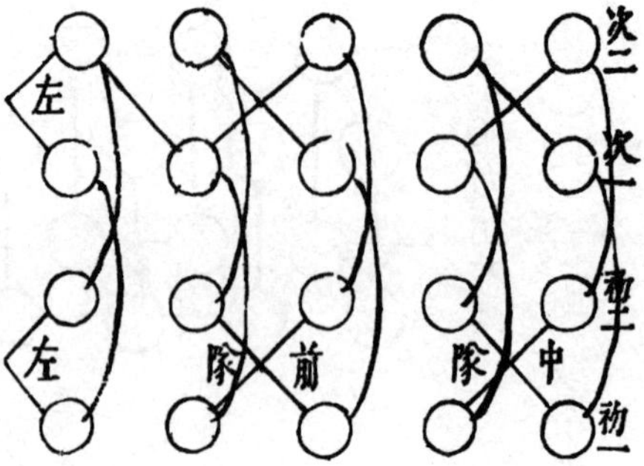

二字哨直伍抽法。

每二直爲一鴛鴦伍。或帶火兵，或否。

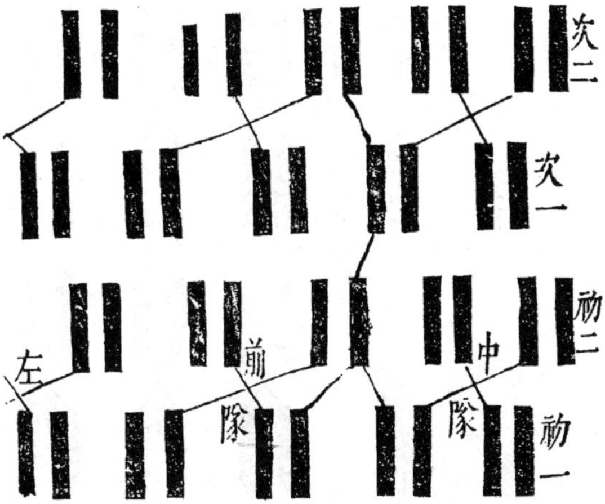

二字哨直伍叠法。

每二直爲一鴛鴦伍。或帶火兵，或否。

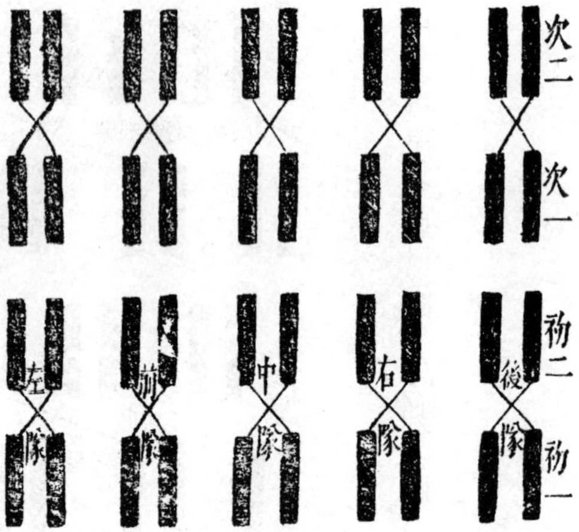

二字哨平伍抽法。

每直爲一平伍。占地太寬，姑以二隊半爲例。

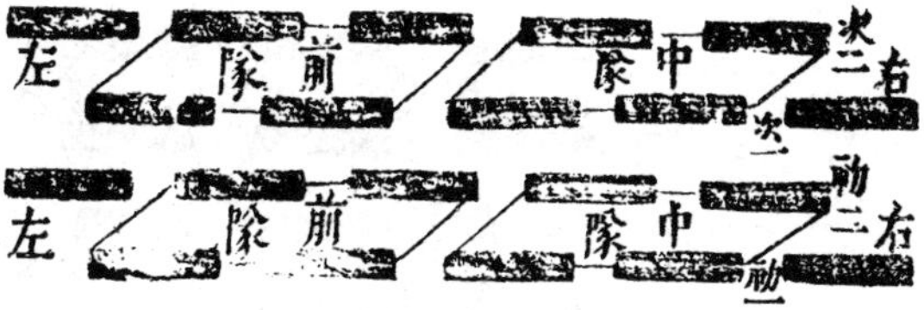

二字哨平伍叠法。

每直爲一平伍。占地太寬，姑以二隊半爲例。

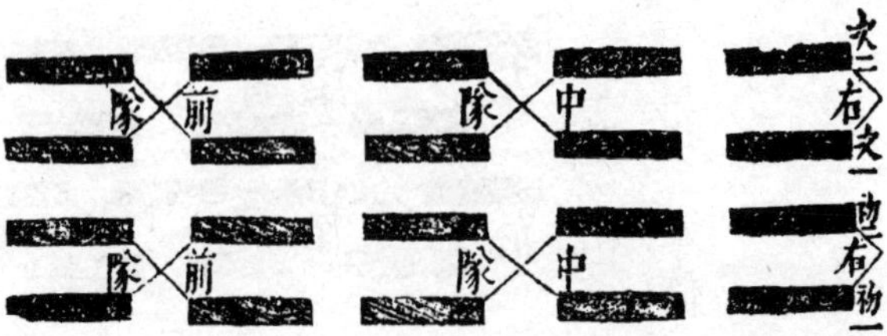

三字哨方伍抽法。

每〇爲一方伍，配不盡法，或撥隊并隊作之。此撥隊也，餘隨哨官爲駐隊。不帶火，則并入駐隊。若抽中用疊，則進退法同上圖。

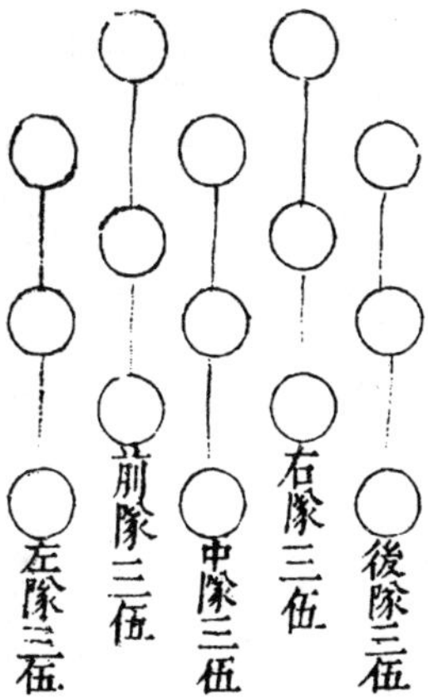

三字哨方伍叠法。

每○爲一方伍，配不盡法，或撥隊并隊作之，此撥隊也。餘隨哨官爲駐隊，不帶火，則并入駐隊。進退法同上。

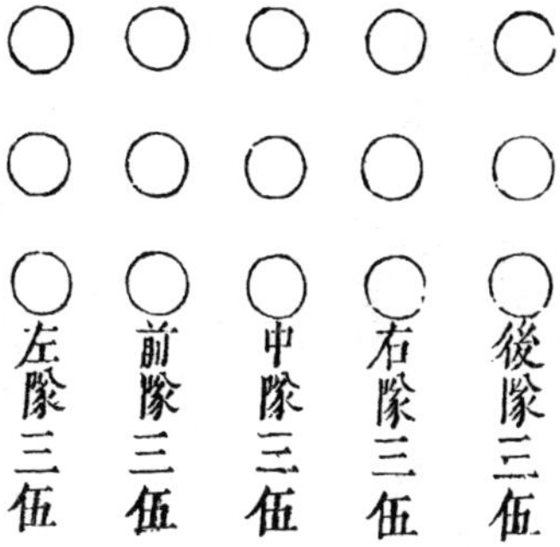

三字哨直伍抽法。

每二直爲一鴛鴦伍。并伍則一哨四隊，人數不足須并哨作之。餘分哨官爲駐隊，不帶火，則并入駐隊。若抽中用疊，則進退法同上圖。

三字哨直伍叠法。

每二直爲一鴛鴦伍，配不盡法，或撥隊并隊作之，此并隊也。餘隨哨官爲駐隊，不帶火，則并入駐隊，進退法同上圖。

三字哨平伍抽法。

每直爲一平伍，三字哨，配不盡法，或撥隊并隊作之，此圖爲撥隊也。餘隨哨官爲駐隊，不帶火，則并入駐隊。若抽中用疊，則第三進皆出于一之前。第一退皆出于三之後。四層、五層同此。

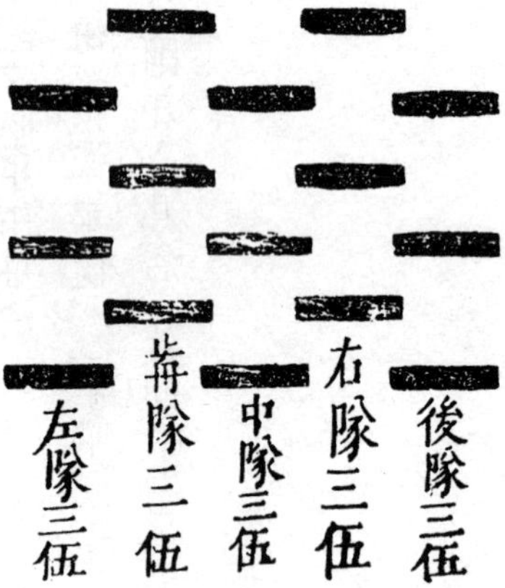

正字哨平伍叠法。

每直爲一平伍，此亦撥隊，餘隨哨官爲駐隊。

凡第三進皆出于一之前，第一退皆出于三之後。四層、五層同此。

後隊三伍

右隊三伍

中隊三伍

歬隊三伍

左隊三伍

一，練部

五哨一百三十伍，六百五十人，分左右前後中。別立千總一人，雜流十九人，共二十五隊，一百三十四伍，六百七十人，爲一部。部總主中哨，爲中軍。或不立中哨總，則千總自領之。部總不足六百七十人，或二哨、三哨、四哨，附餘歸于中軍。部總號令用喇叭、中鼓、中金。若集營，聽大號令。

方部，説見前，下圖以方伍集之，或用鴛鴦直伍，或用一字平伍，皆可。部總下吹喇叭一聲、摩旗，是要變陣。聽鼓四聲，當爲方部也。依圖列之。

若每人縱横相去五尺，每面二十四人，爲一百二十尺，占地一萬四千四百尺，爲是四百步，得一畝三分畝之二。若一部二哨，爲五十六伍，列方陣，每面八伍，中留閒地八伍。若三哨，爲八十二伍，每面十伍，中留閒地十八伍。若四哨，爲一百一十伍，每面十一伍，中留閒地十一伍。

方部

每◯爲一方伍，每◉爲一隊長、四火兵，每◎爲一哨總、四雜流，每◎爲千總。

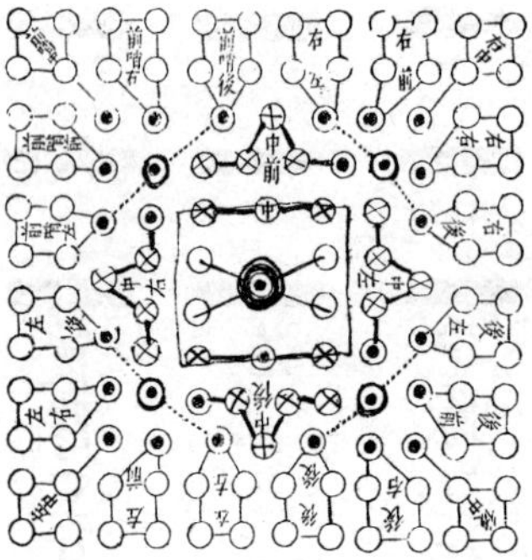

圓部，説見前，分四瓣。吹喇叭，摩旗，聞鼓五聲，當爲圓部，依圖列之。

若外層每人相去四尺，則四十八伍，一百四十四人。爲周五百七十六尺，徑一百八十四尺。中外一十三層，徑分二十六節，每節七尺一寸弱。成列之後，本伍移前，自相依附。子層更代亦如之。中哨、外周二百九十八尺，每瓣七十四尺五寸，每人橫相去六尺三寸弱。

若一部二哨，五十六伍，分四瓣。每瓣一十四伍，閒地一。

若三哨，八十二伍，分六瓣。每瓣十四伍，閒地一。

若四哨，一百一十伍，分四瓣。二十八伍，閒地二。

圓部

每◯爲一伍，每◉爲一隊長、四火兵，每◎爲一哨總、四雜流，⊚爲千總。

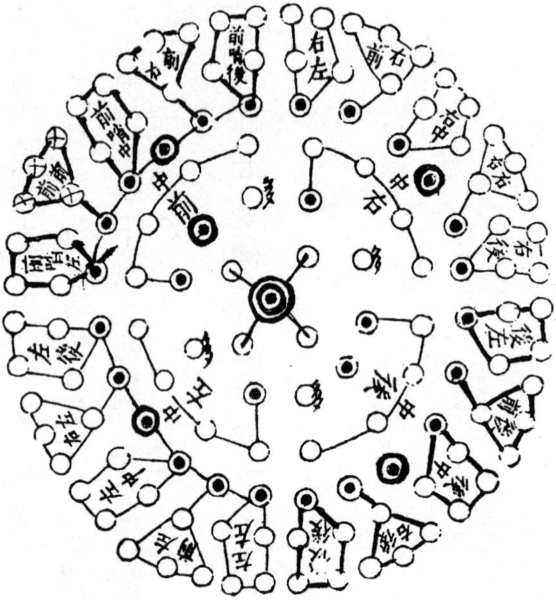

曲部，說見前。或用鴛鴦直伍。

吹喇叭，摩旗，鼓一聲，當爲曲部。依圖列之。

凡曲部，厚薄長短，相機裒益。此圖特用爲例，難可拘執。

曲部

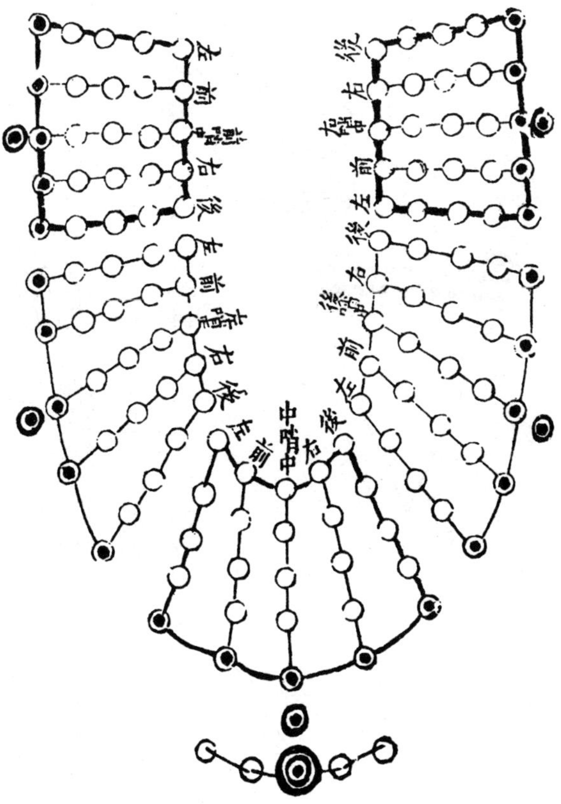

直部，説見前。或用方伍，或用鴛鴦直伍，皆以直哨合之。

吹喇叭，摩旗，鼓三聲，當爲直部，俱同前哨法。

若二哨、三哨、四哨、五哨合，或前後直列，或左右平列。四哨合，亦或兩兩平列。

直部，多用抽叠法，見哨圖。其廣狹厚薄，抽叠層數，相機命之。餘見哨説。

鋭部，説見前。

吹喇叭，摩旗，鼓二聲，當爲鋭部。依法列之。

凡鋭部，多用前二後三伍，皆以鋭哨第三勢合之。

若二哨合，以一爲鋭首，一爲鋭尾。

三哨四哨五哨合，亦以一哨爲首，一哨爲尾，皆如第三勢。其餘哨皆兩分之，一爲左，一爲右。

皆用鴛鴦伍，如鴈翅參差成列。火兵居中，令如第一勢。餘見哨法。

每直爲一伍，每●爲火兵，每○爲隊長。◎爲哨總、雜流。

鋭部三哨

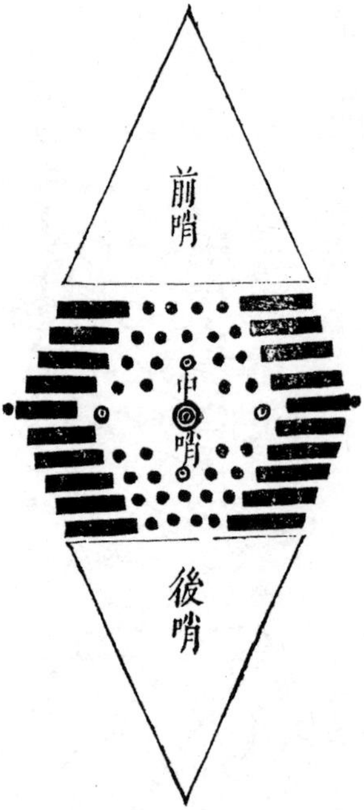

一，練營

五部，分左、右、前、後、中，立將官一人，雜流九十九人，共二十五哨，一百三十四隊，六百九十伍，三千四百五十人，爲一營。營將主中軍，其中部千總，管中軍事務。不足三千四百五十人者，或二部、三部、四部，附餘歸於中軍。營將號令，有各色旗幟、金鼓、號器、號砲、起火。結集大軍，聽大號令。

方營，説見前，下圖用方伍，或鴛鴦直伍，或用一字平伍，皆可。營將下放號砲，或起火、摩旗，是要變陣。聽喇叭四聲，當爲方營也。依圖列之。

方營五部，每面二十八伍。若每人縱横相去五尺，每面五十八人，爲二百八十尺，積七萬八千四百尺，爲是二千一百七十七步九分步之七，得九畝七厘四毫二十四分毫之一。

若一營二部，爲二百六十八伍，加營將二十伍，爲二百八十八伍。列方陣，每面十八伍，間地三十五伍。

若三部，爲四百二十二伍，每面二十二伍，間地六十二伍。

若四部，爲五百五十六伍，每面二十四伍，間地二十伍。

方營

幅小，姑以一隅爲例。每◯爲一伍，每◉爲一隊長、四火兵，每◎爲一哨總、四雜流，◎爲千總，◎爲營將。

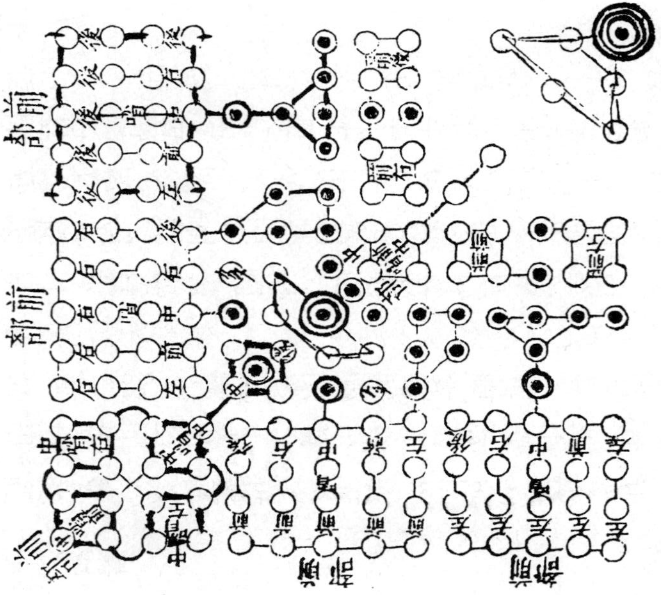

圓營，説見前。分四瓣，亦可分五瓣、十瓣、二十瓣，如下圖。外第一、第二層，爲前三伍。第二、第四層，爲方伍。放號砲，或起火、摩旗、聽喇叭五聲，當爲圓營。依圖列之。

圓營五部，若外層每人相去四尺，則一百二十伍，三百六十人，爲周一千四百四十尺，徑四百八十尺。中外二十四層徑分四十八節，每節相去十尺。成列之後，本伍移前，自相依附。子層更代亦如之。中部外周七百二十尺，每瓣一百八十尺，每人横相去六尺。

若一營二部，爲二百八十八伍，分八瓣，每瓣三十六伍，無閒地。

若三部，爲四百二十二伍，分八瓣，每瓣五十三伍，閒地二。

若四部，爲五百五十六伍，分八瓣，每瓣七十伍，閒地四。

圓營

幅小，姑以一隅爲例。每○爲一伍，◉爲一隊長、四火兵，◎爲一哨總、四雜流，◎爲千總。◎爲營將。

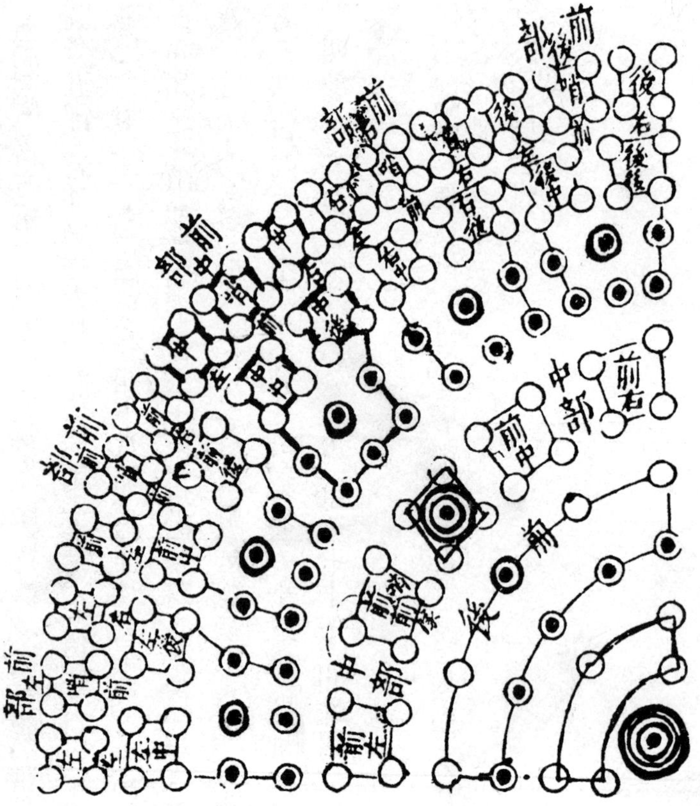

全營曲勢，說見前。或用鴛鴦伍。

放號砲，或起火、摩旗、聽喇叭一聲，當爲曲勢。

凡曲勢長短厚薄，相機裒益，別爲形名命之。

不言曲營者，爲其疑於剳營，剳營只用方圓二法。或隨地曲折分合，總之不離方圓。若全營曲勢，則戰陣也。直鋭同。

全營直勢，說見前。或用方伍，或用鴛鴦直伍，皆以直哨直部合之。

放號砲，或起火、摩旗、聽喇叭三聲，當爲直勢。

凡直勢，或直列，或平列，或重疊列。廣狹厚薄，因敵因地，隨機斟酌，別爲形名命之。

直勢，多用抽疊法。其廣狹厚薄，抽疊層數，相機斟酌，別爲形名命之。圖畧見前。

全營鋭勢，說見前。

放號砲，或起火，次摩旗，吹喇叭二聲，當爲鋭勢。

凡鋭勢，多用前二後三伍，皆以鋭哨第三勢，一爲首，一爲尾，餘皆平分。作鴛鴦伍，鴈翅參差成列，將領居要，火兵居中，令如鋭哨第一勢，其厚薄，相機斟酌，別爲形名命之。

〔意〕畢方濟　述　〔明〕徐光啓　譯

靈言蠡勺

李天綱　點校

點校説明

《靈言蠡勺》二卷，按畢方濟《靈言蠡勺引》，本書初刻於「天啓甲子七月」（一六二四），署「畢方濟口譯，徐光啓筆録」。據方豪《中國天主教史人物傳·畢方濟》引費賴之的説法，初刻，「其地點非上海即嘉定」。李之藻編《天學初函》（一六二八），收録於「理編」，由杭州慎修堂刊刻，今北京大學圖書館、巴黎法國國家圖書館、梵蒂岡羅馬教廷圖書館均有收藏。民國初年，馬相伯和英斂之（「萬松野人」）曾就明刻《靈言蠡勺》加以校正。民國八年（一九一九），陳垣據馬相伯和英斂之提供的「崇禎間慎修堂重刻《天學初函》本」，加以排印，有北京公記印書局印本。原上海天主教徐家匯藏書樓亦藏有明刻《靈言蠡勺》，見於徐宗澤《明清間耶穌會士譯著提要》著録。今查考從原上海徐家匯藏書樓流出，後輾轉歸藏臺北中研院史語所圖書館的明清圖籍目録，只見有陳垣一九一九年《靈驗蠡勺》印本，未見有任何明刻本。史語所藏原屬徐家匯藏書樓的《天學初函》中，獨缺《靈言蠡勺》，或許正是馬相伯先從徐家匯藏書樓取出「校正」，後交由陳垣「重刊」的緣故。今以《四庫全書存目叢書》（齊魯書社，一九九七）影印北京大學圖書館藏慎修堂重刻《天學初函》本爲底本，參考陳垣排印本，加以點校。

《四庫全書總目提要・子部雜家類存目二》持儒學正統觀，厭棄《靈言蠡勺》，稱其爲變幻佛經之「巧論」：「《靈言蠡勺》二卷，兩江總督採進本，明西洋人畢方濟撰，而徐光啓編録之。書成於天啓甲子，皆論亞尼瑪之學。亞尼瑪者，華言靈性也。凡四篇，一論亞尼瑪之體，二論亞尼瑪之能，三論亞尼瑪之尊，四論亞尼瑪所同美好之情，而總歸於敬事天主以求福，其實即釋氏覺性之說而巧爲敷衍耳。明之季年，心學盛行，西士慧黠，因摭佛經而變幻之，以投時好。其說驟行，蓋由於此。所謂物必先腐，而後蟲生，非盡持論之巧也。」實則，《靈言蠡勺》的母本爲葡萄牙科因布拉大學出版的《亞尼瑪學說概要》(Synopsis of Commentarium Coimbricense in Tres libros de anima, Coimbra, 1596，見 CCT-Database, Leuven)，乃是明末引進「西學」，翻譯古希臘亞里斯多德和歐洲經院哲學之「亞尼瑪」(靈魂)學說之重要著作。徐光啓翻譯《泰西水法》時，曾對熊三拔說：「道之精微，拯人之神；事理粗迹，拯人之形。并說之，并傳之。」《靈言蠡勺》當即徐光啓所稱「拯人之神」之作。《靈言蠡勺》的「靈魂論」，可與《寰有詮》(傅泛際、李之藻合譯，一六二八)的「宇宙論」、《名理探》(傅泛際、李之藻合譯，一六三一)的「邏輯學」、《修身西學》(高一志譯)的「倫理學」一起，并稱「西學」之精微。

李天綱

二〇一〇年十月

目録

靈言蠡勺引……畢方濟　三八一
卷上……三八三
論亞尼瑪之體……三八三
論亞尼瑪之生能覺能……三八九
論亞尼瑪之靈能……三九〇
論記含者……三九一
論明悟者……三九五
論愛欲者……四〇二
卷下……四一〇
論亞尼瑪之尊與天主相似……四一〇
論至美好之情……四一七

靈言蠡勺引

亞尼瑪 譯言「靈魂」，亦言「靈性」。之學，於費祿蘇非亞 譯言「格物窮理之學」。中，爲最益，爲最尊。古有大學，榜其堂曰：「認己。」謂認己者，是世人百千萬種學問根宗，人人所當先務也。其所稱「認己」，何也？先識己亞尼瑪之尊、亞尼瑪之性也。若人常想亞尼瑪之能、亞尼瑪之美，必然明達世間萬事。如水流花謝，難可久戀，惟當罄心努力，以求天上永永常在之事。故格物窮理之君子，所以顯著其美妙者爲此。推而齊家、治國、平天下，凡爲人師牧者，尤宜習此亞尼瑪之學，借此理以爲齊治均平之術。

蓋亞尼瑪之學，理居其至崇高之處。以臨御亞尼瑪之欲能怒能 說見篇中。可以駕馭使之從理。凡諸情之動，能節制之。治人之法，一切臨御駕馭節制之勢，略相似焉。君子在上，以恩德柔善良，欲能之象也；以威稜御强梗，怒能之象也；以法制禁令，消弭亂萌，節度諸情之象也。亞利斯多曰：醫者欲療肉體之病，尚須習亞尼瑪之學。治人者療靈心之病，其須習也，殆有甚焉。等而上之，欲論天上之事，其須知此，又更有甚焉者。蓋從亞尼瑪，可以通達天神無質者之情狀，而亞尼瑪還想本己之性，亦略可通達天主之性。爲依其本性所有諸美好，可遡及於諸美好之源故也。故古昔典籍，無不贊歎亞尼瑪，謂之甚奇。如曰亞尼瑪爲世時與永時兩時間之地平，世時者，有始有終；永時者，無始無終。天下萬物皆有始有終，天主無始無終。亞尼瑪有始無終，在天主與萬物之間。若周天十二宫，六宫恒在地上，六宫恒在地下。而地平在其中間，爲上與下分别之界限也。如曰亞尼瑪爲有形之性與無形之性兩性之締結，如曰亞尼瑪爲宇宙之約謂上則爲天主之肖像，天神之相似。下則爲萬物之所向。是也。

故亞吾斯丁曰：費禄蘇非亞，總歸兩大端。其一論亞尼瑪，其一論陡斯。亞尼瑪者，令人認己；論陡斯者，令人認其源。論亞尼瑪者，使人可受福；論陡斯者，使人享福。今略説亞尼瑪四篇。一論亞尼瑪之體，二論亞尼瑪之能，三論亞尼瑪之尊，四論亞尼瑪所向美好之情。總歸於令人認己而認陡斯，以享其福焉。方之本論，未免挂一漏萬，聊當嚆矢，以待異日詳之耳。天啓甲子七月，泰西後學畢方濟謹書。

靈言蠡勺卷上

論亞尼瑪之體

惜哉！吾世人迷於肉身，忘想亞尼瑪之至妙也。聖白爾納曰：有多多人，能知多多事，而不知自己。覓多多物，而獨忘自己。求美好於外物，而未嘗旋想自心之內有美好在也。人人自心之內有至美好之形像，至美好者，天主也，何獨人可謂之天主像，他物則否乎？物無靈，不能識天主。人之亞尼瑪能識之，能向之，能望之，能愛之，能得之，能享之。故曰有至美好之像。何必外求物乎？

欲盡通亞尼瑪之妙，非二事不可：一者依天主經典所說；二者依我信德之光也。信德者，信天主之德。今依《聖經》，依信德，略言之。

亞尼瑪，是自立之體。是本自在者，是神之類，是不能死。是由天主造成，是從無物而有，是成於賦我之所，賦我之時。是爲我體模，是終賴「額辣濟亞」譯言「聖寵」。賴人之善行，可享真福。以上數端，下文詳言之。

何謂自立之體？凡格物者，欲定一物之稱謂，必以總、專爲法，闕一不可。總稱者，衆共之。如人有生，草木禽獸亦有生。生者，人與物所同也。專稱者，如人有靈，能推論理，草木禽獸無之。靈者，人所獨也。故指人爲有生之物，此謂總稱。指人爲能論理者，此謂專稱。自立之體者，亞尼瑪之總稱也。自立體，不止亞尼瑪，而亞尼瑪則是自立體。如凡言有生之物，不止是人，而人則是有生之物。格物之説，有自立，有依賴。自立者，自爲體而爲他物所賴。依賴者，不能自立，依自立之體而爲有。不依賴於自立之物，則不能自爲一物。

何謂本自在者？言本自在，以別於生魂覺魂也。魂有三：生魂、覺魂、靈魂。草木之魂，有生，無覺，無靈；禽獸之魂，有生，有覺，無靈；人之魂，有生，有覺，有靈。生魂、覺魂，從質而出，皆賴其體而爲有。所依者盡，則生、覺俱盡。靈魂在人，非出於質，非賴其體而有，雖人死而不滅，故爲本自在也。本自在，與自立之體異義。如人是自立之體，馬亦是自立之體。但馬之體模，因馬而在。無馬，則無馬之體模，不得言本自在。人之亞尼瑪，人在亦在，人不在亦在。故言本自在者。

前謂神之類，言神類以別於他不屬神之類，如生、覺魂等。又以正他諸妄説，如謂魂爲氣等也。

何謂不能死？以別於他物之生魂、覺魂不能自立，與體偕滅也。又以正人死，魂與偕滅之妄説也；又以正夫人有三魂，死則生、覺已滅，靈魂獨在之誤論也。亞尼瑪，是一非三。只此靈魂，亦生亦覺。人死之後，因無軀殼，故生覺不用。儻令復生，靈魂與肉身復合，仍用生覺，如前未死時。如草木凋落，枝葉花實，皆晦於根。迨於春時，根力重申，枝葉華實，依然發見。

何謂由天主造成？以明非天神等所造成也。天主造成萬物，造成人類，造成天神，造成天地。可見不可見。一切諸物，皆非他所造成，何獨亞尼瑪由他造成，不由天主乎？

何謂從無物而有？以明非天主全體中分予之一分也，亦非他有大靈魂分彼而予此也。

何謂成於賦我之所，賦我之時？以明非造成之初先造幾許靈魂，原居天上，與天神同，或他貯，隨時取用也。又非欲賦予時先化成，後賦予也。又非肉身之外，造成靈魂，并合爲一也。日造肉身，肉身已成。日造靈魂而賦之，新新非故。即成時，便賦畀；即賦畀時，便成。成與賦但有原先後，無有時先後。時先後，如器先造而後用，如水先源而後委也。至如日光一照，若高若下，同時俱有，特從金水月天而至於地，不得言由地而至於月水金天，此謂原先後。却非日光某時先至金水月天，某時後至於地，故無時先後。又若父子等，相因而有之物，亦有原先後而無時先後。何者？當無子時不可謂父，有子而可謂父。故父子之稱，同時俱有。

何謂爲我體模？凡物皆有兩模，凡物有四所以然，曰作，曰模，曰質，曰爲。「模」者，模狀之。如是者，爲是物，置之於本倫，別之於他類也。俗言爲「樣子」，譬之車輪，牙周，輻輳，轂抱，賢空，爲模也，若輪。人是「作」者，材木是「質」者，用之利轉以行車，是「爲」者。一體模，一依模。體模者，内體模，物所由成，非是模，不成是物。依模者，外形模，物之形像可見者是也。今言亞尼瑪爲人之體模，以明非由熱、冷、乾、濕四情會合所成，可聚可散，如陶人埏埴也。

何謂終賴？額辣濟亞，賴人之善行，可享真福，是言亞尼瑪之爲者也。爲者，四所以然之一。如造矩爲作方，造規爲作圓也。亞尼瑪在人，他無終向，惟賴聖寵，可盡力向事陡斯，立功業以享天上真福也。亞吾斯丁曰：天主造成人之亞尼瑪，爲通達至美好。通而愛之，愛而得之，得而享之，曰「額辣濟亞」者，以明天上真福，非人之志力欲得真福，須立爲善之功。欲立爲善之功，亦必賴主祐。若自賴其志力，爲善立功以得福，未能也。與天主公祐所能得之，爲善立功，既賴主祐矣。然主祐有二：一公祐，一特祐。公祐者，人與物所共得。一切生長安存，及其各行各動，皆須天主公祐。故天主爲萬行萬動之原所以然，而行動之物，爲其行動之次所以然。如火爲熱之次所以然，而天主爲熱之原所以然。此原所以然之公祐，無物不得。既所共得，即若物所自有者。然若專藉此與物不異，用以爲善立功，而得真福，亦未能也。必有額辣濟亞之特祐，然後能爲義者，凡未認天主不得其聖寵，或已認之而因行惡失聖寵者，皆屬於不義。因於主祐，而幸認之，幸改過遷善，即獲聖寵，是名義者。爲天主所愛，而當受真福也。曰賴人之善行者，額辣濟亞之特祐，又有三端：一爲初提醒特祐，二爲次維持特祐，三爲後恒終特祐。初提醒特祐者，非我功力所致，天主徒與諸人者也。人向無聖寵之先，多爲不義，忽自覺非，而欲悔改，此爲提醒之特祐。我既不義無光，爲何得此提醒之祐？乃是天主憫我罪人，自肯提醒，無因而得。故曰「徒與諸我者」。如暗途中有坑阱，我向冥行，將陷於阱，忽得明燭，與者之恩。次維持特祐者，人已得提醒，又賴此維持特祐與我偕行，日遷於義，而行義加勤，獲祐加重，此維持之特祐，爲可與而與者也。可與者，未可言當與也，未可言必與也。能偕維持之祐，日進於善，以應主恩。如既得明燭，從此進步。進步不止，燭光不息。因其肯進，與之燭光，令可至於欲至之地。中道而止，亦不可知，未應得受能至之報，故曰「可與而與」，非當與而必與也。賴此維持特祐而偕行諸善，爲義不止，又得天主與我恒終特祐，時刻偕行，至死爲義者，毫無間斷。此恒終特祐，亦可與而與者也。如是命終，而得真福，則爲當與而與者也。當與而與，如工完受直，不得不與。可見，不因自身善行，雖得提醒之祐，不能得維持之祐。又賴此維持之祐，進進不止，而得恒終之祐，至死爲義者，然後得受升天之真福，享當與之定報。故曰賴人之善行，而可得真福也。聖亞吾斯丁曰：凡能自主之人，欲去前不義。不自悔，不能遷於義者，曰能自主。爲孩童無知，不能自主者不論故也。

從此可推，他言人之亞尼瑪，可分散於諸有生者，非也。又言亞尼瑪有形像，附我形像，因人小大，因人老幼者，亦非也。爲人之亞尼瑪，是神類，無幾何可論，全在全體，亦全在全體之諸分。如天主無所不在，全在天地之間，亦全在天地間之諸分也。

又從此推，人之亞尼瑪，非人也，但是人之一分。爲其無形無象，又不能死，必與軀殼合，乃成人耳。

又從此推，或言亞尼瑪在人，如主人在家，舟師在船。此喻似之而非也。信如此喻，將疑亞尼瑪不爲人之內體模，不知人之爲人，全憑此爲內體模。若脫離者，不成爲人。非若主人或去，家猶是家；舟師或離，船猶是船也。若不於離合際會精求至理，但於生死論其粗迹，相合即生，相離即死即上二端，差可設爲權喻，以曉愚俗。

又從此推，或言人心爲亞尼瑪之所，但居中心而制百體。如國主居朝，宰制四境，此亦非也。亞尼瑪全在全體，而活其體，模其體。若在一分，即全在其分。而活其分，模其分，無有方所，何得言但居中心，而遥制各分？然亞尼瑪雖全在所在，活之、模之，而每於中心，施爲運用，諸關生命之事，如身中之火，身中之血，皆從心而出；若水自泉源，分别枝派。故謂心爲亞尼瑪之初所，又爲亞尼瑪之終所。初所云者，非謂初居中心，次及各分也。爲諸關切生命之事，由心運用。故運用之初，似在心始。終所云者，非謂先在諸分，退歸於心，而人命終。爲諸關生之事，既由心運，及於末際。諸分謝事，心猶運用，漸至終絶。故運用之末，似在心終也。蓋亞尼瑪在心而在諸分，活心而活諸分，模心而模諸分，無有時先後，止有原先後耳。

又從此推，或言亞尼瑪是人之血，或言在人之血分，皆非也。亞尼瑪神類，全在全體，全在諸分，何得爲血？何得在血？但血爲生命之輿，又具熱性，而周行百脉。一切喜怒哀樂、愛惡羞懼諸情，皆憑血運，皆因血顯。比之筋骨皮肉等，殊覺迥然。故亞尼瑪之功用，於此特爲顯著耳。

又從此推，亞尼瑪一種學問，早夜以思。比於他諸學問，致爲有益。如上文聖白爾納曰：

人知多事，不如知己；覓多物，不如覓己。求美好於外，不如想美好在自心之内。

論亞尼瑪之生能覺能

亞尼瑪既生既覺，其能如何？今略陳數端：

其一，爲人身萬行萬動、至近至切之所以然。

其二，凡生魂所有之能三：一者育養之能；育養者，如草木藉於膏潤，人身資夫精血，日以滋養。二者長大之能；三者傳生之能。試觀人生，既能育養，又復長大，旋至充滿。充滿之後，又能傳生類己之人，一一如草木然。是生魂所有之能，天主於人之亞尼瑪，皆全畀之，即人之亞尼瑪亦可稱爲生魂也。

其三，凡覺魂所有之能二：一動能；一覺能。鳥獸等生而能動，草木無之。人亦生而能動，是有覺魂之動能也。覺能又有二：一者外覺；二者内覺。行外覺以外能，外能有五司：耳、目、口、鼻、體是也。行内覺以内能，内能有二司，有四職。一公司：主受五司所收聲色臭味等，受而能分別之。二思司：思司有三職。其一，主藏。五司所收，皆受而藏之，如倉庫然。其二，主收覺物自然曉達之意。如羊知狼是其讐，即知懼也。其三，主藏所收諸物之意也。

内二司之外，别有一能，曰嗜司。凡外五司、内二司所收之物，可嗜之，可棄之。此爲嗜司。嗜司之能，又有二分：一者欲能，二者怒能。怒非喜之對，如草木怒生之怒，言其敢也。凡所嗜所棄，於己相宜，則欲求之。不相宜，則欲去之。此爲欲能。所嗜所棄，於己相宜，則敢求之；不相宜，則敢去之。此爲怒能。或嗜或棄，各兼二者。然欲能柔，怒能剛。怒能，欲能之敵也。已上内外諸司，人與鳥獸等無異，是覺魂所有之能。天主於人之亞尼瑪，亦全畀之。即人之亞尼瑪，亦可稱爲覺魂也。但人之欲能、怒能，本屬於理而聽其命。如此爲可愛，此爲可慕，此爲可捐，此爲可禦，理所是者，不得不從。乃時欲自任，當聽從時，每存抑惜。如馬於御者，意自欲騁。因其控止，特爲躑躅也。是在人情自可覺察，譬若威主烈士，或時憤發，如火熾然。而忠臣良友，力相規戒，如火得水，旋爲消滅矣。

論亞尼瑪之靈能

天主於人之亞尼瑪，若但予之生魂、覺魂，即與草木禽獸等，無以大異。其予之令超軼萬類、卓然首出者，靈魂也。靈魂有内三司：一曰記含者，二曰明悟者，三曰愛欲者。

論記含者

記含者，名之爲三，總之歸一。爲亞尼瑪之能，藏物之像，以時而用，能記有形、無形之物。其所爲亞尼瑪，爲腦囊。其功有二，其爲益難盡言。

何謂「名之爲三；總之歸一」？凡論物理，先考名實。如物有同名異實者，舉其名，先定其物之實，然後可得而論也。一魚也，水蟲名魚，走獸名魚，天星名魚。但言「魚」者，格物家未知所的指，謂之「疑謂」。若定指其一而論之，謂之「指謂」。今言記含，名之爲三。其一記能，能記也。其一記功，記之也。其一習像，已記也。總之歸於記含。今所指論者，記能也，亞尼瑪之能也。

何謂亞尼瑪之能？是總稱也。亞尼瑪之能有三司，不止記含，而記含則得稱亞尼瑪之能。

何謂藏物之像，以時而用？是則記含之分職，所以別於他司也。凡外五司所收之物，皆有形質，不能入於内司，則取其像，入於公司。此像甚粗，既從思司，分別取細，入於記含之司。待至欲用，隨時取之。若無形之物，不屬外司，爲内二司所收，亦入公司。本無粗像，不必取細。徑從思司，藏於記含之司，以時取之。取之者，所藏之物，種種不一。若隨時欲取一物，則記含之司，悉呈諸物，任所欲得，如庫司主藏，待命出之也。是知記含之藏物，甚多無數。故亞吾斯丁曰：記含之容，大哉玄哉！記含之竅，微而密哉！曲而深哉！無物不登其門，無物不入其藏。非收物之體也，收物之像也。久收之以聽用。

何謂能記有形、無形之物？記含者，分之有二：一曰司記含，一曰靈記含。司記含之職，止能記有形之物，故禽獸等皆有之，即禽獸等亦不必全有。何以明之？試觀巢居穴居者，恒識所止，去而復還，能識其子。又犬、馬、牛、羊等四足之彙，亦能作夢。犬方酣睡，忽然而吠，非由夢乎？既能作夢，必有經歷之事，藏於内司。又如畜狸犬者，各加名稱，聞呼以至。此司記含之效矣。惟魚亦然。扣擊作聲，旋予之食，後聞是聲，群然唼聚。其在水中亦有本所，恒依向之，趨利避害，旋往復來，皆由能記也。其無記者，但具嘗司觸司，止識見在之事，不能憶既去之事。如蠔之屬，生而不動，不能記含，亦無用記含。又如蟲蛆之屬，雖有動作，茫無歸向，亦無記含矣。靈記含之職，能記無形像之物，惟人有之。何者？人能記物之專，又能記物之總。總者，無形之物也。如乙能記甲爲兄，丙爲弟，又記甲、丙總爲同生。又記同生之甲、丙總爲人。兄弟爲專，同生爲總，人爲大總。同生與人，無形之物也。又如記人之白，記馬之白，又能記一總白。總白者，無形之物也。又能令人死後，其靈魂必能記生前之事，此亦無形之物。且外司已謝，必不緣司記含，當緣靈記含也。

何謂其所爲亞尼瑪？　爲腦囊靈記含依亞尼瑪之體，與明悟、愛欲同，皆謂之不能離之賴者。格物之論，有二種依賴：一能離於承受之體，如色如味。色改黑，則失白；味變酸，則失甘也。一不能離於承受之體，如熱於火，冷於冰是也。　司記含之所在者，腦囊，居顱顖之後。何言兩記含當有兩所？　試思天主賜我能視有形之〔物〕①，〔既〕有有形之目，則能明無形之物者，必有無形之目。能嘗有形之味，既有有形之舌，則能嘗無形之味者，必有無形之舌。有形之司，收有形之物。其所記含，必有有形之所。無形之司，收無形之物。其所記含，必有無形之所。有形之所則腦囊，無形之所則亞尼瑪。

何謂其功有二？　一者憶記，二者推記。憶記者，先我所知。今如先所知，復向而知之。何者？　先所未知，直無所知，不可謂記。先有所知，後已悉忘，不可謂記。惟先所知者，今一念及，宛然如見，此謂如前所知，復向而知之。亞利斯多曰：凡經過之事，屬於記含。見前之事，屬於所司。將來之事，屬於望。推記者，從此一物而記他物。如從記鶯而推記其黃，又因而推記黃金之黃。又如記今春之濕潤，因而推記去春之濕潤。　蓋記含無他，止於先所藏者，今復覓之。覓未得時，設遇與此相似之物，或與此相連貫之物，乘其機緣，展轉相關，因而得所欲得，此爲推記也。推記須因衆物而得一物；　憶記者，不須衆物，直記此物。此兩所記，總皆經歷之事，物像猶在，故

①「物」原缺，據陳氏本補。後文補字均同據此本，不再出校。

可憶可推，其實一也。若本無知者，知而悉忘者，無此物像，莫可憶矣，莫可推矣。

從此可知，人之亞尼瑪，既離肉身之後，尚有憶記，而無推記。何者？推記而記，緣我嘗忘，所緣忘者，爲記含之器，或受他損，以亂其像。亞尼瑪既離肉身，其所記含，不藉肉身之器，無可受損，同於天神之類故也。

若禽獸之屬，亦有憶記而無推記，何者？凡推記之節次有三：一者須記他物；二者由他物而推尋此物；三者因而得遇此物，皆緣人靈能推論理，以致其然。此中包含明悟，能推記者，則是睿哲之徵，非物類無靈所能與也。或有言禽獸能推記者，如補大爾歌曰：狐狸遇冰，先聽流澌，以爲行止，一似因聲知動，因動知危，因危知溺也。走狗逐兔，遇三岐之路，先嗅其一，次嗅其二，悉無兔氣，次及於三，不復再嗅，徑往逐之，此亦能推之驗。不知是等禽獸所知，非靈魂之正推，乃推之像耳。走狗逐兔，緣趨利甚急，迫使速去，此知覺中自然之能。狐涉聽冰，緣其避患甚巧，平時遇水，聞聲不敢逕渡。今聞水聲，亦復知避。此知覺中之復記，皆非因此得彼，若人靈之推論矣。

何謂其益難以盡言？凡人誦讀談講，思惟學習。諸凡所得，賴此而得久存，賴此而得應用。故天主予我記含之司，如藥肆然，任所取之，以療我心靈也。補大爾歌曰：記含者，百學之藏，諸業之母，智者之子。令人無記含，必不得稱智者。謂智者，必以昔視今，以往知來。若非前記不忘，將何藉以推測，得稱智邪？凡物有知其爲奇，而不能知其奇之所以然者。若記含者不知何緣，能以不同類、不同品、無量數物，入於諸藏，雜然并容，井然不混。無來不收，無取不應。分求分予，合求合予。簡擇而求，簡擇而予。試觀書生背誦經籍，所取給字像，經歷數時，衮衮不竭。聽者欲厭，而記含之司出之不倦。又且纖悉靡遺，次序不越。後出者，先不能逆阻；求此者，彼弗敢混投。此亦奇而不可知之一也夫。

西國有記含之法，習成者，試與一篇書，默識一二過，即成誦。從首至尾，又從尾至首，又中間任命一字，順誦其後，逆誦其前。或更隔數字誦一字，無所不可。又如伯爾西亞國王濟禄，兵士四十萬，皆識其名。般多國王米的利達，能説二十二國方言。此皆原本資性，亦因學習，然足徵記含在人，奇妙無方矣。雖然，天主以此記含之司，賦之亞尼瑪以予人者，何也？欲令人記憶天主之恩，而感之謝之也。人能記百凡事理，而不記天主恩，即無所不記。如無一記，能記憶天主，而不能記憶他事，即一無所記。其爲記多矣。

論明悟者

明悟者，分之有二，總之歸一。爲亞尼瑪之能，以明諸有形無形之物。不獨明彼，而亦自爲所明，亦非恒爲所明。爲其能明恒須物之像，雖自無質，其所不在有質之體，而不受壞於所向，亦不能死，顧亦與司相似。其功有三。

何謂分之有二，總之歸一？分爲二者，其一作明悟，其一受明悟。作明悟者，作萬像以助受明悟之功；受明悟者，遂加之光明，悟萬物而得其理。作者能爲可得，受者所以得之也。何以必言二者？凡物之所然，皆有二緣。一爲作緣，一爲受緣。先有作者，後有受者。試如器用，造之者爲作者，用之者爲受者。又如耳所聽之聲爲作者，以耳聽之爲受者。若未有作，安得有受？盡所然如是，何獨明悟否乎？今有一理於此，已得明悟，是所然也。其緣則先有作者爲可明，次有受者明之，則遂明矣。試以有形易見者解之：凡明悟者，非明悟其物之體、物之質，必將棄其體質，精識其微通者焉。體質者爲專屬，微通者爲公共。如遇一有形之物，彼先出其像，入於我之目司。此時物去則像隱，其像全係物之體質。是爲至粗，非可明之物，能被明悟者也。既而入於公司。公司者，五司之共所也。此像既離於此物，然物之專像，無所不收。像與物各有係屬，是在精粗之間，亦未爲可明之物也。既從公司入於思司，而分别之，則此物咸别於他物，既不能無分彼此，即像與物微有係屬不能化於大通，亦未爲可明之物也。既而歸於作明悟者，不惟盡脱於物之體質，并悉捐棄其爲彼爲此，但留物之精微，衆物所公共者，則可得而明悟之矣。譬一尺度於此，木爲體質，尺爲其全，寸爲其分。所當明悟者，其全大於分也。目司所收，有形之度。截尺與寸，未離體質也。公司所收，脱去木體，止有體之形像。截尺與寸，即與他物總受總藏，未能分别也。思司所收，則已從他物而分别之。脱去形像，獨留其分與寸矣。作明悟所爲，則全脱於度并其尺寸，但留微妙玄通。至公大總者，爲全與分，是則爲可明之物，足以被明悟者也。既爲可明，則受明悟者加之光而遂明之，明其全大於分矣。又如物有白者，則是可見之白。日光未至，但爲可見之白，不爲已見之白。日光既至，遂從而見之。作明悟所爲者，如白可受見也。受明悟，如施之光而見白也。總之歸一者，作明悟，受明悟。兩者缺一，即不能完明悟之功。故總此兩者，爲亞尼瑪之能。譬如定時水漏，上下各爲一斗，一者主施，一者主受，兩者缺一，即不成器。合此兩者，方成一漏刻之能。總名一定時之器矣。

何謂亞尼瑪之能？亦總稱也。亞尼瑪之能，不止明悟，而明悟即得稱亞尼瑪之能。

何謂以明諸有形無形之物？此言明悟之分職，以别於他内司也。明悟之司，所職者，凡物皆通達其公共之理，公共之性。但物之有形無形，截然不類。其明諸有形者，不能脱其公質，而獨脱其私質。如人本有肉體，則從其肉體者明悟之，而不論其某肉體爲某人也。若無形之物不係於質，則可得而通之，如天神等無形之類是也。此謂靈魂離身之後也。蓋欲明悟此物，必令其物合於明悟之司。有形有質者，不可得入，即不可得合。故必脱去私質，取其公共者，與作合而明悟之。若無形無質者，不須解脱，自能成靈像而作合也。故亞利斯多曰：亞尼瑪者，是萬物。謂一切諸物，凡有形者，盡歸五司。亞尼瑪得用明悟者，取其像而通之。無形者盡歸明悟，取其靈像而有之，而通之。則亞尼瑪不化爲萬物，而萬物皆備。是得有萬物也。如外五司所收之物，皆歸公司。若輻輳於轂，爲萬物之總府，即公司亦可稱爲萬物。内司所收之物，皆歸於明悟，而承受之，通達之，亦萬物之總府，可稱爲萬物矣。

何謂不獨明彼而亦自爲所明，亦非恒爲所明？凡明悟所明有形之物，必須解脱私質，獨取其公共者明之。若本司亦自無形質，無容解脱，是以不獨明彼而亦自明。故明悟比爲亞尼瑪之神目也。形目者，能見萬物，不能自見。明悟者，能見萬物，又能轉見自己矣。其非恒明者有二：一者，須復念，自明其明，不須解脱，了無隔礙。應得恒明，但緣自明必須迴光反照而得之，故非恒明也。二者，亞尼瑪在人肉體，恒接於有形有質之物，中多混雜，不及時返照於己之無形無質也，故不獲恒自能明也。

何謂爲其能明，恒須物之像？格物家言：明悟者之受明悟，必有靈像以爲明悟之種。何以徵之？五司於其所司，若無司像，必不能司其所司。明悟者於其所明，若無靈像，亦不能明其所明，一也。又明悟者之能明物，無物不屬其能。於彼於此，原無定向。欲明此物，必有明此物之種以明之。焉得不須此物之靈像，以別於彼物？欲明彼物，必有明彼物之種以明之，焉得不須彼物之靈像，以別於此物？ 或言明悟既屬能明，則思司所收之像，無所不呈。明悟者隨呈隨取，自足爲明悟之種，何事又須靈像？ 不知思司所收之像，猶微係於物之形質，若彼若此，未能全爲公共微通之物。 且思司所呈，自外而至，未爲明悟者本司所有。 凡物之所以然者，必須所然之原，在於所以然本己之中，乃能作其所然。 若從外至者，必不能作。 如火之熱物，熱爲火之所然，火爲熱之所以然。 其能熱之原，必在火體之内，而後出之以熱物。 是爲作其所然。 若能熱之原，在火之外，則火何由作熱？ 故明悟者必須有物之靈像在於本己之中，而後能作明悟，非藉外之司像所能作也。 又因此靈像而作明悟故，既明之物，恒留而不滅。 緣是格物之家分物像爲四等。 其下者，爲屬五司之物像，恒係於所向。 在則存，舍則亡。 其次上者，屬内二司之物像。 脱於所向，亦自能留。 顧其收藏之所，尚屬有質。 因其有質，初則存收，後亦漸次隳壞。 其又上者，爲明悟之靈像。 當作明時，向於所向。 既明之後，已脱於所向，而靈像尚在爲其存留之所爲亞尼瑪，不係於形質之所，是以所向既去，猶抱而不脱也。 其最上者，爲天神所有萬物之靈像也。 人類所有明悟之靈像，雖屬精微，不免漸次而得。 天神於萬物之靈像，自天主造成天神，即萬物之靈像，同時俱得，不由漸次也。

何謂本自無質，其所不在有質之體，而不受壞於所向，亦不能死？ 依前論，明悟者既能爲萬物，即不宜自具一物之質。 若自具一物，即不能爲萬物。 如太質本無一物之模，故能爲萬物之模。 若自有本模，即不能爲萬模。如舌本無味，然後能别萬味。若舌先自有一味，即不辨他味。他司如外五司，固在有質之所，即内司亦不能無有質之所。惟明悟獨在亞尼瑪，不在有質之所。其在全不係於肉體，既不在有質之所，而獨在亞尼瑪，即與亞尼瑪同是恒在。雖肉體滅，有質之所亦滅，而此爲不滅，故不能死。其不受壞於所向者，他司係於肉體，其所向，若最大者即所向在此，不能及彼。所向既大，即能向之力或受衰滅。如目視日，是所向也。日光既大，即目力但能向日，不能向於他物。目受日光，力既不敵，即目力受其衰滅。惟明悟者無所不明。所向在此，亦能及彼。無多不應，任所向者。最大最難，愈增其力，愈加其明。不因所向之大，壞其能向之力也。

何謂亦與司相似？凡司皆有受，乃有作。不受所向，則無從可作；不作是功，則受功不竟。明悟者，亦作靈像，受之而明。故爲相似也。

何謂其功有三？其一直通；其一合通；其一推通。直通者，百凡諸物，一一取之，純而不雜。如甲知是甲，病知是病。冷水知是冷水，乙知是乙。一一直知，未相和合也。合通者，和合二物，并而收之，分别然否。如甲與冷水二物，今言甲飲冷水，是合其然也。乙亦一物，今言乙不飲冷水，是合其不然也。推通者，以此物合於彼物，又推及於他物。如冷水能作病，甲飲冷水，推知其病也。冷水能作病，乙不飲冷水，推知不病也。直通者，皆真無謬，一物自爲一物故也。甲即是甲，病即是病，何謬之有？合通者，推通者，有真有謬，以此合彼，有中有否。以此合彼，又以推他，岐路愈多，愈多不中故也。如甲飲冷水，飲即是中。或其不飲，則是不中。乙不飲水，不飲即中。或其飲之，則是不中也。又如水飲作病，甲飲水，推知其病。果飲果病，則中。或其不飲，或飲而不病，皆是不中。飲水作病，乙不飲水，推知不病。果其不飲不病，即中。或其飲之，或不飲而病，皆是不中也。凡推通者，獨人類爲然，禽獸不能推通。天神至靈，天上天下，物物皆能通極至盡，不待時刻，無有先後，皆屬直通。人則以此推彼，漸次迨及。人之推知，如積時累日，先後序至；天神之直知，如無窮之時，無始無終。故天神稱爲靈者，人稱爲推靈者。

明悟者在人。明哉尊哉，曷言乎其尊也？論在我所得之服習有兩端。其一自立所得者，則愛欲所得屬諸義，明悟所得屬於知也。知方於義，則明悟者爲尊。其一天主所賜予，我得而服習者，獨於明悟者，錫之靈光，以慰亞尼瑪之内目，而得見天主，則明悟者又尊。論内外之行，凡亞尼瑪之行有二端：其一出外者，外五司之接物是也。其一在内者，内三司是也。則愛欲之行，雖在於内，未免出而交於所愛。故曰：人有所愛，其心每在所愛之物，不在所居之身是也。明悟之行，恒在於内，每攝入其所悟之物，兩所由全完其功用者，一則有藉於外，一則全藉於内，如是則又尊。又愛欲不能自行，必先明悟者照之識之，然後得行其愛也。記含亦然。故愛欲譬也，而明悟爲其目，照之引之，若駕馭之，主持之，爲其萬行之所以然。故天神爲天主所使，大天下之原動者。十重天，各有天神主持運動。因之運用四行，化生萬物。是神動天，天動物，故稱爲原動者。明悟爲小天下之原動者。人身萬行萬動，若小天下。如是者則又尊。故明悟之能，似於天神。明悟能使人別於禽獸，明悟可通達於至微至玄至深之所，可達於至高至明天上之上，爲亞尼瑪警省守視之神獒，爲諸讐之間諜，爲分別萬真萬僞者試金之石，爲分別諸毒物之靈藥，爲亞尼瑪中居堂皇、審判功罪之官司，爲照察黑暗私欲之燎燭，爲炳燿潤飾心宮之夜光珠，爲亞尼瑪渡海船檣最高遠照，以察視深淺險易之明燈，爲亞尼瑪辨可否、決嫌疑、定猶豫之指南針，爲亞尼瑪中遍照遠近巨細、明無不見之視遠鏡。故亞尼瑪藉明悟以克明明德，其在亞尼瑪之國，如大天下之有日也。吾人既有此光，可得窮理格物，致極其知，以至於萬物之根本。若有人明悟萬事，而不識根本，如在大光中，而目眩如盲，與黑獄無別，豈〔不惜〕哉？

論愛欲者

愛欲者，分之有三，總之歸一。爲亞尼瑪之能，任令愛惡諸物得自專，不必自明，不能受强。其所向爲先所知之美好，惟於至美好不獲自專，而爲至自專。巍巍尊高，王於内外。

何謂分之有三，總之歸一？三者，其一性欲，其二司欲，其三靈欲。性欲者，萬物所公共，生、覺、靈之類皆有之。是各情所偏宜，專欲就之，不待知之。如石欲下就於地心，火欲上就於本所，樹木欲就於風日雨露之所及。又如海魚專就於海，又如人專欲就於常生真福。舍此所宜，雖百方强之不安，必得乃已。亞吾斯丁曰：主造人心以向爾，故萬福不足滿。未得爾，必不得安也。司欲者，生物所無，覺類、人類則有之。是各情所偏，偏於形樂之美好，其在人爲下欲。下欲者，令人屈下，近於禽獸之情。令人失於大公，專暱己私也。靈欲者，生、覺物所無，惟靈才之天神與人則有之。是其情之所向，向於義美好。故在人也，居於亞尼瑪之體，爲上欲，爲愛欲。靈欲爲諸愛欲中之至尊至貴者，故可獨名愛欲。司欲與靈欲，其所以異者數端。一者靈欲隨理義所引，司欲隨思司所引。隨思者不論義否，惟所樂從也。二者靈欲所行，皆得自制。司欲所行，不由自制。惟外物所使，隨性不隨義。其在禽獸，絶不自制，一見可欲，無能不從。故聖多瑪斯曰：禽獸所行，不可謂行，可謂被行。不能自制之謂也。其在於人，一見可欲，或直從之，或擇去之，或從否之間，虛懸未定。如是者，稍似自制，實則禀於靈欲以使其然，非由本質，蓋乃自制之影耳。又人最初一欲，不待思辨，觸之即發者，雖屬靈欲，而靈未用事，若者不得爲罪。嬰兒有欲，靈亦未用。病失心者，靈爲病阻。三者亦皆不能自制之類也。其曰總三歸一者，爲是三者，依其本情。雖有三向，如性欲本向者，是利美好。司欲本向者，是樂美好。靈欲本向者，是義美好。然歸於一總美好，故曰總之歸一也。

或曰：愛欲與明悟，同爲亞尼瑪之内司。向者言明悟有二，其一作者，其一受者。今言愛欲，却不分作愛欲、受愛欲，何也？曰：外五司皆不必言作者、受者，爲是諸司所向，皆自能發其本像，動其本司。且諸司所向，皆係粗像，有質之物，未能至於無質之等。物與司皆係於質，則皆相似，則所向之物，即是可司之物，不必作司作彼之像，與司相似，而後收之也。明悟不然。所收之像，皆從有質而來，不得爲可明之物。必有作者化有質以爲無質，是名靈像，然後爲可明之物，遂從而明之耳。且愛欲者，凡物可愛、可惡，皆從明悟所明之靈像，呈於愛欲，愛欲者遂受而愛之、惡之。故作愛欲之功，似明悟者先已作之，不待愛欲者自作之。故愛欲一司，不必分作與受也。

何謂亞尼瑪之能亦總稱也？亞尼瑪之能，不止愛欲，而愛欲則得稱亞尼瑪之能。

何謂任令愛惡諸物？此言愛欲之分職，以别於他内司也。所云任令愛惡者獨指靈欲也，依於亞尼瑪之體，爲其不可離之賴物。

何謂得自專？得自專者，亦獨指靈欲也。靈欲在人，自能主宰。凡明悟所呈，一切所向，雖有可愛，有可惡，然可愛者或能惡之，可惡者亦能愛之。或可愛、可惡，虛懸以待其去取。若性欲、司欲，覺類所共具者，自無主持。惟意所使，惟欲所使。一見所向，即偏向之。於己所利，不得不趨；於其所害，不得不避。勢不由己。故聖多瑪斯曰：凡禽獸所行，非作者，乃被作者。蓋先不能知其可否，惟他所使，是名不自主之行也。惟靈欲在人，先知其合理與否而後行之，故自爲主之行。不能自主者，其行隨性，故無功亦無罪，不可得賞，亦不可得罰。譬如生身長大，飲食便溺等皆不得不然，非我所能分別去就，何功罪之有？能自主者，其行隨理。故順理爲功，逆理爲罪。功可賞，罪可罰也。

何謂不必自明？愛欲者，雖不能自明，亦不必自明。爲其隨明悟者之明，一切所呈可愛、可惡，已先爲明之故也。或言：愛欲者既不自明，曷爲又有功罪？曰：明悟雖借之光照，明其可否，至其主宰，全在愛欲。譬如輔弼之臣，陳言是非得失，豈能强之國主？其獨斷獨行者，君也。明悟則輔，愛欲則主。故功與罪，歸之愛欲矣。

何謂不能受强？凡自主之行，是名人之行。若本非願作，因有所畏而强作之，是亦名爲人之行否？曰：是亦人之行也。何故？因畏而作，作者是我，是亦自主之行，安得不名人行而無功罪乎？故記含、明悟，皆可受强。如邪魔顯設多像，呈於記含。彼記含者，不得不爲容收。溷殽真僞，呈於明悟，彼明悟者，或因而謬誤分別。惟愛欲者，操柄獨持。雖顯諸可愛，莫能令我必愛。顯諸可惡，莫能令我必惡。但能誘惑，莫使必從。凡所向者，及諸邪魔，及諸萬苦、萬刑，皆不能强我所行。如瑪而底兒，雖歷無量艱苦，其德意屹然不動，更加精勇，足可徵驗。是知一切所行，皆屬愛欲自主、自作，故不能受强而功罪歸之也。或言假有暴君，强令是人拜禮魔像，抑按肢體，稽首屈膝，無能不從，安得爲不受强者？曰：凡若此者，是名體行，不名意行。彼能按抑我體，不能按抑我意。凡罪所罰，必由意所愛欲，是體行者不由本意，即得無罪。向言不能受強者，意行也。暴君能强抑我體，我不受强之情，可出之舌；縱斷我舌，我不受强之情，可形於四肢百骸。縱斷我命，不能滅我與愛欲爲一體之亞尼瑪。安有我不愛欲，而强之可令愛欲者乎？豈惟他不受强，即於天主，亦不受强。蓋天主欲人之愛欲，作一善功，如悔罪等，則視其時候，乘其機適，與之額辣濟亞。既得額辣濟亞，兼乘此機適，其人雖能不作，畢竟作之，則此人之作此善功，皆由自主。天主特以令切行之特賜額辣濟亞，額辣濟亞有二：其一爲足可行之額辣濟亞，其一爲令切行之特賜額辣濟亞。其品數皆同，但不乘機適，人莫之用。是雖可行而不必行，則爲足可行。若乘有機適，而令必行，則爲令切行。故人纔覺有此機適，則是天主所用以救我者。此時足可行者，即爲令切行者，不可不亟承聖佑，乘機作之。若失此機會，後此雖有額辣濟亞，亦但是足可行者，我不用之必行也。委曲引掖，作此機緣，令我肯作，非强我作之也。譬如小兒在彼，我以果餌乘其饑候出而示之。彼雖可以不取，畢竟來取，是我特引之使來，非强之使來也。從此可見天壤間萬樂萬苦，皆不能移人之愛欲，故曰不能受强。

何謂其所向爲先所知之美好？凡美好，若先不知之，則不爲愛欲所向。若先知之，則真美好是其所向。即本非美好而蒙以美好之貌，亦是所向。或問：有人自斷其命者，此何美好而亦向之。曰：凡愛欲所向，無有不以爲美好者。若欲死者，爲是生時必有甚苦。當受苦時，不知此死爲更甚大苦。而謂死者得免目前之苦，則亦以此死爲美好也。凡美好有三：其一樂美好；其一利美好；其一義美好。世間所有萬物之美好，皆至美好之一微分。而天主則爲完全之美好。樂者、利者、義者，無不備足，無不充滿。故世物之美好，爲愛欲之分向，而天主爲愛欲之全向。世物雖盡得之，我不能足，我不能安。而天主真福，我得之，則至足〔至安〕。或問：既爾世物爲分向，爲不足不安。〔而人〕情惟樂與利，慕之求之。天主爲全向，爲至足、至安，乃不必慕之、求之，此又何也？曰：樂美好最能動人，一見便生欣悦，不煩計慮，故向之最易，更甚於利，勿論義也。若利美好亦能動人，稍須計慮，乃可得之，故次於樂。此兩美好，皆着於物，其美好易見，故庸人、小人，皆趨慕之。若義美好在物之外，非庸常所見。必須智慮籌度，乃能知其美好而願得之，故向之爲難，獨君子能然。此三美好，趨向難易等級分異者，緣人靈魂繫於肉體，樂與利，最爲肉體所便。義美好則靈魂所便，肉體所不便故也。至若天主，其爲美好，無形無像，更非庸衆所見，必遠慮卓識，思路超越，乃能知其美好。今有人得向此美好，此其所爲，必邈然出於樂利之上，寧違世間萬樂而受萬苦，寧去世間萬利而就萬害，必欲得此而後已。凡人有甘歷苦辛、冒危害而求之者，爲樂與利在其中也。求得天主，至於受萬苦萬害，欣然欲之，安得不有至樂大利在其中乎？特尋常識慮，不能及此，故雖全備滿足，至樂大利，反不若世間暫樂微利足動人意耳。庸人惟肉體是狥，惟樂利是求，不知其違義犯天主，陷於萬罪。故罪人謂之愚人。

何謂惟於至美好不獲自專，而爲至自專？謂：若能明見至美好，即不得不愛，勢不在已。何者？明見之後，凡諸至樂大利，可願可求，爲愛欲所向者。完備滿足，自能全攝愛欲者而愛欲之。爲此是亞尼瑪愛欲者之全向，故得之爲得至足，爲得至安，爲得至樂，爲得至利，爲得至義，是不得不愛，故爲不獲自專。而此不獲專者，正是本情所最向，所至愛、至欲者，故又爲至自專。譬如向日之蓮，其向日也，爲受彼利益，不得不向，似乎不得自專。而以向之爲益，不然則害，是其本情所甚願者，得非至自專乎？凡在天之神聖明見天主者，皆如是也。

何謂巍巍尊高，王於内外？或言愛欲與明悟者，如孿生姊妹，等級不異，無有尊卑也。亞利斯督格物之論，獨明其不然。爲愛欲明悟，本不同類。凡物之類，如數目然，無有二數可相等者，則物類之中，定有等差，無有二類能相等者。亞吾斯丁雖云三司同等，特言三司皆在亞尼瑪之體，以亞尼瑪之尊，而爲同等之尊。若各論其本類之尊，不得不有差等，則最尊者愛欲也。何者？欲明亞尼瑪之能，孰尊孰卑，凡有三端。一視其所習之德，一視其所行之行，一視其所向之向。愛欲者之所習、所行、所向，尊於明悟者之所習、所行、所向，故愛欲尊於明悟矣。今論所習：愛欲所習者仁也，明悟所習者智也。以仁方智，則仁尊，則愛欲尊。論所行：愛欲之行自動，又令他動也。明悟之行，爲他所動也。自動又令他動者，方於被動者，則自動令他動爲尊，則愛欲尊。又如，指我以爲善之路，與令我即得成爲善者，兩相較，則得成者爲尊。明悟者，開我迪我，使我知有真福。愛欲者，令我得有真福，則愛欲尊。又反論之，明悟之反爲不知，愛欲之反爲惡。人之不知德行，方於人之惡德行，其惡孰重？惡者甚重，則愛欲尊。論所向，愛欲所向爲全美好，明悟所向爲分美好。蓋明悟所務，惟在求真。真雖美好，特美好中之一端。美好中尚有多端，愛欲者無不愛之，是爲全也。以全較分，則愛欲又尊。夫天神斡運各天，次天主而爲大天下之初動。人之愛欲，在人之小天下。凡内司、外司，百骸四體，各聽所命而効其職，亦次亞尼瑪而爲諸動之初動。故曰：巍巍尊高王於内外也。夫以愛欲之尊如是，其所向爲至美好，而有人焉用此愛欲，俯狥世間之至輕至微，以王尊而見役於卑瑣下賤之類，豈不至爲屈辱，至可愧悔者乎？

靈言蠡勺卷下

論亞尼瑪之尊與天主相似

天下萬物，其美好精粹，皆有限數。其與天主無窮之善，無窮之妙，無相等者，亦無一能彷彿無量億數中之一二者。今言亞尼瑪與天主相似，特是假借比喻，爲是其影像耳。形與影，不爲相等之物，亦無大小多寡可爲比例也。儻不達此意而泥其詞，謂我真實可比擬之，豈不屈抑天主而長世人莫大之傲哉？後諸比意，惟爲顯揚天主全能大智至善之性，又讚美其普施於人亞尼瑪無窮之恩云耳。其云相似，凡有數端。總歸三者：一曰性，一曰模，一曰行。如左：

性一，天主性分，本自滿足，不屑他物充之。聖亞吾斯丁曰：亞尼瑪乃無形無壞自立之體，與天主甚相似也。雖本無形像，有天主之像在焉。伯爾納曰：人之亞尼瑪，能幹萬物之務，而萬物不能充其欲。蓋亞尼瑪既爲天主之像，則可容無窮美好。其在天主下萬物之美好，必不能滿之，故相似。

性二，天主之性極純，無質模，無總專，無一毫之雜。亞尼瑪之性亦純，無質，無形，無分。但亞尼瑪之純，有總專之合，與天主異耳。總專之合者，人各有亞尼瑪，是名爲專。凡人之亞尼瑪，同是靈者，是名爲總。天主無是也。

性三，天主純神，能灼見萬事萬物，而不屬於人目。亞尼瑪，神類也。無形無質，亦不屬於人目，而明達萬物萬事之理。至幽、至賾、至眇之情，皆能洞識。

性四，天主至靈，至理，至義，而爲萬理萬義之準則。人之亞尼瑪，有靈，有理，有義，方諸草木禽獸無靈、無理、無義之亞尼瑪，特爲超越。

性五，天上天下惟一，天主其功行甚多，而有不同。人身惟有一亞尼瑪，其功行甚多，亦各不同。

性六，天主本不能死而無終，人之亞尼瑪亦不死而無終，故與天主相似。其異者，天主無所始，而亞尼瑪有始，始於天主。

性七，天主體在，能在，見在，而無所不在。人之亞尼瑪，能充周於全體。其明愛無際，能徹於天上、天下，遍於地上、地中。凡厥所欲，無不可在。

性八，天主之體，無所由成。天主之功行，惟由於己。人之亞尼瑪，惟由天主親所造成。

亞尼瑪既備物之靈像以行其功，即其功行不由他物，其居本軀時，明悟、愛欲、記含之功行，不由於本軀。離本軀後，亦能明悟，亦能愛欲，亦能記含，如在本軀時。故其體其行，皆不由他物，與天主相似。

模一，天主本性，常明達自己，常愛樂自己。人之亞尼瑪，若效天主之性，則能向天主，能明天主，能愛樂天主，而賴其額辣濟亞以明之、愛之。雖未能全明、全愛，亦與天主相似，故肖天主性之像焉。若效天主之三位，亦爲肖天主之像。蓋天主雖一性，實有罷德肋、費略、斯彼利多三多三位。人雖一亞尼瑪，而實有記含、明悟、愛欲三司。天主費略，生於罷德肋。天主斯彼利多三多，則由罷德肋與費略。亞尼瑪之明悟者，由於記含。亞尼瑪之愛欲者，則由記含與明悟。

亞吾斯丁自爲問答曰：亞尼瑪何以爲天主之像？曰：爲其能記天主，能明天主，能愛天主，故爲天主之像。又曰：亞尼瑪爲天主之像有三：依其性，依其額辣濟亞，依其榮福。榮福，西言我樂利亞。依其性者，亞尼瑪本性，能明、能愛天主。此能明、能愛之性，人人所有，則皆有天主之像。依其額辣濟亞者，人有額辣濟亞，即能行明行愛於天主，特未全耳。此行明愛之功，惟義者有之，亦皆有天主之像。依其我樂利亞者，凡獲真福之神聖，賴我樂利亞之光，榮福之光者，人之亞尼瑪〔升〕天後，天主賜之榮福之光，以堅固慰〔藉〕之，乃可見天主也。如無榮福之光，必不能見天主。亞尼瑪得榮福之光，比之目衰者得眼鏡也。無所間隔其明愛，得見天主。如此無間隔得見天主而向真福，惟天上之神聖有之，亦皆有天主之像。

模二，額辣濟亞者，譯言寵恩，乃天主賜人以增美乎亞尼瑪，而寵愛之，實爲萬善之根，升天之憑。論額辣濟亞之性，其尊超越於亞尼瑪，與諸諳若而似天主之性，故亞尼瑪得額辣濟亞時，其欲愛與否之意，轉合天主之命。若額辣濟亞有以變亞尼瑪與其明悟愛欲之行，而相肖於天主然。

模三，天主與萬物爲物，任意行之，如用械器然。亞尼瑪以其神能全模肉軀，并模各分，而爲人亦任意行之，如用械器然。

模四，天主所已造之物，與所未造而能造之物，盡有其物之意得亞，意得亞者，譯言「物像」，製作規模也。具存於己人之亞尼瑪。因外五司所司之物，以明悟者明之。而明悟者明其所明之物時，翕然歸一。故亞尼瑪所明之物，則有其物之像具存於心，而亞尼瑪與天主相似。

模五，《經》曰：居於聖愛者，則與天主偕，而天主亦與之偕焉。又曰：親附於天主者，則切體於天主焉。蓋天主所愛之人，則與其人偕焉。諺曰：亞尼瑪所愛者比其所模者，相居更爲親切。蓋亞尼瑪所愛之物，則與其物偕焉。故與天主相似。

模六，天主性體，充遍於天上、天下。而天上、天下，不能界容於天主。人之亞尼瑪，充遍於全軀，而全軀不能界囿於亞尼瑪之諸行。

模七，天主全在全宇宙，亦全在宇宙之各分。即各分内有一分毁壞，而天主全無一分毁壞。人之亞尼瑪，全在人之全軀，亦全在全軀之各分。雖軀有或分，而亞尼瑪不可得分。軀或有壞，而亞尼瑪無一毫得壞。

行一，天主是萬物之始，萬物皆由天主造成故也。又萬物行之始，凡物將有所行，必得天主扶祐之，乃可行也。人之亞尼瑪，是本軀内外諸司之始，人有内司、外司。内有明悟、愛欲、記含等，外有視、聽、啖、嗅、覺、觸等，皆由亞尼瑪而成其所司也。及其自然行之始，又其介然行之始。自然之行者，順其本性行之。如火燥、水潤，鳥飛、魚躍，人之視、聽、啖、嗅等，皆行乎自然，無善無惡，無功罪者也。介然之行者，係於人意，故或善或惡，或功或罪，可揚可抑，可賞可罰，介有兩端之意也。若此兩行，皆由亞尼瑪爲之始也。

行二，天主是萬物之終，是萬物爲者之所以然，是萬物之成，是萬物所向之福。人之亞尼瑪，是本軀之終，本軀爲亞尼瑪所用器械，器械非能自爲用，必用於匠作。故亞尼瑪爲本軀之終，本軀萬行之所以然。亦天下萬物之終。天主造人，貴於萬物，爲其在世能敬事天主，而世後得享天主之福。既畀人此靈才，乃造成天地，如房舍然，令居處其中； 造成草木禽獸等物，如錢穀然，〔待〕人隨取隨足。令人之亞尼瑪，得以泰然，〔慕嚮〕其所自，而終得享天主之福。故人〔之亞尼瑪爲本軀天下萬〕物之終。

行三，天主通達明悟萬物，而其通達之勢，超越於神人所通達者無量倍數。神人之通達，雖精雖細，尚有未盡。惟天主之通達，能洞徹各物本性之淵微，窮盡其義理之幽眇。至其所以然之所以然，而毫髮無遺。故超越於神人所通達，無量倍數。人之亞尼瑪亦能明達屬造成之物、不屬造成之物，屬造成之物、不屬造成之物者，分別天主與萬物也。萬物皆禀生於天主，惟天主無始無原，豈屬造成？能通達屬質、不屬質之物。屬質、不屬質之物，分別有形有像與無形無像者也。如天神、靈魂、道理、德業等，皆不屬質之物，而亞尼瑪悉能通達之。其屬質之物，通達之際，變爲神物。亞尼瑪通達諸物，其物當入亞尼瑪之中。因屬質者不能入於靈魂，故先脱其質，而留其靈像與其理，以至於亞尼瑪，而皆通達之。故質物通達之際，變爲神物焉。故相似。

行四，亞尼瑪通達物之際，即生其物之內言。內言者，是物之義。若外言力出於口，即通於耳。倘亞尼瑪不先生內言，亦無以遽通物之性與理。天主通達自己之性，亦生內言。天主通徹己之性，則生自己內像爲第二位。費略，是爲罷德肋之內言。

行五，萬物不自活，皆受活於天主。天主自活，而不受活於萬物。人之肉軀不自活，皆受活於亞尼瑪。而亞尼瑪自活，不受活於肉軀。

行六，天主公潤天下，所潤之中，又有得潤之膏澤者焉。萬物至洪至纖，受天主之公潤，各得其分。至觀天之垂象，晶瑩森羅，尤爲受天主公潤中之極精極粹者焉。亞尼瑪公潤肉軀所潤之中，又有得潤之膏澤者焉。肉軀四肢百體，受亞尼瑪之公潤，各充其量。至觀首之統貫聰明，從審尤爲受亞尼瑪公潤中之至美至好首焉。

行七，萬物自不能動，而受動於天主。天主爲萬物之原，而常自安然不動。人之肉軀，全體與各分，自不能動，受動於亞尼瑪。亞尼瑪爲肉軀萬動之原，而常自安然不動。

行八，天主治天下萬物，於可大受者若天神與人有靈之物照之、教之，於可小受者如草木禽獸等無靈之物護之、引之、全之，令各得其分。人之亞尼瑪，治肉體之全軀乃及各分，令諸司皆得其職，諸情咸得其正。牖其明悟，正其愛欲，富其記含，而潔清其心。不惟牖正富潔其一已，且可推而牖正富潔其人群，以治天下。亦可馴狎禽獸，脱其猛性而柔伏焉。夫亞尼瑪以本性之力，又賴天主賦之聖祐，庶乎彷彿天主之能，故與天主相似。

行九，天主是宇宙大天下，萬物之主宰。其權無以尚之，天下萬物，悉歸嚮之，無不聽其命者。人之亞尼瑪，是肉體小天下之主宰，其權能自專，而肉體之全軀與各分，悉皆歸嚮之。又賴天主之祐，能主制其七情及願欲等，而天下禽獸萬物，無一能外乎吾人亞尼瑪之靈意。夫亞尼瑪之靈意，强果無比，天下萬能萬力，莫有得强其意者，故與天主相似。

行十，人之才雖妙好，天神之才雖峻捷，若自憑其本能之力，均不得全識亞尼瑪之尊。何也？亞尼瑪有天主之像焉。如欲識像之肖物與否，必先識其肖像之物。人與天神，才既有限，皆不足以透徹天主無量之妙。亞尼瑪既是天主之像，若欲全識亞尼瑪，先當明識天主。人與天神，不足識天主，又足識其像乎？然有一道，可推測而識：因其願，推其尊也。亞尼瑪之願，極天地萬物之至尊、至貴、至珍、至奇，凡屬於天主之下者，皆不足以充其願，獨天主爾。由是可知亞尼瑪之尊也。故撒羅滿古賢人也欲令亞尼瑪自識其尊而言曰：萬物最美者，此稱亞尼瑪之詞也爾欲識爾尊，爾出隨爾羊群之踪跡，羊群者，指人之五司，耳、目、口、鼻等。踪跡者，指天下萬物也。牧爾之羔羊，羔羊者，人之情，人之欲也。近牧者之牢，牧者，世間狥欲之徒。牧者之牢，是世人嬉遊戲樂，逐利溺色，功名榮貴等暫歡之所也。乃得識爾尊而可安也。撒羅滿之云，若謂亞尼瑪，爾出隨爾之五司情欲，歷諸事物之景況，以隨爾情，以從爾欲。迫歷遍諸境時，將見世間之萬美、萬好、萬寶、萬珍。榮禄富壽，皆不能充其願。而且，隨以多多勞苦殆辱，然後一意復原，歸於天主，心安願足，識己之尊焉。既不知天主，即不能識亞尼瑪之尊。可知亞尼瑪與天主相似。

或言凡物兩相似者，必兩相向，必兩相愛。亞尼瑪既與天主相似，即亞尼瑪之所向所愛，應是天主。今觀人之所向所愛，多在世間之利與樂，爲是亞尼瑪寄在肉體，故隨肉體所向而向之，所愛而愛之，甚順甚易也。若亞尼瑪能違肉體之所便，能超出於世利世樂，不爲所牽，不隨所引，而專務想亞尼瑪之本向，想至美好無窮之妙，想至美好無窮之真利真樂，想至美好中包含無數美好，即世利世樂，都可漠然無營，淡然無好矣。欲知至美好之情，下文略言之。

論至美好之情

至美好者，原美好也，無他美好在其先。其爲美好也，并無所以然。無所以然者，非由他造，非由他化，非由他成；不因傳授，不因積習，不因功勛也。但至純至一之性，自然而然。

其善與體，其體與其善，是一非二。

此美好爲大美好，能包人萬億美好，爲總美好。他美好由此而美好，此不因他美好而美好，爲最美好。他美好不能如其美好，其勝於他美好，無倍數可論，爲恒美好，定美好。無時不爲美好，無物不爲美好，無處不爲美好。

論至美好之性情，其尊貴也，爲無窮際之大；論至美好之品位，其峻絶也，爲無窮際之高；論至美好之包涵，其富有也，爲無窮際之廣博；論至美好之存駐，其無始無終也，爲無窮際之久遠；論至美好之精微，其難測難量也，爲無窮際之幽深。

至美好之美好，其體不因他美好而有，其功用不因他美好而成。他美好之體，則因此而有。他美好之功用，則因此而成。

他美好之物，必具四端：其一有其次存駐，其次作用，其次知作用。萬美好之有，藉此至美好而有，此美好不藉他美好而有；萬美好藉此而存駐，此不藉他而存駐；萬美好因此而作用，此不藉他而作用；萬美好藉此而知作用，此不藉他而知作用。

此美好爲公至足。公至足者，無所不取資，無所不足。至足於己，亦至足於萬物，亦至足於無窮世之萬物，乃至萬物萬世。更倍之倍之，以至無數可論，亦無不足，是謂公至足。

他諸吉者、善者、凶者、惡者萬端，此至美好。悉能利益於善者吉者，悉能治療於凶者惡者。於諸上下、大小、貴賤所營職業，悉皆取資，左右隨足，無有匱乏。

此至美好，其在今也，目不可見，耳不可聞，惟當信之，惟當望之，惟當存想之。我此信、此望、此想，即是所惠教訓，所施慰勉，所予欣悦，所垂祐助。至後來明見之日，自當茫然㦼然，若攝我心，若失我身，若眩我睛，若饜足我中情，怡然得所而大寧福我永我，乃以常生。

此至美好，非我可得，惟依額辣祭亞譯言「聖寵」而可得之。得之者，使爲成善，使我疑於天神，使我疑於聖人，使我疑於天主，使我衆行百爲，皆似天主。所差別者，天主自然而然，我依額辣祭亞而然。

此至美好而與我亞尼瑪偕焉，則天主收之，天神聖人愛之，衆人仰之儀之，邪魔懼之，賢者讚之述之。令我勇，令我貴，令我樂，令我富，令我有功，令我於萬善衆德，種種備足。

此至美好，我若得者，莫能妬之，莫能沮之。其與諸我也，無不與之，無不願與之，其情性自然如此故。

此至美好，常與人偕，有四端焉：

其一，以造成人與人偕。與人偕者，爲造成萬類，獨人爲其肖像也。人爲肖像者，非形體之謂，爲獨人類能識之，能愛之，能與受其福。故人爲肖像，以造成人與人偕也。

其二，以備所須與人偕。備所須者，人人屬其顧念也，有二端：肉身所須日用糧。如衣服、飲食、器用等，萬事萬物，種種具足，如父母育子，又令我備具他人所須。若家督上承父母資糧，遍育家衆，皆父母所養也。又，靈魂所須日用糧者。如額辣濟亞，以及道德仁義等。萬善具足，如父母教子，又令我訓誨他人。若承父母家訓，遍教家衆，皆父母教也。故曰以備所須與人偕也。

其三，以保存人與人偕。保存者，護衛之，留駐之，使免散壞也。而有數種，如四行等無生覺靈者，保存之以有，即偕焉以有。其保存人也，亦與四行等同。有如草木等無覺靈而有生者，保存之以有。又以生以養以長，其保存人也，亦與同。有同生長養如禽獸等無靈而有生有覺者，保存之以有以生。又以内外諸司，令彼知覺；以内外諸動，令彼運用。其保存人也，亦與同。有同生長養，同知覺運用諸種之外，其於人也，又保存以記含，以明悟，以愛欲，以主宰。是則四行草木禽獸等所無也，而於人獨也。故曰以保存人與人偕也。

其四，以無不在與人偕。無不在者，體無不在，見無不在，能無不在。其無不在，於人至親至切，而人不能覺。比於靈魂在人，使我生，使我行，使我通達外來事物，又通達内心情性，而我不覺，是靈魂所使。比於日在天，生養萬物，所可見者，皆承大光，而我不覺爲所生養照臨，其爲親切，皆倍萬不啻也。故曰以無不在與人偕也。

此至美好，任我所在，無處不可依向之，無處不可得之，無處不可饗之，無處不可留之，無處不可想慕之，無處不可講説之，無處不可見之，無處不可聞之，無處不可嘗之。

人有二光，其一自然之本光，推理致知，人力可及者是。其一超於自然者之真光，在理之上，惟天主賜與，非人知見所及者是。此至美好者，在我今日，依我本光，梢亦識之。其在他日，依藉真光，果得見之，而此識者見者如飲海滴水，見日隙明，悉難罄盡。惟獨自能窮究，自能全通，自能全愛，此全通者，全愛者是名無窮真福。

此至美好，在此世間，依我本光所能識者，極爲微細。雖則微細，以視世間學問，倍萬爲真，倍萬爲確，倍萬爲益，倍萬爲宜，倍萬爲足，倍萬爲貴，倍萬爲樂。

此至美好，我此世間而欲識之，非因講究思惟，便可必得。惟是衷情慕愛，心地蠲潔，方可得也。

此至美好，我能明悟，我能愛慕。而有恒者，即是常生，即是真福。得此福者，雖以世間美好，并合一處，終莫及之，相去倍數。非復計量所及。

此至美好，爲純美好，非如他美好尚有雜者。爲足美好，非如他美好尚有闕者。

此至美好，無有他美好在其上者，無有他美好與之等者。非獨此耳，并亦無他美好在其下者。若云或在其下，便屬比方。此至美好，無比方者，縱令并合世間一切美好，至大至多，求與之比，其爲比例，若有之與無不然，亦其影也。影之與形，不爲比例，終屬無耳。

天之高，地之厚，萬物之賾，置此美好之前，猶露華一點耳，不足論於多寡輕重。更復倍此天地，倍此萬物，倍之又倍，至於無算。其爲多寡輕重，亦復如是。

此至美好，爲他諸萬億美好之準則，爲此美好，能節度於他諸美好。彼諸美好，論其本體，自無美好，爲與至者相近，稱爲美好。愈切近，愈美好。其分別差等，皆以至者爲其法式，如精金至貴，下至銀銅錫，近者愈貴，分別差等，以金準之，是名準則。

爲此美好而能遺棄他諸美好，爲他美好能貶我抑我，令我不得此至美好。故須一切棄置，視若敝帚。如是者，世或目以爲愚，其愚不可及也。

此至美好而我得者，是徒得之；其與我者，是徒與之。何者？我無功，故就令有功。而此功績從何得之？我本無功，何由可得？故與我者，是名徒與。雖然，亦須我與同行。不然者，雖欲，徒與。而莫或受之。

能識此至美好之繇有七端：因於自然之本光一；因於超自然之真光二；因於心之潔清三；因嘗其味四；因於恒相密交五；因於謐靜五司六；因於默想，透達經典深意七。

欲知此美好爲至美好，當觀古今無數聖人。大才至智而爲此致命，受無窮之苦。聖女亦然，其受苦難也，他人視之若苦，而彼甘之若飴，嗜之若渴。古今無數主教賢人，恒嘆息，恒仰慕，恒祈求，恒行百計建立功勞。行人所難行，講解傳説，言語踪跡遍天下，又屏棄一切身世所有克己習勞，忍辱耐苦，終身如是，是何所爲乎？ 此不足爲至美好之徵乎？

試觀古今聖賢，所爲講解稱説，覃精竭才，造作無數經典書籍，不啻汗牛充棟。而此輩聖賢，皆言喜等所説甚少。所當説，所未説，所不能説者，至多至多，無有數量其比例，若有與無也，此又何也？

欲讚歎此爲至美好，不能形容，不能窮盡，即以海水磨墨，尚恨其少；以諸天爲楮，尚恨其狹；以天神之聰明才智，尚恨其鈍；以億萬萬無窮極之年，尚恨其短。窮古終天，無數聖賢，無數天神，并合其才智心思，窮慮極想於無涯無量之才智心思，而此才智心思，猶不足摹擬萬分之一也。

欲知朝廷之尊，觀得罪於朝廷者，其罰甚重則可知之。欲知此至美好者之尊，試觀罪者之罰，無窮盡時，爲萬苦聚，又無法可以解之，可以救之。如此，其罰至重，即知施此罰者，巍巍隆高，其尊無上也。

人有三在。其一體在，體則居之所能限之，所外無體。其一見在，見則目所接能限之，接外無見。其一能在，能則事所營能限之，事外無能。此至美好者，體無不在，見無不在，能無不在。其體、其見、其能，無處不在，無時不在，無行不在。又於人類萬物，默爲存收，使免傾散。而與之同行，與之偕動，爲萬行萬動之所以然。

此至美好，最玄最微，不可以形像摹擬。非但不可摹擬，兼亦難可思惟。雖復聰明絶世，不能形容其毫末。

此至美好，不能明知，不能明見。若有思惟擬議，以爲已能知見，此政極無知見。若更加窮究，盡思極慮，至於昏無所得，自視爲至愚至懵。我所想，我所講，我所識，與所當想，所當講，所當識者，全然未有分毫入處。此正爲有所知，有所見矣。

有至香者，其本體香，不足爲香。有無數穢惡，移與相近，悉化爲香，與本香相類，是爲至香。此至美好者，舉天下無數惡人，嘗造無量惡跡，若與相近，悉化諸惡而備諸德，入於聖域，都成美好，豈非至美好？

盡天下聖人，盡天上天神，相與讚歎此至美好之爲美好。時時讚歎，窮無量時；時時以爲奇異，時時讚歎，窮無量時；時時以爲喜樂，時時讚歎，窮無量時；時時不竭，新之又新，無有盡際。

神有三司。一司記含，一司明悟，一司愛欲。記含者，記含此美好時，即爲至富。明悟者，明悟此美好時，即爲至光明，至高貴。愛欲者，愛欲此美好時，即爲至正，爲至尊。而一切人，一切時，一切楮墨語言等，但一沾此美好，皆悉成爲至尊至貴，隆崇無比。

有人於此，與人爲善，惟日不足，多出智巧方便，化誘於人，彊勉於人。如是人者，可名甚善。而此至美好者，從造物初時，恒出無量無數仁愛人之智計方略，牖人於善，救人於惡，時時扣我心門，督趣覼縷，有會即投，無時肯釋，必欲相將人類，悉成美好。此其美好，爲至美好。

開闢以來，無量數聖人，所行所作，功德無數。其所以然，皆繇此至美好而出。自今以後，至於世盡，無量數聖人，所行所作，功德無數。其所以然，亦皆繇此。而前後無數聖人，特如繪師之鉛槧，工匠之斧斤。其握鉛槧，操斧斤者，此至美好也。

繪者方繪次，拙工攙筆壞之，良工就彼拙筆增修焉，更加巧妙；縫者裁剪次，拙工誤剪壞之，良工就其壞處縫補焉，倍益佳麗。此爲善繪善縫矣。至美好者，恒聽人爲惡，及至當機，即取惡爲善。取惡爲善者，令彼從前百千罪過皆爲立功累德之材具也。正如醫師製度毒藥，匪但令其無毒，且借其毒性以取奇効，是取彼不美好以爲美好。知此能此，恒知此，恒能此，是爲至美好。

至美好者，不能自爲不美好，亦不能令他爲不美好。具此兩不能，是爲全能。隨其所命，但所命爲者，即是至善。隨其所禁，但所禁不爲者，即是至惡。

有在艱難苦毒中而此至美好者，默爲勉勵，默爲照護，默爲安慰，是此大恩。但得幾微施及於彼，彼即以甚難爲甚易，以甚苦爲甚甘。若無此默佑，即甚易事，亦成甚難；即甚樂事，亦爲甚苦。故得此佑者，要其至竟，不得不成吉福。失此佑者，要其至竟，不得不成凶惡。

此至美好者，默能係攝萬物，使彼萬物不得不於彼趨向，使得微見之，微識之。即自歎泣痛悔，從前未向於此，未識於此，所作所爲，空費時日。他諸美好，夙昔係戀者，皆是至惡，盡可棄捐。視彼未見未識，係戀於他諸美好，不能舍置者，以爲至愚無知也。此何以故？爲得此者，雖他無一有，已爲至富，已爲至足。失此者，雖他無一無，亦是至窶，亦是至貧。

此至美好自萬物視之，實公有之，爲普遍故。自物物視之，皆若獨有之，爲滿足故。能識此美好與否，只在當人人能自進於美好，即能識此美好，愈進亦愈明。人自遠於美好，即不能識此美好，愈遠亦愈蔽。

欲見此美好，先宜瞽；欲聞此美好，先宜聾；欲論此美好，先宜喑；欲得此美好，先宜去；欲嘗此美好之味，先宜不知味。何以故？不絕世見，不能見此；不絕世聞，不能聞此；不絕世論，不能論此；不絕世有，不能得此；不絕世味，不能嘗此。

此至美好，但歸向之者，必將爲美好。不然亦必大去其不美好。如入寶藏而出，必富，不然，必大消其貧；如造良醫而還，必安，不然，必大減其疾矣。

爲此至美好而作者，雖微善，必得無窮盡之報。其施甚小，其獲甚大。如此旋念有人悖之違之，雖所作者，特是微罪，萬萬不可。何以故？爲彼是彼故，且所犯微罪，非微罪也。今爲微罪，究其將來，必造於無窮之惡。

凶惡有二種，其一罪愆，其一患難。此至美好者，患難之所以然，非罪愆之所以然。所以患難我者，非患難我也。正欲用此救我，使進於善，使近於美好也。

此至美好而欲禍我，甚無難也。但舍置我，便爲無量數之苦。已旋思之，但收受我，其爲美好當復何似。

無此美好，即無爲善之始，亦無爲善之中，亦無爲善之終，爲萬善所係，皆在於此。其係屬也，如光係日，如熱係火，倍萬親切。

此至美好，無時無處，不施無窮之恩，無窮之善。無有竭盡，亦無宰制之者，而無不屬其宰制者。

此至美好之前，無有大凶惡，不可救者；無有大美好，不可施者。

雖有至惡人，在於至美好之前而能自愧悔，認己爲惡，即彼自謂至惡，已是大善。能自謙抑，謂己無功，即彼自謂無功，已是大功。

此至美好，爲欲人至於美好，多用計畫。令我得至，甚懇甚切；所屈抑者，甚尊甚貴；所俯就者，甚痛甚苦；令我從之，甚近甚易。種種非人思慮所及，但我輩不能體認真切，即彼所爲，我不能信，或謂非宜。若體認親切者，無論深信不疑，即我自心，亦自計慮，以爲非此固不可也。以此至美好而爲我主，我爲其民，豈非大福，豈非天寵哉？

右所論至美好是亞尼瑪之造者，是萬物之造者，是亞尼瑪之終向，是人之諸行、人之諸願所當向之的。人幸而認此，凡百無有差謬。如海舟之得指南，定不迷其所往也。求此，則遇萬福；爲此而死，則得常生；爲此入患難之中，則是大安樂；爲此淪於卑陋，則是榮福；爲此貧困，則是極富厚；爲此飢寒，則是極飽暖；爲此竄流，即得鄉其本鄉。是人類共所當敬，是泰西諸儒先所自奉事，所傳教人共相奉事；是因愛憐萬民，親來降世，以其教光普照天下，令得天上真福。是定何謂？謂之「天主」。述此書者，無非令人在此世中，認此事此，而身後見之，用享其福。第此所論，殊未詳盡，即令詳盡，千億倍此，亦不能罄其無窮。譬如一滴，不盡大海；譬如一塵，不盡大地也。讀者於此，識有闕漏，即當存之。所論者，至爲無。窮論之者，至爲諓劣。庶或無譏焉爾。